मगरी मानगढ़ : गोविन्द गिरि

मगरी मानगढ : गोविन्द गिरि

[जलियांवाला काण्ड से पूर्व अरावली की दुर्गम मगरियों में मानगढ़ नरसंहार हुआ था। उसमें पन्द्रह सौ से अधिक निहत्थे आदिवासियों को कर्नल शटन ने गोलियों से भुनवा डाला था। गोविन्द गिरि को आदिवासी अपना देवता मानते हैं। उसके केन्द्र में यह दर्दनाक हत्याकाण्ड अपनी गाथा पहली बार सुना रहा है।]

राजेन्द्र मोहन भटनागर

वाणी प्रकाशन

वाणी प्रकाशन

4695, 21-ए, दरियागंज, नयी दिल्ली-110 002

फ़ोन : + 91 11 23273167, 23275710

शाखाएँ

अशोक राजपथ, पटना-800 004, बिहार

कॉफ़ी हाउस कैम्पस, महात्मा गांधी मार्ग, प्रयागराज-211 001, उत्तर प्रदेश

महात्मा गांधी अन्तरराष्ट्रीय हिन्दी विश्वविद्यालय, वर्धा-442 001, महाराष्ट्र

sales@vaniprakashan.in

vaniprakashan@gmail.com

Magari Maangarh : Govind Giri

by Rajendra Mohan Bhatnagar

ISBN : 978-93-5000-513-2

Novel

प्रथम संस्करण : 2011

मूल्य : ₹ 695

जी.एस. ऑफ़सेट, दिल्ली-110 095 में मुद्रित

वाणी प्रकाशन का लोगो मक़बूल फ़िदा हुसैन की कूची से

आदरणीय भाई श्री मधुप शर्मा
को
जिनके साथ कुछ समय बिताया
जो वर्षों बरस तक
सदा याद बना रहेगा।

सम्पर्क सन्दर्भ

एक लम्बे समय से करीब, 72 से मैं मेवाड़; बागड़ आदि के इतिहास के पृष्ठों को पलट रहा हूँ। बहुत कुछ इतिहास में नहीं है। जो इतिहास में नहीं है, वह लोक में है। वह पीढ़ियों से उनमें चला आ रहा है। मुझे लगता रहा है कि जो इतिहास में है, वह अधूरा सत्य है। उसमें जनगौण है। उसके प्रयत्नों और सुख-दुःख से इतिहास का वास्ता नहीं के बराबर रहा है।

वाणेश्वर के मेले में ऐसी एक गाथा हाथ लगी जिसने मन उद्वेलित करने के साथ-साथ उत्तेजना से भी लबालब कर दिया। तब से उन सूत्रों की तलाश में प्रयत्न करता रहा हूँ। सन् 1978 से यह खोज चल रही है। बीच-बीच में सामग्री संयोजन के बाद इस पर लिखने की रूपरेखा बनाता रहा हूँ। पिछले दो वर्ष से इस विषय पर लिखना शुरू किया। वह आधा-अधूरा ही रहा। उसका क्रम टूटता रहा। कारण कुछ नए सम्पर्क बने और नए सन्दर्भ सामने आए। इतिहास फिर से चुनौती दे उठा। यों समय बिना दस्तक दिए बहता रहा। लेकिन पिछले चार माह से सब कुछ स्पष्ट सा होने लगा। यह उसी का परिणाम है जो आपके सामने है।

यह भीलों का जीवन दुर्द्धर्ष संघर्ष, उत्कट साहस, कठोर परिश्रम, स्वतन्त्र प्रकृति और अनाविल चरित्र की अन्यतम कहानी है। राजस्थान के भील घोरतम उपेक्षा, अनादर और प्रतिकूल परिस्थितियों में भी अपनी स्वतन्त्रता, और देश की स्वतन्त्रता, मान-सम्मान की परम्परा और त्याग-बलिदान की प्रतिष्ठा के प्रति सदा समर्पित रहे हैं। वे महाराणा प्रताप की अन्तरात्मा बनकर अपने होने का साक्ष्य सदैव प्रस्तुत करते रहे हैं। वे निर्भीक, कर्मठ और उदात्त ऋषि-परम्परा के प्रतीक हैं। उनमें हमारी आदि संस्कृति, सभ्यता, सामाजिक व्यवस्था और धार्मिक मंशा आज भी अक्षुण्ण बनी हुई। यह कहना अत्युक्ति नहीं होगा कि उनके होने से भारतीय श्वास-गन्ध की अनुभूति होती है। यथार्थतः "यो पोलानी टापरी छे"।[1]

---

1. यह उनकी झोंपड़ी है।

बनजारा गोविन्द गिरि आदिवासियों का मसीहा था। वह सन्त परम्परा का जीवट इनसान था। यह राष्ट्रीय चेतना का अग्रदूत था। उसने सामाजिक, आर्थिक, राजनीतिक चेतना का दिव्यालोक उपेक्षित तथा निर्धनता के अभिशाप से ग्रस्त वनवासी जनता में फैलाया था। वह स्वामी दयानन्द सरस्वती के सम्पर्क में भी आया था।[1] उनकी चेतना से उसमें नवीनोत्साह और उमंग पैदा हुई था : ''सम्प-सभा''[2] उसी का परिमाण थी। वह उपेक्षित, पिछड़ी, गँवार और निर्धन भील जाति को सम्मान से जीने का गुरु मंत्र देता और अलख जगाता घूमता था। इस कारण गाँव-गाँव में जन जागृति का आलम तैयार होने लगा था।

उस समय डूंगरपुर, सिरोही, ईडर, गुजरात, बांसवाड़ा, मालवा, उदयपुर आदि क्षेत्रों में निरक्षरता के दैत्य का एकछत्र राज था। गाँव-गाँव विद्यालय खोले जाएँ, उसने इस मंत्र को ''सम्प सभा'' का प्रमुख लक्ष्य बनाया था। वह भीलों को दयनीय स्थिति से उबारना चाहता था और उन्हें सम्मान से जीने की प्रेरणा देता था। उसने शोषण चक्र और बेगारी के घटाटोप से घिरी मानसिकता से भील समाज को निकालने का प्रयास किया था। स्वदेशी वस्तुओं के प्रयोग के प्रति उसने वातावरण तैयार किया था।

यह उसके अथक प्रयत्नों का परिणाम था कि ''सम्प-सभा'' और ''भगत-आन्दोलन'' से रजवाड़ों और अंग्रेज सत्ताधारियों की नींद हराम होने लगी थी। वे अन्दर ही अन्दर भील राज्य की स्थापना की सम्भावना से भयभीत होने लगे थे। वस्तुतया उसकी ऐसी मंशा कतई नहीं थी। ऐसा उसके बढ़ते प्रभाव को नष्ट करने के लिए प्रचारित किया गया था।[3] वे अपने इस प्रचार में सफल भी हुए थे।

मगरी मानगढ़ या मानगढ़िया का जबर्दस्त नर-संहार काण्ड कदापि विस्मृत नहीं किया जा सकेगा। कर्नल शटन ने निहत्थे भीलवासियों पर अन्धाधुन्ध गोलियाँ चलवा दी थीं। देखते ही देखते सहस्रों भील वहीं ढेर हो गए थे।[4] परन्तु यज्ञ यथावत् चलता रहा था। किसी ने भी उसका प्रतिकार नहीं किया था और . किसी ने वारु-ढोल ही बजाया था। (भीलों को संकट की सूचना देने का तरीका) अचानक पन्द्रह सौ से अधिक भील मारे गये थे और सहस्रों भील घायल हुए थे। पर क्यों? यह अधिकार उन्हें किसने दिया था? क्यों उन्होंने मशीनगन का प्रयोग किया था? क्यों उन्होंने हैंड ग्रेनेड फेंके थे।

''मानगढ़-काण्ड'' अनायास ही जलियांवाला बाग की याद ताजा करा जाता है। तब भी अंग्रेजों ने निहत्थी भीड़ पर अन्धाधुन्ध गोलियों की वर्षा की थी। पन्द्रह हजार

---

1. उदयपुर में सन् 1881 में।
2. ''सम्प'' का अर्थ है–प्रेम, बन्धुत्व और संगठन।
3. द्रष्टव्य : शोध पत्रिका वर्ष 15 अंक 2 साहित्य संस्थान, राज. वि. उदयपुर, पृ. 64।
4. द्रष्टव्य : जय राजस्थान दैनिक, उदयपुर 6 फरवरी, 1981, पृ. सं 6-7।

से बीस हजार तक लोग वहाँ इकट्ठे हुए थे। उनमें से 379 मारे गए थे।[1] मदन मोहन मालवीय ने मरने वालों को संख्या एक हजार से अधिक बतायी थी।[2] जबकि मानगढ़ में तो 1500 से अधिक भील मारे गए थे। इतना भयावह काण्ड हो गया था। लेकिन सब चुप रहे थे। भारतीय इतिहास भी शान्त रहा। फलतः उसे आज तक जलियांवाला काण्ड का दरजा नहीं दिया जा सका।

आदिवासी स्व चेतना का अलख जगाने एकत्र हुए थे। उनके मन में शुद्ध धार्मिक वृत्ति थी। अपूर्व शान्ति थी। वे अपमानित, शोषित और उपेक्षित जीवन से छुटकारा पाने का प्रयत्न कर रहे थे। वे अन्याय और अत्याचार का मुकाबला साहस, धैर्य और अहिंसा से करने का अभ्यास कर रहे थे। उनमें जीने की ललक जगमगा उठी थी। वे चोरी करना, मांस खाना और शराब पीना छोड़ रहे थे। वे कर्मठ और नेक इनसान बनकर जीना चाहते थे। यह सब गोविन्द गिरि के अथक और अनवरत प्रयत्नों का फल था।

लेकिन सामन्ती और राजशाही आँखों को यह बर्दाश्त नहीं हो सका। संगठन-निर्माण कर अपने समाज को सबल और सम्पुष्ट बनाना मानव जाति का प्रथम और आवश्यक कर्त्तव्य है। वे लोग शिक्षित होना चाहते थे। परन्तु तब पढ़ने का उन्हें हक नहीं था। वे राष्ट्रीय धारा से जुड़ना चाहते थे, ऐसा करने का भी उन्हें कोई हक नहीं था।

मुझे उपर्युक्त कारणों से बारम्बार यह सोचना पड़ा कि मैं उनके इस अभूत-पूर्व बलिदान को सम्प्रेषित करूँ। वे हिंसा करने के लिए बलवान नहीं होना चाहते थे। वे तो अन्याय, अत्याचार, शोषण, हिंसा आदि दुष्प्रवृत्तियों को रोकने के लिए अपने को सबल बनाना चाहते थे। यही उनका सबसे बड़ा अपराध था। इतिहास के ऐसे उज्ज्वल पृष्ठों को क्यों ढकेलने हर बार महाअंधकार में सफल हुआ?

आज भी हमारे सामने वही महाप्रश्न है। आज भी हम वहीं खड़े हैं, जहाँ पहले थे। प्रगतिशीलता के नानाविध अभिकरण उन लोगों को आज तक उन गलीज अँधेरी दलदल से बाहर नहीं निकाल सके, जिनके लिए स्वतन्त्रता पूर्व से अविराम प्रयास होते रहे थे। पर क्यों?

आज यही अभीष्ट है कि हम किसी चौराहे को पार करने से पहले अपनी दिशा सुनिश्चित कर लें कि हमें किधर जाना है और क्यों? हर बार सामन्तवादी और औपनिवेशिक प्रवृत्तियों ने उगते सूरज की सम्भावनाओं को भ्रूण हत्या करने के लिए

---

1. Statement Exhibiting the Moral and Material, Progress and Condition of India, Page-36.
2. Proceedings of the Indian Legislative Council, April 1919 to March 1920, Vol. LVII. Page 48.

विवश किया है। अपमान, असमानता, तिरस्कार, उपेक्षा, शोषण आदि का कुचक्र हर बार बदली गयी व्यवस्था में सफल होता रहा। पर ऐसा क्यों हुआ है?

इस अपेक्षित, अनदेखे और अन्धकार के गह्वरों में खोये जीवन्त इतिहास को प्रस्तुत करने का मेरा यह प्रयास है ताकि यह तथ्य सबका ध्यान अपनी ओर खींच सके और इतिहास मे सम्मान पा सके।

इसके लिए मैं उन सबका हृदय से आभारी हूँ जिन्होंने इसे इतिहास बनाने में मदद की। विशेष रूप से उनमें डॉ. राजमल जैन, डॉ. परमेश्वर दयाल, प्रो. माधवी पण्ड्या, डॉ. दीपक भील आदि का और वाणेश्वर मेले में लिए साक्षात्कार देने वालों का, जिनसे लोक में फैला उसका प्रकाश सामने आ सका, हृदय से आभारी हूँ। श्री अरुण माहेश्वरी प्रकाशक, वाणी प्रकाशन का भी आभारी हूँ कि वे ऐसे विषय की तलाश को यदि सामने नहीं लाते तो इस पर कार्य पूरा होने में पता नहीं कितना समय और लगता। मुझे आशा है कि मेरे प्रबुद्ध पाठक इस सम्बन्ध में मुझे अपने पत्रों से अवश्य अवगत कराएँगे क्योंकि उनका मेरा संवाद एक लम्बे समय से निरन्तर बना हुआ है। अस्तु,

राजेन्द्र मोहन भटनागर
शशि सदन
105 सेक्टर 9 ए,
हिरन मगरी,
उदयपुर–313002

बाहर से तेज़ स्वर में बोला, "धूपो, खुद ही आ गयी, सावन्ती। आवरा माता की किरपा से सब काम आप ही आप बन रहे हैं।

धूपो टापरे में चली गयी। जाते-जाते गरम पानी करने के लिए कहती गयी। गणेश्या ने हांडी में पानी गरम करने रख दिया।

इस समय वह पगला बाबा भी इधर ही गाता हुआ आ निकला उसका कण्ठ मधुर है। उसके स्वरों में तड़प है। वह गा रहा था–

पाड़ावां पांडावां भूरियो आवे रे
भूरियो साब दगामाते आवे रे
भूरियो साब मेवाड़ आवी लागो रे
भूरियो साब दरपण देतो आवे रे
मेवाड़ ना राजा धूजवे लागा रे

गणेश्या समझ रहा था कि बाबा प्रायः यही गाता घूमता है–पहाड़-पहाड़ भूरिया यानी अंग्रेज आ रहा है।

"क्यों चिल्ला चिल्लाकर अपना गला खराब कर रहा है!" गणेश्या ने धीरे से उसे समझाना चाहा।

वह मुस्कराया और बिना कुछ कहे आगे बढ़ने लगा तो गणेश्या ने उसे टोकते हुए कहा, "क्यों थे (तू) दिन रात भूरियो आने का डर पैदा करने का प्रयत्न करता रहता है। वो आएगा भी तो हम नंगे भूखों से क्या ले जाएगा।"

फिर वह पगला बाबा मस्ती में गा उठाः–

"पाड़ावां पांडावां भूरियो...।" गणेश्या पुनः गाने लगा तो वह चमका। फिर वह गा उठाः

भूरिया (अंग्रेज) मगरो (पछाड़) जोतू आवे रे
भूरिया दरपण देतूं आवे रे
आबू मोटो मगरो रे
प्रसतुं (पूछता) प्रसतूं आवे रे

"इन गीतों को सुनाने से क्या होगा?"

"वह मैं सामने देख रहा हूँ।"

"क्या?"

"तुम में कुछ-कुछ होने लगा है। क्या पहले कभी ऐसा हुआ?"

गणेश्या चक्कर खा गया। ऐसा उसमें इससे पहले कभी नहीं हुआ था। वह चुप रह गया। वह पगला बाबा बोला, "सिव रे आकड़ो और, धतूरो चढ़े...है नः...माता माँगे पाडो-बकरो...कुण कई करे।...गणेश्या बांगड़ माँगे बलिदान...कुण करे बलिदान? तू करे या म्हा। कुण?...राणा क्यूं करे। सब राणा एक से। जे धरा प्यारी है। थे ही जा धरा के असली मालिक हो। बा के दरद को जानते हो। बा के मान-सम्मान की

रक्षा के लिए थे ही कछु कर सकते हो। बस था रे में तनिक अगिन जले तो...।"

"फिर क्या होगा?"

"भूरिया उलटे पाँव भाग खडा होगा। वो जोड-तोड़ का जादू भूल जाएगा।...राणा बा से डरपत हैं। बा हे अपने राजपाट, ठाट-बाट का डर व्यापे है, थारे म्हारे कूं नहीं रे।" वह कहे जा रहा था कि अचानक वह पूछ बैठा "थाने गोगा गमेती का नाम सुना है क्या?"

"नहीं।" गणेश्या ने तपाक से कह डाला।

"सुनेगा तो थारे रोंगटे खड़े हो जाएंगे।" उसने गणेश्या की ओर देखते हुए कहा।

"तो सुना दे, बाबा।"

"अब पगला बाबा नहीं कहेगा क्यों? कहा तो थारे कूं कुण सुनाएगा गोगा गमेती की कहानी।...हैं न, यही बात रे।"

गणेश्या चुप बना रहा।

उसने खखारकर गला साफ किया और गोगा गमेती की कहानी यों सुनाने लगा—

महाराणा जयसिंह ढेबर (जयसमन्द) की दक्खिनी पाल बँधवा रहे थे। परन्तु पाल (मेड़) बँधने नहीं आ रही थी। इधर पाल बनकर तैयार होने में आती थी कि उधर पाल फूट जाती।

कुछ समझ में नहीं आता कि ऐसा क्यों हो रहा है? महाराणा जयसिंह को इस चिंता ने घेर लिया। उसने ज्योतिषियों से पूछा, भोपों से जानना चाहा, पर वही ढाक के तीन पात। बात कुछ बनी नहीं।

सप्ताह पर सप्ताह गुजरते गए। एक रात महाराणा जयसिंह ने स्यान में सुना।

"उठ, महाराणा जयसिंह। धरती पर माथा टेक।...बाकी माटी अपने माथे सूं लगा।"

महाराणा जयसिंह ने वैसा ही किया। उसी रात उसने फिर स्वप्न में सुना : थे सुबह पीपलिया जा। पीपलिया का गमेती गोगा है। वह गृहस्थ होते हुए भी सन्त है। पवित्तर आत्मा है वह। बा सूं कहना, "गोगा, यदि थे पाल की बनने वाली दीवार में अपना बलिदान कर दे तो दक्खिनी पाल बँध जाएगी।

"क्या करना होगा मुझे?"

"तू जिंदा पाल की दीवार में...।" आगे महाराणा जयसिंह नहीं कह पाए।

गोगा जानता था कि पाल बँधने से प्रजा को राहत मिलेगी। वह महाराणा का आश्चर्य समझकर बोला, "श्रीजी, आप चिंता छोड़ें।...मुझे आप एक मौका दे रहे हैं—जा माटी की देह को अमर बनाने का।...मैं पाल की दीवार में चुने जाने के लिए तैयार हूँ। चुनाई शुरू करवाइए।"

अचरज। गोगा जीवित दीवार में चुन गया। फिर बाँध नहीं फूटा।...यह था बा गोगा का अमर बलिदान। तभी तो बा पै अनेक लोक गीत बने हैं...कुछ समझा,

गणेश्या।...गोगा जा धरती का सपूत था। थे भी हो सकता है—भूरिया को भगा कर बांगड़ के मान-शान की रक्षा कर सकता।

तभी धूपो बाहर आयी नवजात शिशु को गोदी में लिये।

"थारो पुत्र है, गणेश्या।"

"बा की किरपा का परसाद है, जे।।"

"इधर ला उसे।" बाबा ने कहा। धूपो ने गणेश्या की ओर देखा। गणेश्या ने आँख के इशारे से हाँ कर दी।

बाबा ने उसे अपनी गोद में लिया। उसकी ओर टकटकी लगाकर देखा। उसे प्यार किया। फिर कहा, "थे भाग्यशाली हो गणेश्या। बागड़ का रक्षक आ गया है।... भोलाशंकर की माया को कुण जाने। वो जो करे सो थोड़ा।" इतना कहकर बाबा ने उसके सिर पर हाथ फेरा। फिर अपने गले में से वह माला निकाली, जिसमें एक रुद्राक्ष पड़ा था। उस रुद्राक्ष को एक छोटे से धागे में पिरोकर उस नवजात शिशु के गले में डाला और कहा, "जा रुद्राक्ष के दाने की भी गाथा है। एक रात किसी नए थान पर मैं रास्ता भटक कर मगरों की मालाओं में घिरकर रह गया था। तब अचानक एक अघोरी सामने आया। वह ज़ोर-ज़ोर से हँसा। हँसता रहा।...फिर वह मेरे पास आकर बोला, "थे इधर क्यूं चला आया, बच्चा। जे तो भोले भण्डारी महादेव की भूमि है।...जे तो काले भैरव और गोरे भैरव की भूमि है। जे दोनों भैरव महादेव के केश से प्रकट हुए थे। रविवार और सोमवार को भाव (चौकी) भरने वालों की भोपों की भूमि है।...तू ठहरा गोविन्द भक्त। गोविन्द भक्त का इन गिरि गह्वरों मे क्या कामः...आ आगे अपना हाथ आगे रख कर।...म्हाने हाथ आगे कर दिया। वाने जे एक दाना—रुद्राक्ष का दाना मुझे देकर कहा, "इसे धागे में पिरोकर अपने गले में डाल लेना—जग की सारी अलायें-बलायें जाती रहेंगी। जब कभी तेरा मन किसी हाल के जन्मे शिशु पर आ जाए तो तू रुद्राक्ष का ये दाना एक धोगे में पिरोकर उसके गले में डाल देना और बाकी अलवाँती (जच्चा) से कह देना —जे ठाकुर का...सबसे बड़े ठाकुर का हुकम है कि वो बा शिशु को नाम गोविन्द रखे।...जे बा गोविन्द का ही परसाद है।" इसके बाद वह पगला बाबा वहाँ पल भर के लिए भी नहीं रुका। चला गया।

गणेश्या सोचता रह गया। धूपो अन्दर चली गयी। गणेश्या के पास दूसरा कोई नहीं था। वह ठीक से अपने लाडले को भी नहीं देख पाया। उसके चारों ओर मगरी थीं। उन मगरियों से फूटते कुछ झरनों के स्वर थे। तेज़ और ठण्डी हवा के झोंके थे। वह अन्दर भी नहीं जा सकता था। रात को धूपो वहीं सोएगी, यह पहले तै हो चुका था। वह मन मसोस कर बाहर पत्थर पर आ लेटा।

समय कुछ-कुछ सदाबहार नदी की तरह है जो निरन्तर बहता रहता है। उनमें अन्तर है तो मात्र इतना कि नदी कभी-कभी सूख जाती है और उसका प्रवाह काल कलवित हो जाता है, परन्तु समय के साथ कभी ऐसा नहीं होता क्योंकि समय स्वयं काल है और इसलिए उसका प्रवाह कभी नहीं रुकता।

सावन्ती ने अपने छोरे का नाम गोविन्द पाकर मोद मनाया। ज्यों-ज्यों वह बड़ा हुआ, त्यों-त्यों प्रकृति की कृपा बराबर बनती रही। वर्षा समय पर होती। नदी नाले बहते रहते। झरने लगातार बहते। हिरन कुलाचें भरते। जंगली शुअर की पैदावार बढ़ती गयी। शेर, चीते, तेंदुआ आदि की आवाज़ सुनाई पड़ती। उनके पाँव के निशान घने हो चले।

गोविन्द पाँच वर्ष का हो चला था। वह अब खूब दौड़-धूप करने लगा था। नटखट था। एक बार उसने साँप पकड़ लिया। सावन्ती ने देखा तो उसके प्राणों पर आ बनी। न तो वह कुछ बोल, सकती थी और न वह कुछ कर सकती थी सिवा अपने कुल देवी चामुण्डा को याद करने के।

गोविन्द साँप के साथ खेलता रहा। तभी गणेश्या उधर आ गया। सावन्ती ने गणेश्या को इशारे से वह दृश्य दिखलाया।

गणेश्या ने मुस्कराकर कहा, "तू घबरा नहीं, बावरी। या साँप जहरीला नहीं है।"

"वो जा तो थे पा रहा है।"

"छोरा है, छोरी नहीं।...माँ पर धी, पिता पर छोरा, बहुत नहीं तो थोड़ा-थोड़ा—जे कहावत तो थाने सुनी है न।" गणेश्या का चेहरा खिल उठा। वह जहरीले से जहरीले साँप पकड़ने में माहिर था। सबसे एक ही बात वह कहता था, "आदमी से जहरीला और डरावना कोई जीव जिनावर नहीं होता। जीव जन्तु को न छेड़ो, शेर-चीते की ओर प्यार से देखते हुए पास से निकल जाओ, वो कुछ नहीं करेगा। लेकिन मानुख तो बा का शिकार करता है। उसे मारता है और मारकर उसकी कीमती खाल उतरवाता है। जा में वो अपनी शान समझता है। अपने को जा से यो वीर मानता हुआ फूला नहीं समाता। फिर थे सोच कि डरावना-खूंखार कौन है?"

सावन्ती महुआ की ओर देख रही थी। महुआ पर फल पक चले थे। वह उसके मीठे फलों का आनन्द मन ही मन ले रही थी।

गणेश्या का ध्यान भी महुआ पर जा टिका। वह बोला, "इस बार महुड़ा (महुआ) ख़ूब फूल रहा है। बा के फूल फल बन चले हैं।"

"तो?" सावन्ती ने गणेश्या की ओर न देखकर महुआ पर दृष्टि गड़ाते हुए कहा, "गोविन्द के पिता, अब थे और फूल मत तोड़ना।"

"क्यों न तोड़ूँ।"

"उन्हें फल बन जान दो।...फूल तो थे ने पहले ही बहुत तोड़ लिये हैं।...उनसे खूब शराब बनायी और...पी है।"

"था ने नहीं क्या?"

"ये माने तब ना। थारी जोरु हूँ न।"

"जे थे क्या कह गयी? का इसलिए म्हाने थारे सूं प्रेम विवाह किया था।" गणेश्या का स्वर पिघलने लगा।

"ना जी, ना। जे बात बिलकुल नाहीं है। थे इतनी जल्दी बुरा मान जाओगे, जे म्हारे कूँ मालूम नहीं था।" सावन्ती को गणेश्या से हुई पहली भेंट की याद आ गयी। गणेश्या ने उसे एक साथ भेंट में कांगसी, कांच, रुमाल आदि दिये थे और कहा था, "प्यार अन्दर के ढोल ढमाकों की ऊँजगूँज में नाच उठता है और देखते ही देखते गणगौर-ईसर का विवाह हो जाता है। उसकी आँखें झुक जातीं। उसकी श्यामल देह काँप जाती। वह सँभल कर कहती, "म्हारी तो था से हाथ जोड़कर यही विनती है कि थे अपने गोविन्द का ध्यान रखो। बा कूँ क्या मालूम कि कौन-सा साँप जहरीला है और कौन-सा नहीं? उसे अपनी लीक पर चलने के लिए मत उकसाओ।"

"समझ गया,...समझ गया।...मान गया, थे ठीक हो म्हा ग़लत।"

"ना जी, ना...थे तो एकदम थे हो।"

"का मतलब!"

"थारा उजला मन, सच कूँ सच कहने का हौसला रखता है और दूसरे को कायल करने का थारा ढंग एकदम निराला है- अपनापन लिये है और सामने वाले के मन को मुट्‌ठी में करने वाला है।'" सावन्ती ने भावुक होकर कहा। वह जानती है कि उसका मर्द लाखों में एक है।

इसी समय वहाँ गोसाईं राज गिरि का आगमन हुआ। वह शिव मन्दिर के पुजारी थे। वह सद्‌गृहस्थ साधु थे। गणेश्या और सावन्ती ने उन्हें प्रणाम किया। गोसाईं राज गिरि ने उन्हें आशीर्वाद देकर कहा, "गणेश्या, तुझसे कुछ माँगने का आदेश महादेव ने स्वप्न में दिया है।"

"आप आदेश करें, गुरुजी। हमें आपकी आज्ञा सिर माथे है।"

"अपना गोविन्द बड़ा भगत है। मन्दिर में आरती के दोनों समय आता है। मगन होकर आरती में हाथ बँटाता है।" राज गिरि धीरे-धीरे कह रहा था और कनखियों से उनके चेहरे की भाव भंगिमा को पढ़ रहा था। अवश्य वे दोनों अन्दर ही अन्दर भयभीत हो गए थे। गोविन्द उनकी इकलौती संतान है। कहीं वह उसे मन्दिर की सेवा के लिए न माँग लें। राज गिरि ने गोविन्द को पास बुला कर कहा, "कई माँगे नां दियो. ..वाला भजन तो सुना।"

सावन्ती का पुत्र प्रेम हिचकोले लेने लगा। गणेश्या भी चमका उन दोनों ने उसे कभी भजन गाते नहीं सुना था।

"गा, भोलिये, गा। तल्लीन होकर गा। कुछ सोचे नहीं। हम सब श्मशानवासी महादेव के भगत हैं। उनकी कृपा पर हैं।...तू गा, रे। कई माँगे नां दियो... ।" राज गिरि ने अपनी सुरीली आवाज़ में अमृत वर्षा कर दी।

गोविन्द अब अपने को नहीं रोक सका। वह गुनगुनाते-गुनगुनाते उच्च और मधुर स्वर में गा उठा।

कई माँगे नांदियो, न कई जी गुणेश (गणेश)
कई माँगे भोला संभू जोगिया रे भेष
चारो (घास) माँगे नांदियों न मोदक (लड्डू) गुणेश
गांजो माँगे भोले संभू जोगियां रे भेष।
भोला नाथ अमली, संकर बाबा अमली (अमल)
बागंर में भांगड़ली बुवाय (बोये) राख ली

गोविन्द की आवाज़ दूर-दूर तक फैल गयी फूल की सुगन्ध की तरह। महक उठा सारा वन आँचल। गहगहा उठा तन-मन।

"सुनी अपने लाडले का अमृत वाणी!"

"जी, गुरुजी, सुना और आनन्द भी लिया। पर हमें तो आज पता चला।"

"चलो पता तो चला।...बा भोले ने मुझे आदेश दिया। यहाँ मैं उसके स्वप्न आदेश से आया हूँ।...इसमें तुम्हें घबराने की तनिक भी जरूरत नाहीं है। वो तो शिव शम्भू का आदेश है कि गोविन्द को पढ़ाओ।"

दोनों की जान में जान आयी। दोनों जानते थे कि वहाँ क्या, दूर-दूर के गाँव तक कोई पढ़ाने वाला नहीं है। न कोई वहाँ पढ़ा-लिखा है। फिर उसे पढ़ाएगा कौन?

गणेश्या सोच रहा था कि पढ़ लिखाकर होगा क्या? वनवासी का संसार तो घने वन हैं। वह पूछने लगा, "परन्तु गोविन्द को पढ़ाएगा कौन?"

"थे पढ़वाने को राजी तो हो?"

"हाँ हैं।" सावन्ती ने कह डाला।

गोसाईं राज गिरि ने प्रसन्न होकर कहा, "गोविद को मैं पढ़ाऊँगा।"

दोनों ने आँख फाड़कर देखा। सोचा पुजारी जी पढ़े-लिखे भी हैं।

गोसाईं राज गिरि ने उच्च स्वर में कहा, "अकिंचन सन् प्रभव स सम्पदां...अर्थात् महादेव बहुत गरीब होकर भी सारी धन दौलत के उद्‌गम केन्द्र हैं।...सब कुछ उन्हीं से है।"

अचरज से गणेश्या और सावन्ती ने राज गिरि की ओर देखा। गणेश्या ने कहा "यह कौन-सी बोली है, भाखा है?"

"यह अमर वाणी है—संस्कृत।"

"सनसकृत...देवताओं की वाणी।" सावन्ती ने दोहराया। उसे विश्वास हो गया

कि उनका गोविन्द संस्कृत सीख जाएगा। वह बोला, "ठीक है, पुजारी जी, ठीक है।"

गुसाईं राज गिरि चले गए।

गोविन्द उन्हें जाते देखता रहा। वह सोचता रहा कि पढ़ना कैसे होगा? वह लिखेगा क्या और कैसे? उसे पुजारी जी के मुख से देव वाणी सुनकर अचरज हुआ। वह उस भाषा के माधुर्य का आनन्द मन ही मन लेता रहा। एक दिन वह भी पुजारी जी की तरह ऊँचे स्वर में गाएगा। उसे सब सुनेंगे। सब चकित होंगे। वह संस्कृत में सुना रहा होगा। अमर वाणी का असर ही कुछ और होगा।

गोविन्द राज गिरि के यहाँ जाने लगा। वह घर से खाली हाथ चलता था। वहाँ उसे तख्ती मिलती। सरकंडे से बनी कलम मिलती। गुरुजी सरकंडे के टुकड़े करते। एक टुकड़े को छीलते। उसे आगे से पतला कर उसे हल्का सा बीच से चीरते। मुलतानी मिट्टी को कूटते। उसे पानी में घोलते। फिर उसका लेप तख्ती पर करते। बुतके में स्याही होती। राज गिरि तख्ती पर खड़िया से बिन्दी-बिन्दी बनाते हुए लिखते। गोविन्द खड़िया से उस लिखे पर हाथ फेरता। बोलता जाता। प्रारम्भ में उसे हल्की सी कठिनाई हुई। परन्तु धीरे-धीरे उसे उसमें आनन्द आने लगा।

राज गिरि कहते, "हम सब आपस में बात करते हैं। चारों ओर देखते हैं। सुनते हैं। सुनाते हैं। बोलना हम सबके लिए सहज है। परन्तु जब हम कुछ कहना चाहते हैं। जिससे कहना चाहते हैं, वह सामने नहीं होता। तब क्या करें? कैसे उस तक वह सूचना भिजवाएं?...यह कठिन है।"

"जो कुछ कहना है वह किसी व्यक्ति को समझाकर उस व्यक्ति तक पहुँचा सकते हैं, गुरुजी।" गोविन्द ने सोचते हुए कहा।

"यदि कोई बात दूसरे पर जाहिर नहीं करनी हो तो...?" राज गिरि ने पूछा।

गोविन्द चक्कर में पड़ गया।

राज गिरि ने समझाया, "तुम लिखते जाओ। लिखने का अभ्यास करते जाओ। लिखे को पढ़ते जाओ। इससे ज्यादे कुछ मत सोचो।"

गोविन्द अभ्यास करने लगा। उसे बहुत आसानी से लिखने में सफलता मिलने लगी, दो महीने में ही वह ठीक से लिखने लगा। अपने लिखे को पढ़कर उसे बड़ा आनन्द आता। उसे हर अक्षर एक चित्र सा लगने लगा। "आ' लिखते ही उसे आम का ध्यान आ जाता, "क' लिखते ही कलम या कमल का, "इ' लिखते ही इमली का। वह वर्ण माला का खेल शुरू कर चुका था। जैसे—कमल, कलम, वर्णों का स्थान बदलता और मन ही मन उनसे उभरने वाली चीजों का ध्यान करता।

धीरे-धीरे वह चित्र भी बनाने लगा। कमल के साथ कलम का, घर के पास पेड़ों

का। कभी-कभी वह नीम पर आम के फल लटका देता, पेड़ पर नीड़ या घोंसला बनाता और उसमें खरगोश बैठा देता। फिर ख़ूब हँसता।

राज गिरि पूछते, "गोविन्द, यह क्या हो रहा है?"

"कल्पना, गुरुजी, कल्पना।"

"कल्पना क्या होती है, गोविन्द।"

"बन्दर, गुरुजी—वह बन्दर होती है, गुरुजी।" गोविन्द एक साँस में कह जाता और तख़्ती पर "ब' लिखकर झट से उसके पास बन्दर का चित्र बना देता और आगे कहता, "ये है कल्पना।"

"इसमें क्या कल्पना है, गोविन्द। बन्दर लगभग ऐसा ही होता है।"

गोविन्द बन्दर का मुँह मिटाकर उसके स्थान पर चीते का मुँह बना देता और पूछता, "अब गुरुजी!"

राज गिरि गोविन्द की इस कल्पना को देखते ही रह गये। कहाँ बन्दर और कहाँ चीता। वह भी एकदम चीता जैसा दहाड़ता हुआ। हू-ब-हू चीता। जीवन्त होता चीता!

गोविन्द ने चीते का मुँह मिटाया और उसके स्थान पर हिरनी का मुँह बना दिया और बन्दर की पूँछ हटाकर उसके स्थान पर लंगूर की पूँछ लगा दी और कहा, "अब गुरुजी?"

"गज़ब की कला। तुम तो गोविन्द बन्दर में अद्भुत कल्पना को जन्म देने में सफल हो गए।" राज गिरि उसकी चित्रकला को देखकर दाँतों तले उँगली दबाकर रह गए। इतनी सुन्दर कला! इतनी अद्भुत कला! वाह! वाह!!

गोविन्द ने बन्दर का पेट मिटाकर वहाँ हाथी का पेट बना दिया और चीते के मुख पर हाथी की सूँड़ लगा दी।

बन्दर एक उसमें कल्पना अनेक। और वह भी साक्षात् उन जानवरों की तरह—जरा सी भी अठारह—उन्नीस नहीं।

तभी उसने उस बन्दर के मोर के पंख लगा दिए और पूछा, "अब, गुरुजी?"

"कमाल, गोविन्द। यह कला तूने किससे सीखी?"

"आप से, गुरुजी।"

"मुझ से!" राज गिरि का मुँह खुला का खुला रह गया।

"हाँ, गुरुजी, आप से।" गोविन्द ने धीरे से पुनः कहा।

"वो कैसे?"

"आपने वर्ण माला सिखलाई न, गुरुजी, वह भी चित्रकला थी मेरे लिए। उसमें आँख भी थी—'ँ', उसमें नाक भी थी—'र' उसमें कान भी थे—'उ', उसमें पेट भी था—'व'...बस फिर क्या था, मेरा हाथ सधता चला गया। मैं जान गया कि देख-देखकर तो सब कुछ बनाया सकता है—शेर के ऊपर रीछ के घने बाल और हाथी के दाँत...वह भी दिखाने वाले, खाने वाले नहीं और इतने भारी भरकम देह पर छोटी सी

दुम! क्या कल्पना है अपने महादेव की! उन्होंने अपने पुत्र की गरदन से ऊपर का अंग हटाकर उसके स्थान पर हाथी का मुँह लगा दिया सूँड सहित और यों बन गयी एक नयी रचना, जिसकी आज तक कोई परम्परा नहीं बन सकी।...हमने भी...'उ' में नयी रचना कर डाली इस तरह से–

इसमें 'उ' है, 'ऊ' है, 'अ', आ, इ, ई, उ, ऊ, ए, ऐ, ओ, औ, अं, अः' सभी हैं। यह भी कल्पना ही तो है। क्या नहीं है इससे ऐसा? "गोविन्द ने ध्यान से अपने बनाये चित्र की ओर देखा और सोचकर आगे बोला, "मुझे तो सब तरफ महादेव की कल्पना लगती है। हमने तो उसकी भी तो कल्पना कर डाली। क्या किसी ने महादेव को देखा है? क्या आपने देखा है उसे, गुरुजी?"

राज गिरि ने सँभलते हुए गोविन्द की ओर देखा। उसे वहाँ आते हुए पाँचेक साल हुए हैं। वर्णमाला से शुरू उसकी यात्रा इन वर्षों में पत्र लिखने-पढ़ने, कथा-कहानी सुनाने और गढ़ने की ओर तेज़ी से बढ़ चुकी थी। वह मेधावी सिद्ध हो चुका था। उसमें नयी-नयी प्रेरणाएँ और कल्पनाएँ साकार होने के लिए उतावली हो उठी थीं। आज जैसा उसका रूप पहली बार सामने आया था। राज गिरि ने सहज भाव से कहा, "गोविन्द, मैंने आज तक महादेव के दर्शन नहीं किए हैं।"

"फिर भी, महादेव हमारे बीच में हैं, गुरुजी।" गोविन्द ने सहज भाव से कहा।

ऐसा उसने कभी नहीं सोचा था। वह तो मानता आ रहा था। उसके पुरखे और सारा आदिवासी समाज भी मानता आ रहा है।

"वह हमारी कल्पना है, गुरुजी या कुछ और।...जिसे हमने देखा ही नहीं, उसे हमने रूप, रंग, आकार दे डाला और हम उसकी ईश्वर मानकर पूजा भी करने लगे। पर क्यों?"

कितनी छोटी उम्र कितना बड़ा सोच और कितना बड़ा सवाल! राज गिरि ने अपने बड़े-बड़े बालों को पीछे ढकेलते हुए कहा, "आखिर कोई तो इस सारी सृष्टि के पीछे उसे बनाने वाला है–वही ईश्वर है।"

"यह भी हमारी कल्पना और उस कल्पना पर अटूट विश्वास के कारण। तो क्या ईश्वर...।"

"ऐसा नहीं सोचते, गोविन्द।"

"पर वास्तविकता तो यही है, गुरुजी। सत्य को सत्य कहने और मानने में किसी को क्या परहेज, गुरुजी?" गोविन्द ने तर्क को आधार बनाकर प्रस्तुत किया।

"यहाँ ये कहावतें बहुत प्रचलित हैं–मनख नो तो एक हाथ, राम ना हजार हाथ या सत में सायबो है (सत्य के साथ ईश्वर है)।"

कहावत तो यह भी है, गुरुजी, काम मोटो, नाम मोटी नी (काम महान् है, नाम

नहीं।) गोविन्द ने इतना कहकर सामने की ओर देखा, जहाँ चिड़ियाँ फैले हुए पानी में चहकती हुई चौंच भिडंत भी कभी-कभी कर उठती थीं। एक दूसरे पर चौंच में भरा पानी भी छिड़क देती थीं।

"गोविन्द कहता है "जोत जागी, भरांत भागी।" इसका अर्थ है कि ज्योति जगे यानी ईश्वरीय प्रकाश फैले तो सारे संदेह अपने आप दूर हो जाते हैं।...यह मैं कह सकता हूँ कि ऐसा होता है। सच्चा ज्ञान ही ईश्वर है।"

"ज्ञान झूठा भी होता है क्या?"

"भ्रम होता है। भ्रम से उपजा ज्ञान साँचा नहीं होता।...राम राम हूँ करो तां हारा राम।"

"यानी राम राम क्या करते हो। तुम सबके सब राम हो।"

"हाँ, गोविन्द, अपने अन्दर छिपी महाशक्ति को पहचानो।"

"पर कैसे?"

"पहले यह निर्णय करो कि तुम्हें क्या लगता है—जगती मोटी के भक्ति।"

"दोनों कहूँ तो।"

"दोनों के कहने से हाँ और ना की स्थिति बनी रहती है। एक दिशा नहीं मिलती। भटकाव बना रहता है।"

"बिना जगत् के भक्ति का क्या मतलब?" गोविन्द सोचता हुआ कहता।

"भक्ति का ही मतलब है, गोविन्द?"

"पर क्या, गुरुजी।"

"अपने को जानने-पहचाने का अर्थ। आख़िर हम क्या हैं?...गाए ना गड्या कल गलवाना है—माटी के बरतन तो फूटने के लिए होते हैं। यह संसार भी ऐसा ही है। यहाँ हर चीज़, हर जीव, पहाड़, नदी, प्रपात आदि सब एक न एक दिन नष्ट हो जाएँगे। तभी तो यह कहावत चल पड़ी है—धन, जोवन, माया तीन दाड़ां नी पावणी। मानुख को न धन का, न जवानी का और न माया का अहंकार करना चाहिए। ये सब नाश को प्राप्त होने वाले हैं—पानी के बुलबुले की नाईं।" राज गिरि कहता जा रहा था बिना यह जाने कि उससे इस तरह की बात करना ठीक है या नहीं। कौन उसे बहा ले जा रहा था और क्यों? अभी से गोविन्द में ऐसे प्रश्न क्यों उठ रहे हैं! क्यों उसमें जिज्ञासाएँ पंख खोलकर आसमान पार करने के लिए उतावली हो उठी हैं?

"मैं चलूँ, गुरुजी।" अचानक गोविन्द कह उठा।

राज गिरि ने संकेत से उसे जाने की इज़ाज़त दे दी।

गोविन्द तख्ती, बुतका, कलम आदि एक निश्चित स्थान पर रखकर चला गया और राज गिरि महादेव से प्रार्थना करने लगा और पूछने लगा, "हे देवों के देव, आपकी क्या इच्छा है। जो मैं सत्तर वर्ष पूरे कर लेने पर नहीं जान सका, उसे आपका वह भगत पल भर में ही जान गया।...वह आपका तो शायद उतना नहीं, जितना सत्य का

भगत बनने का प्रयत्न कर रहा है। वह सबसे हटकर है। क्या आप इस बार बनजारे के उस लड़के में प्रकट होकर कुछ चमत्कार दिखाना चाहते हैं?"

"गुरुजी, प्रणाम।...प्रणाम...गुरुजी।" दूसरी बार तनिक तेज़ स्वर में गणेश्या ने कहा।

राज गिरि का ध्यान टूटा। उसने कहा, "आओ गणेश्या भाई, आओ।"...सब ठीक तो है।...बीनणी भी चोखी है न।"

"हाँ जी, महादेव और आपकी कृपा से सब ठीक-ठाक हैं।"

"कैसे आना हुआ?"

"गोविन्द के लिए?"

"उसे क्या हुआ है?"

"बस यों ही।...सोचता हूँ कि अब उसे किसी हिल्ले से लगा दूँ। वह भी कुछ करने लगे।...जितना पढ़ना-लिखना था, उतना वह पढ़-लिख चुका।...अपने यहाँ तो वोरा (बनिया) की पढ़ाई-लिखाई का सिक्का माना जाता है, शेष पढ़ाई तो कुछ काम की नहीं है। वह चाहे कितना ठगे, लूटे, उलटफेर करे, परन्तु फिर भी वही साहूकार का साहूकार रहेगा। वही हमारी नैया पार करवाता है।" गणेश्या ने रुक-रुक कर समझा—सोचा सब उलट डाला।

"गणेश्या, गोविन्द जानता है, किसे कहते हैं?"

"चाहे जिसे कहें, उससे क्या फर्क़ पड़ता है, गुरुजी। लोहे को चाँदी कहने से लोहे को कोई चाँदी के दाम नहीं खरीदेगा।"

"परन्तु गोविन्द कहते हैं—कृष्ण को, परमात्मा को, इन्द्रियों के स्वामी को! वो बिकने-खरीदने वाली चीज़ का नाम नहीं है।...गोविन्द आपके घर का ही नहीं, सारी मानव जाति के लिए प्रकाश लेकर जन्मा है। उसके इस धरा पर आने का अर्थ ही कुछ और है। राज गिरि ने गम्भीर स्वर में महादेव के मन्दिर की ओर देखते हुए कहा।

"क्या अर्थ है, गुरुजी?" गणेश्या ने चिंतित होते हुए पूछा और अपनी पगड़ी ठीक कर ली।

"कम से कम वह वनवासी जन को तो मुक्ति दिलवाएगा या सच्चा जीने का रास्ता सिखलाएगा।"

"कैसी मुक्ति, कैसा रास्ता!"

"शोषण-बेगार से मुक्ति, अन्याय-अत्याचार से मुक्ति, भुखमरी- गरीबी से मुक्ति और अपमान-भय से मुक्ति। और सम्मान से जीने का रास्ता।"

"छिमा करें, गुरुजी, थारी बात म्हारे पल्ले नहीं पड़ती। न जाने आप उसे लेकर क्या-क्या रामायण बांचना शुरू कर देते हैं।" गणेश्या ने अपने मन में हो रही उथल-पुथल को उल्था कर दिया।

आज सावन्ती ने ही गणेश्या को राज गिरि के पास यह कहकर भेजा था, "म्हारा

इकलौता बेहा है। वह पुजारी/पुरोहित, संत बाबा की सोहबत में घर घाट का नहीं रहेगा। वे लोग जन्तर-मन्तर, झूठ-सूठ न जाने क्या-क्या जानते-करते हैं।...अपने बुढ़ापे की लाठी भी वही है और घर का चिराग भी थे। ये क्या सोच विचार करते रहते हो।...पुजारी जी के पास जाओ और दो टुकड़े फ़ैसला करके आओ, ताकि मन में चल रही यह हौलजौल ख़तम हो।"

"जाता हूँ, परन्तु अपना गोविन्द तो...।" आगे कहते-कहते गणेश्या रुक गया। वह सिर खुजाता रह गया। उस दिन गोविन्द ने चौपाल पर गाया था। सारी चौपाल ठगी-सी रह गयी थी। उसने गाया था—

तोही मोही मोही तोही अंतरु कैसा,
कनक (सोना) कटिक (करधनी) जल तरंग जैसा।
जउपै हम न पाप करंता अहे अनंता (परम प्रभु),
पतित पावन नामु कैसे हुँता।

"थारी ये ही चुप्पी म्हारे कूँ डरावत है। थे सदा से आलसी रहे हो और डरपोक भी।"

"डरपोक कदापि नहीं।"

"तो फिर जाकर अपनी मर्दानगी वहाँ दिखाकर आओ।"

"तो ले जाता हूँ।" कहकर गणेश्या उठ खड़ा हुआ और अब वह सामने है।

राज गिरि उसे समझा रहे थे, "सो कत जानै पीर पराई। जाके अंतरि दरदु न आयी।...आपका गोविन्द सबका गोविन्द होना चाहता है। वह सोचने लगा है कि गिरि बन काहे खोजन जाई। घट अभि अन्तर खोजहु भाई। पुहुप मधे ज्यूं वास बंसत है, त्यूं सब घट रमहि रघुवाही।...और फिर भी पूछता है कि किसी ने महादेव को देखा है। मैंने भी नहीं देखा।...वह अवश्य महादेव का भेजा है। उससे महादेव अपना कोई काम करवाना चाहते हैं।...आपको तो खुश होना चाहिए कि वह आपका बेटा है।"

गणेश्या में पुजारी के प्रति घनी श्रद्धा भक्ति है। सब उसे मानते हैं। वह सबका भला करने में सदा आगे रहता आया है। अब वह क्या करे? क्या कहे?

राज गिरि कह रहे थे, "अब वह पढ़ने-लिखने की अपेक्षा अनुभव कर उठा है। उसे वह अनुभव होने लगा है जो पोथियों में नहीं है। आप लोगों में एक-एक दो-दो माह तक नहाते नहीं हैं। कपड़े नहीं धोते हैं। बदबूदार गंदे कपड़े पहने रहते हैं, लूटमार, मारना-पीटना, चोरी-चारी आदि करते घूमते हैं। हिंसा करने से नहीं डरते हैं। ...जबकि...क्या तुमने कुछ और भी अनुभव किया है?"

"क्या, गुरुजी?"

"यही कि गोविन्द सूरज निकलने से पहले नहा-धो लेता है। रोज धुले कपड़े पहनता है। चोरी करना तो दूर रहा, वह तो चोरी करने वालों को उस दुष्कर्म करने से रोकता है।...वह सामने हवन कुण्ड देख रहे हो। वहाँ मेरे पास बैठकर वह रोज हवन

करता है।...क्या आपके यहाँ ऐसा किसी ने किया है और वह भी अपने आप। बिना किसी के कहे।" राज गिरि ने समझाते हुए आगे कहा, "हमें आपको चिंता करने की जरूरत नहीं है। कर्ता वह है—ऊपर वाला। हम सब तो उसके चलाए चल रहे हैं।... आप सब के दुःखों को ही दूर करने के लिए महादेव ने उसे अपने बीच भेजा है।... चिंता मत करो। उसकी कुंडली और उसके ग्रह-नक्षत्रों में गुरु उच्च का है।...उसे यहाँ आने दो। महादेव से मिलने दो। पट्टी की लिखा-पढ़ी तो कभी की पूरी हो गयी। अब तो अन्दर की लिखा-पढ़ी बिना—लिखे-पढ़े ही चल पड़ी है। उसे चलने दो। मेरी तो आपको इतनी सी ही सलाह है। शेष आप जैसा उचित समझें, कीजिए। आपका वह पुत्र है।"

इस समय मन्दिर में आने वाले आने लगे। राज गिरि वहाँ से उठकर मन्दिर की ओर बढ़ने लगा। गणेश्या उनको नमन कर लौटने लगा। मन्दिर की घण्टियाँ सुनाई पड़ रही थीं। परन्तु मन्दिर से बाहर आने पर उसके मन में सावन्ती आ खड़ी हुई और वह पूछने लगी, "क्या फैसला हुआ? पुजारी मान गया क्या?"

गणेश्या क्या जवाब दे। उसे क्या कहकर तसल्ली दिलाये। उसके सामने तो उसका इकलौता बेटा ही सब कुछ है। फिर वह प्यारा कितना है—लाखों में एक। देखने में, व्यवहार में और स्वभाव में। आज्ञाकारी अलग। माँ-माँ कहते वह नहीं अघाता है। वह कितना मधुर गाता है—भजन सुनाता है।

अब वह नहीं चाहती थी कि उसका लाडला साधु-बाबा के चक्कर में पड़ा रहे।

गणेश्या के पाँव उठ नहीं पा रहे थे। ज्यों-ज्यों घर नजदीक आता जा रहा था, त्यों-त्यों उसका मन डूबता जा रहा था। सावन्ती ठीक कहती है कि मर्द को इतना सूधा भी नहीं होना चाहिए कि जो चाहे और जिधर चाहे घुमा दे। उसकी रीढ़ की हड्डी सदा तनी रहनी चाहिए और उसका बुद्धि-विवेक कभी डाँवाँडोल नहीं होना चाहिए। जो सबको खुश रखना चाहते हैं, वे किसी को खुश नहीं रख सकते—अपने को तो क़तई नहीं। हमेशा मर्द को डामचा (वह मचान जिस पर बैठकर फसल की रक्षा की जाए) पर चढ़े रहना चाहिए तभी जीवन रूपी फसल की रक्षा हो सकती है।

गणेश्या पीपल के पेड़ के नीचे रुक कर सुस्ताने लगा। इस वक्त उस पर सावन्ती सवार थी। सावन्ती को मुँह देखी कहना नहीं आता था। वह खुद्दार थी और दीन दुनिया को खूब समझती थी। अब वह उससे क्या कहेगा? कैसे कहेगा? क्या वह कुछ कह भी पाएगा? उसका सिर चकराने लगा। वह वहीं बैठ गया—सन्नाटे में।

"बापू...थे यहाँ?" गोविन्द की कर्ण-प्रिय आवाज थी।

"तू इधर, गोविन्द?"

"माँ ने भेजा है।"

"इधर?...इस सन्नाटे भरे रास्ते की ओर, जहाँ आवाजाही लगभग बन्द है और... ।"

"शेर, चीते, बघेर आदि का डर है।" गोविन्द ने गणेश्या का वाक्य पूरा कर

दिया।

"हाँ-हाँ, गोविन्द, ऐसा ही है। तो फिर?" गणेश्या नहीं समझ पाया कि उसने जो कहा है, उसका अर्थ क्या है?

"माँ ने कहा था...?" कहते-कहते गोविन्द रुक गया।

"क्या कहा था?" गणेश्या में जिज्ञासा ने फन उठाया।

"यही कि थारा बापू आज अवश्य बन्द पड़ी पगडंडी की राह चुनेगा।"

"क्यों माँ, बापू ऐसा क्यों करेगा?"

"आज म्हाने उनके सिर पर भारी पत्थर रख दिया है।"

"पत्थर! पर क्यों माँ?"

"क्योंकि थारा बापू व्यवहार में एकदम गोबर गणेश है।" माँ ने गोबरी (गोबर से लिपाई) करते हुए धीरे से कहा और तत्काल गोरसी (अंगीठी) में कोयले पटक दिये।

"ना, माँ, म्हारा बापू हजारों में एक है।"

"तभी तो गोबर गणेश है ना...वह सदा गोल मटोल बात करेगा—दो टूक कभी नहीं।"

"क्यों, माँ?"

"म्हाने उसे थारे पुजारी के पास भेजा है आज।"

"काहे, माँ।"

"जे कहलवाने कि आगे से म्हारा लाडला बाकी पाठशाला में नहीं आया करेगा।"

"क्यों, माँ?"

"जो और जितना पढ़ना-लिखना था, वह हो चुका है।" सावन्ती ने दाबनी (माथे पर पहनने का झालरदार लंबोतरा गहना) को जरा ठीक किया और प्यार से भरकर कहा, "अब थे धवरी गाय से ज्ञान पाएगा...वे भी चार हैं। पांचवीं पीली जवान गाय है। बकरी अलग हैं। उन्हें चरायेगा और उन जैसा मलूक ज्ञान पाएगा।"

"ज्ञान उनसे, माँ?"

"जा में अचरज कैसा, म्हारे लाडले। माँ के बाद थाने पहले गुरु-अचारज (आचार्य) पेड़-पौधे, पशु-पक्षी, आकाश-धरती, नदी-नाले आदि-आदि ही हैं—साँचे गुरु। जो देना जानते हैं, लेना नहीं। वे भी पात्र, कुपात्र तै करके। अब से तू उन गुरु महाराज की शरण में जाकर अपना नाम की महिमा को सिद्ध करेगा।"

"कैसे, माँ।"

"गोविन्द कान्हा का नाम है। कान्हा यानी कृष्ण कन्हैया—पशुओं को लेकर पोटली में छाक लेकर वन में गाय चराने वाला।"

"वहाँ क्या मिलेगा?"

"वहाँ मिलेगा सच्चा और पक्का ज्ञान, अच्छे-बुरे का अन्तर, खोजी मन, अपने आप से बतियाने के लिए पुरवैया का संग।...म्हारे बन म्हारी कभी खत्म न होने वाली

सम्पति है। थे जो चाहेगा, वह पाएगा। समझ ले थारे हाथ कामधेनु लग गयी।...हम वन के जन हैं—वनवासी। वन म्हारा अपना महल है, राणा के महलों से लाख दरजे सुन्दर, बड़ा और कला का नमूना।"

"सच, माँ।"

"हाँ म्हारे लाडले। थारे लिए जे ज्ञान पाना बा ज्ञान से ज्यादा ज़रुरी है। निठल्ली पूजा में का धरा है सिवा लूट खसोट के।"

"थे मन्दिर नहीं मानती, माँ।"

"मन्दिर मानती तो थारे बापू से कभी विवाह नहीं कर पाती। थारा बापू मन्दिर मानता है, तभी तो बाहे डर व्यापता है और उलटबासियों से काम निकालने की टेढ़ी गैल पकड़ता है। आज भी बाने यही किया होगा। तू आज जाकर खुद देख समझ ले, म्हारे प्यारे लाडले कि कौन सच्चा है, कौन झूठा!"

"कैसे माँ?"

"थारा बापू बन्द पड़ी पगडंडी पर सिर झुकाये, धीमी चाल से चलता मिलेगा।... या हो सकता है पीपल, बरगद जैसे किसी बड़े पेड़ के नीचे बैठा अपने को अन्दर ही अन्दर लानत मलामत से छील रहा होगा।...अति सुधरो, अति भला और अति निर्मल मन की जेहि तो कठिनाई है कि दूसरों के लिए भला बना रहने के लिए अपने को पीछे ढकेलता जाता है। थे ऐसा कभी नहीं करना। जो सच है, बाहे कहने का हौसला रखना।...अब जा म्हारे लाडले, अपने प्यारे से बापू को बुलाकर साथ लाना। वह बहुत संकोची है। नेक है, बा हिय में सबके लिए प्यार है। बा के लिए सगरी दुनिया सूधी है। क्यों न हो वो नीचे से ऊपर तक सगलगी (आत्मीयता) का शिकार है। जाने कब तक भूखा प्यासा सरपट (द्विविधा) में पड़ा रहेगा।...अधिक संजीदा होना भी जान का दुश्मन हो जाता है।"

गोविन्द की स्मृति शक्ति बहुत तेज थी। इधर पढ़ा, उधर याद। मौक़े पर उसका प्रयोग। न किसी से वैर और न किसी से दोस्ती। अपने मस्त और अपने ढंग से ख़ूब सोच-समझकर काम करना। वह कह रहा, "उठो, बापू। माँ ने खीर भी राँधी है।... कहती है, खीर थारे बापू को बहुत पसन्द है, थारी तरह।"

गणेश्या पानी-पानी हो गया। वह उठा और चल पड़ा, सावन्ती के मन की गहराइयों में उतरता हुआ।

कब क्या हो जाए, यह किसको पता। ऊँट और भाग्य का कुछ पता नहीं कि वह किस करवट बैठे। बैठे भी या ना भी बैठे।

गोविन्द गिरि अब गाँव-गाँव घूमने लगा। वह जानना चाहता था कि क्या सब

जगह वनवासी गरीब, असहाय और कमजोर हैं। उसे अपना गाँव बेडवा (बाँसिया) से निकले दो माह से ऊपर हो गए थे। इस बीच वह मालवा, गुजरात और राजस्थान के अनेक गाँवों से संवाद कर आया। वह भीलों की दयनीय स्थिति के कारण जानता रहा। तमाम आदिवासी क्षेत्र जानवर से भी गया बीता जीवन जी रहा है।

आज गोविन्द थक गया था। वह अकेला घूम रहा था। किसी ने उसकी ओर खास ध्यान भी नहीं दिया। वह कई-कई दिन-रात चलता रहा। प्रायः उसे गाँव खाली मिले। तब उसे याद आया कि राज गिरि ने चलते समय उससे कहा था, "पहले आदिवासियों को विश्वास में लेना। इसके लिए तुम्हें भजन का सहारा लेना चाहिए क्योंकि तुम्हारा कण्ठ भी मधुर है और तुम्हारी आवाज बुलन्द है। लोगों को अपनी आवाज से जोड़ना। रैदास-कबीर-मीरा आदि के भजन तुम्हें याद भी हैं, उन्हें सुनाना।" यह स्मरण आते ही उसमें नयी स्फूर्ति अँगड़ाई ले उठी।

बेएड़ा गाँव था—छितरा-छितरा। दोपहर के बाद गोविन्द गाँव वालों से बतियाता। किराना वाले की दुकान पर जाकर उसने सबसे पहले अलख जगाया। राम-राम हुई। गाँव के नाम आने का कारण आदि की शुरुआत ने उसे उसके करीब ला दिया। दुकानदार रेवती पूछ रहा था, "भाई, तुम्हारा गुरु कौन है?"

"आप, सेठजी, और कौन?"

"मैं...।" दुकानदार रघुवीर चमक गया, "यह आप क्या बात कर रहे हो?" कहकर उसने गहरी साँस भरी।

"साँची बात तो जे है जो थारे भेजे में निकले तो?"

"क्या मतबल (मतलब)?" रघुवीर के स्वर तनिक मरोड़ लियें थे। पता नहीं उसे उसकी बात क्यों खारी लग रही थी? क्यों वह नौन हौलता-तौलता रुक कर और तराजू की डंडी से ध्यान हटाकर उसकी ओर देखने लगा था?

गोविन्द ने उसके बिगड़ते भाव को समझते हुए कहा, "रघु भाई, आप यह दुकान चला रहे हैं।"

"तो?"

"कौन है इसके पीछे?"

"कौन से मतबल?"

दुकान चलाने की अक्ल...ज्ञान तुम्हें किसने दिया या कौन दे रहा है?"

इस बार रघुवीर सोच में पड़ गया।

"पहले पहल क्या यह इतनी बड़ी दुकान थी, रघु भाई?"

"नहीं, छोटी सी थी।"

"धीरे-धीरे हुई न इतनी बड़ी दुकान।"

"बेशक, परदेशी।"

"यह सब सीख तुम्हें किसने दी कि दुकान खोलो और यों चलाओ।"

फिर रघुवीर सोच में पड़ गया।

"देखो भाई, सोलह आने सच यह है कि तुमने अपनी अक्ल से दुकान खोली और चलाई। धीरे-धीरे तुमने उसे इस स्थिति तक पहुँचा दिया।" गोविन्द रघुवीर के बनते-बिगड़ते हाव-भाव पर दृष्टि गड़ाये हुए था।

रघुवीर को कुछ सूझ नहीं रहा था। इससे पहले उसे इस तरह से सोचने की जरूरत ही नहीं पड़ी थी। गोविन्द ने उसकी पथरायी चुप्पी को समझकर कहा, "रघु भाई, यह सब आपकी अक्ल और आपके प्रयत्नों का परिणाम है।...है ना?"

"हाँ, है तो।"

"तो फिर तुम अपने गुरु हुए या नहीं।"

एक दफे तो रघुवीर निरुत्तर रह गया, परन्तु दूसरे ही क्षण वह याद करता हुआ बोला, "आपने तो अभी-अभी, परदेशी भाई, अपना गुरु मुझे बताया था।"

"हाँ बतलाया था।"

"पर क्यों?"

"वह इसलिए, मेरे भाई, जो अपना गुरु होता है वही सबका गुरु होता है—मेरा भी और दूसरों का भी।...सूर्य का अर्थ निरुतर प्रकाशमान होने वाला और अन्धकार को दूर भगाने वाला है। अब यह निर्णय तुम्हें लेना है कि तुम ऐसा कर पा रहे हो या नहीं। दीपक स्वयं अँधेरे में रहकर दूसरों को प्रकाशित करता है। गुरु का अर्थ भी यही है—अँधेरे से उजाले की ओर ले जाने वाला।"

इस वक्त तक वहाँ अनेक वनवासी इकट्ठे हो चुके थे। सब एक दूसरे की ओर देखते हुए अन्त में आदर की दृष्टि से गोविन्द को देखने लगे।

उनमें गमेती भी था। उसने पूछा, "आप किस जाति के हैं?"

"मेरी जाति-धर्म इनसानियत है मेरे भाई।...जाति-धर्म में क्या रखा है। हम सब वनवासी हैं, आदिवासी हैं, भील भाई हैं। गरीबी हमारा धर्म है और अन्याय-अत्याचार को सहना हमारी जाति। फिर भी, मैं आपके संतोष के लिए बता देता हूँ कि गोबषपलिया हमारी जाति है।" गोविन्द ने एक लय में सहज ढंग से कह डाला। गमेती ने तपाक से कहा, "आप वनजारे हो।" "हाँ, भाई, मैं बनजारा हूँ।...अपने आपको जानने-पहचानने के लिए घर से निकल पड़ा हूँ। दुःख-दरद बाँटने का मन रखता हूँ मुझे गाँव का सहयोग मिले, उनकी मदद मिले।" गोविन्द ने अपने लिए रास्ता बनाते हुए कहने का क्रम जारी रखा है, "आप लोगों से आशा रखता हूँ कि...।"

"आपको हम से क्या चाहिए?"

"मिलेगा क्या?"

"अपने वश में हुआ तो अवश्य मिलेगा, भाई। आप बताओ तो?"

"मुझे आपका प्यार चाहिए।" गोविन्द ने तपाक से कह डाला।

सब हैरान। प्यार भी क्या देने की चीज़ है। फिर भी उसने अपनी फरमाइश तो

जाहिर कर ही दी है। गमेती ने बिना सोचे-समझे कह डाला, "भाई, हमें तो साफ-साफ बताओ। हमारी तो मोटी अकल है।...हम नहीं जानते कि प्यार कैसे दिया जा सकता है?...आप हमारी मदद कीजिए तो...।" यह कहता-कहता अचानक गमेती चुप रह गया क्योंकि आगे का रास्ता उसे ज्ञात नहीं था।

"प्यार अनमोल भाव है। उसे अनुभव किया जा सकता है।"

"पर कैसे, भाई?"

"मैं आपके लिए प्यार भरा हृदय लिये घूम रहा हूँ। मुझे भी प्यार भरे हृदय मिलें तो अपने यहाँ आने का मकसद पूरा हो जाए।" गोविन्द कह गये तरंग में आकर।

"हम तैयार हैं परन्तु कुछ समझ नहीं पा रहे हैं कि हमें करना क्या है?"

"यहाँ बेड़ी गंगा बह रही है।"

"यहीं गलती स्थान के पास।"

"वह गंगा है। वह भादर जंगल के पहाड़ से निकली है। जहाँ गंगा बहती है, वहाँ प्यार भरा अमृत हिलोरें लेता है।...मुझे वही प्यार आपसे चाहिए।" गोविन्द ने धीरे-धीरे कहा।

वे सब अचरज से भरे खड़े-के-खड़े रह गए। वे सब गोविन्द की मधुर वाणी से अत्यन्त प्रभावित हो चले थे। उन्हें लग रहा था कि उनके बीच में खड़ा व्यक्ति महादेव की कृपा का फल है। गमेती ने पुनः कहा, "हमारे हृदय में बेड़ी गंगा नहीं बहती है। हम तो सूखे के मारे हैं। रजवाड़ों के डंडे की फटकार से काँपते हैं। बेगार ढोते हैं। तन ढकने को हमारे पर कपड़े नहीं हैं, खाने को टिक्कड़ हैं, वे भी एक जून के लिए और कभी-कभी फाक़ा की भी नौबत आ जाती है। ढोर-डंगर बिना चारे के हमारे सामने चल बसते हैं।...फिर बेड़ी गंगा क्या करेगी! कुछ नहीं, भाई, कुछ नहीं।"

"यह तकलीफ अकेले तुम्हारे गाँव की नहीं है बल्कि उन सबके गाँवों की है, जहाँ आदिवासी बसते हैं, भील रहते हैं; बनजारे घूमते हैं।...हमें इन कष्टों से बाहर आना है, भाइयो। बारह वर्ष में तो घूड़े के दिन भी बदल जाते हैं, जबकि हम जाने कब से जानवरों से भी गया बीता जीवन जी रहे हैं और कब तक जीते रहेंगे, इसका हम में से किसी को पता नहीं है।" गोविन्द उनके मन को कुरेद रहा था, "क्या हम घूड़े से भी गए-बीते हैं?"

कोई क्या कहता! सब चुप, बिन पानी की नदी की तरह!

"आप लोग साथ दें तो कुछ हो सकेगा!" गोविन्द ने पासा फेंका।

"क्या कुछ।"

दूसरे ने कहा, "कुछ नहीं। जैसे हैं, वैसे ही रहेंगे।...कुछ कम चाहे और हो जाए, पर कुछ लाभ नहीं मिल सकता।"

"तुम ठीक कहते हो, कल्लू।...रजवाड़ों के सामने हमारी क्या औकात! जहाँ जीवन निर्वाह के लाले पड़ते हों, वहाँ कैसा दमखम! क्या जीदारी। कुछ नही, परदेशी

भाई, रेगिस्तान के भाग्य में लहलहाते स्वप्न नहीं होते।...इस बार रघुवीर का स्वर नपा तुला था। उसने तिरछी हो रही पगड़ी को ठीक किया। पुनः वह कहने लगा, "हम वैश्य हैं परन्तु हमारा पूरा नाम है—रघुनाथ सिंह।...सिंह लगाने से ही हमारी सुरक्षा है। यह है रजवाड़ों का आतंक।

"रजवाड़ों में भी मानुख ही बसता है—वही मानुख जैसे हम-तुम हैं। उनमें हममें अन्तर क्या है—कुछ नहीं। हम डरते हैं। डरना हमारी कमजोरी है। यदि नहीं डरेंगे तो अधिक से अधिक क्या होगा!"

कुछ देर बाद रघुवीर ने कहा, "सिर धड़ से अलग कर दिया जाएगा, यह होगा।"

"किस-किस का और कब तक?"

"जब तक हम कुकड़ूँ कूँ नहीं बोलना शुरू कर देते।"

"यदि सबका पक्का निश्चय हो जाए तो क्या वे सबको मरवा डालेंगे!"

"हाँ।"

"फिर वे शोषण किसका करेंगे?"

सब सकते में आ गए। आगे गहरी खाई थी।

"भाइयो, यह प्रश्न टेढ़ा है। जितना सहज समझ रहे हैं, उतना नहीं है।...दरअसल शोषण से मुक्त होने का एक मात्र रास्ता है विद्या।"

"कौन-सी विद्या?"

"विवेक की जिससे अँधेरा हटता है। अँधेरा हटेगा तो प्रकाश आएगा। प्रकाश आएगा तो रास्ता सूझेगा। वह रास्ता जिससे शोषण का चक्रव्यूह तोड़ा जा सकेगा।" इतना कहकर गोविन्द ने सबकी तरफ देखा।

रघुवीर का सिर घूमा। उसने वातावरण को सूँघना चाहा। वो है कौन? कहीं किसी शत्रु की चाल तो नहीं है। वह विद्रोह के बीज बोये जा रहा है। उसने पूछ लिया, "परदेशी भाई, आप किसके लिए काम कर रहे हैं?"

"क्या मतलब?"

"मतलब वही जो आपकी समझ में आ रहा है परन्तु...।"

"परन्तु क्या?"

"आप उस पर परदा डाले हुए हैं। काठ की हाँडी बार-बार आँच पर नहीं चढ़ती। हमारी सब समझ में आ गया है कि आप रजवाड़ों के लिए हमारे मन में नफरत की आँधी क्यों उठाना चाहते हो? क्यों हमारे घावों को हरा कर हमें उत्तेजित करना चाहते हो?" तुम्हारी नफ्सानियत (स्वार्थपरता) की भनक हमें उस समय ही लग गयी थी, जब तुम्हारा इशारा हमारी बदहाली को कुरेदने लगा था।...कल्लू आधा हिन्दू और आधा मुसलमान था। पहले वह हिन्दू था। अकाल में ऐसा उजड़ा कि घर-घाट से छिटककर गुजरात की सीमा के पार जा पड़ा और भूख से मरने से बेहतर उसने अपना धर्म छोड़ना ठीक समझा। यों उसने इस्लाम अपना लिया। धीरे-धीरे भूख पर

ठण्डे पानी के छींटे पड़े। उसने कुलबुलाना छोड़ा। तब उसे लगा कि धर्म वही जिससे भूख मिटे और इनसान वही जो आड़े वक्त में काम आये। लेकिन बहुत जल्दी उसे दिन में तारे दीखने लगे।

कल्लू ने मजहब बदला। भूख ज़रुर मिटी, पर कितने दिन के लिए। गरीबी वहाँ भी थी और बदहाली भी। इसके साथ वह हर एक की निगाह में गिरता चला गया। उसने वहाँ अपमान, उपेक्षा और ओछापन पाया। ताने पाए। वह घबरा उठा और बिना किसी को बतलाए अपने गाँव लौट आया फिर से बेगम को औरत बना कर। उसका शेष परिवार मय ढोर डंगरों के अकाल के गाल में उसके सामने ही समा गया था।

तब रजवाड़े की चौखट पर लगभग बचा-खुचा गाँव फरियाद लेकर आया था। पर वहाँ से क्या मिला सिवा बेगारी कर कुत्तों को सूखी साखी रोटी पाने के। कल्लू को वह सब याद आ गया था। वह जानता था कि गुजरात के गाँव के गाँव तलवार के जोर पर मुसलमान बनाए गए थे। वहाँ मन्दिर तोड़ मस्जिदें बनाई गयी थीं और फिर से उन्हें गरीबी की सीमा में ढकेल दिया गया।

कल्लू जानता था कि रजवाड़ों की तरफ आँख उठाने से वे किस भयानक संकट में पड़ सकते हैं।

हालांकि अभी तक उसका गाँव यह नहीं जान सका था कि कल्लू इस्लाम कबूल कर चुका है। वह लाख चाहे कि फिर से हिन्दू बन जाए तो भी वह हिन्दू नहीं बन सकता। फिर वह हिन्दू धर्म को फिर से कबूल करने की बावत जानता भी नहीं था और न इस सम्बन्ध में उसने किसी से सुना ही था। यों वह अपने समाज में ऐसे रहता था जैसे दाँतों के बीच में जीभ। हरदम उसके मन में यह डर बना रहता था कि कहीं उसकी असलियत सामने न आ जाए। इस कारण प्रायः वह चुप रहता था और अपने काम से काम रखता था। सब उसके इस बदले हुए स्वभाव को यह कहकर स्वीकार कर रहे थे कि उसने अकाल में अपना सब कुछ खो दिया था। यों उसके लिए सारी दुनिया बीरान हो चुकी है।

इस ढलती उम्र में फिर से उसके आँगन में कोई चहल-पहल सम्भव हो सकेगी, यह सोचना अन्धे कुएँ से पानी पाने की आशा से अधिक कुछ नहीं था।

गोविन्द ने अपने पर हुए आक्रमण को सहज लेते हुए कहा, "कल्लू भाई, मुझे आपसे कोई शिकायत नहीं है। संशय मानुख की सहज प्रवृत्ति है, स्वभाव है।...और तब और भी अधिक जब मानुख गर्दिश से गुजर रहा हो...भाइयो संशय तर्क या सवाल-जवाब से दूर नहीं होता।...मैं आपका ध्यान सब ओर से हटाकर बेड़ी गंगा की ओर ले जाना चाहता हूँ और उसके लिए आज की संध्या आपके साथ गुजारना चाहूँगा यदि आपकी आज्ञा होगी तो?"

गोविन्द ने उस विषय पर से सबका ध्यान मोड़ते हुए कहा। कल्लू कुछ नहीं सोच पाया। वह विषय तो हवा हो गया। गमेती खखार कर पूछने लगा, "साँझ को क्या

होगा?"

"भजन-कीर्तन।"

"कौन कराएगा?"

"आप में से कोई न कोई ज़रुर होगा?"

सबने एक दूसरे की ओर देखा। गमेती ने सबकी द्विविधा को दूर करते हुए कहा, "यहाँ यदाकदा गोपी भजन उठाता था। उसका मामा कीर्तन कराता था। परन्तु वे दोनो गाँव छोड़कर चले गए। भयंकर अकाल में कितने ही गाँववासी गाँव छोड़कर चले गये थे और उनमें से एक चौथाई आज तक नहीं लौटे। गोपी और उसके मामा उन्हीं में से थे। अपने यहाँ यह लोकगीत बहुत प्रसिद्ध है कि "घी ढुलै तो म्हारो कछु नहीं बिगड़ै, पाणीजे ढुलै तो जीव जाय रे"।...इस कारण...।"

"आपके यहाँ ढोल-ढोलक तो होगी ही।"

"हाँ है।"

"तो उनके बजाने वाले भी होंगे।"

"अपना कुल्लू इस क्षेत्र में उस्ताद है।"

"फिर क्या है, आज भजन-कीर्तन साँझ को चौपाल पर जम सकती है।"

"भजन कौन उठाएगा!"

"मैं कोशिश करूँगा।...इस बहाने आज की साँझ अच्छी कट जाएगी।" गोविन्द ने सहज भाव से कहा।

गमेती ने कल्लू से कहा, "ढोल बजवा देना—साँझ को भजन-कीर्तन चौपाल पर होगा।...ढोलक, मजीरे आदि का प्रबन्ध भी करवा लेना।...बिछावन की व्यवस्था रुकाश्या से हो जाएगी।...परदेशी भाई, आपके ठहरने का इन्तजाम...।"

"मैं बेड़ी गंगा होकर लौटूँगा।"

"खाना आप मेरे यहाँ ले लेना।...वह देवा, आपके साथ चला जाएगा।"

आनन-फानन में सारी व्यवस्था हो गयी। सब चल पड़े। मेला खतम।

गोविन्द ने अपनी छोटी सी गठरी रघुनाथ की दुकान पर रख दी और वह देवा के साथ चल पड़ा, बेड़ी गंगा के लिए।

कांगडुबा गाँव। गलती के बाद दूसरा ऐसा गाँव, जहाँ से भजन-कीर्तन का सिलसिला ऐसा शुरू हुआ कि एक सप्ताह भर चला। फिर भी उस गाँव के वासियों का मन नहीं भरा। वह गाँव गोविन्द को जाने ही नहीं दे रहा था, परन्तु वह ज्यादा रुक भी तो नहीं सकता था।

बेड़ी गंगा में नित प्रातः काल सूर्य निकलने से पहले गोविन्द स्नान कर लेता था। उसके साथ उसके कहने पर कुछ गाँववासी भी वहाँ नहाने लगे। वे लोग जो एक-एक

दो-दो माह तक नहाते-धोते नहीं थे।

धीरे-धीरे गोविन्द के साथ नहाने वालों की संख्या बढ़ने लगी। वहाँ सब चुल्लू में भरकर बेड़ी गंगा का पानी लेते और सूर्य की ओर मुँह करके तीन बार नमन करते। फिर उस पर जल चढ़ा देते और बिना कोई प्रश्न किए उसके साथ चल पड़ते। उनको नहाना अच्छा लगने लगा। एड़ियों पर पत्थर रगड़कर मैल हटाने लगे।

"कैसा लगा, भाइयो, आपको यह कार्यक्रम?" गोविन्द पूछता।

सब अपनी-अपनी ओर देखते। हाथ-पाँव साफ और चेहरा उजला। रोज़ स्नान। रोज़ कपड़े धोना। उनमें से बदबू दूर। उनके बाल सजे-सँवरे। सब तरफ हलकी-हलकी चर्चा।

आज वहाँ आसपास की ढाणियों से स्त्री-पुरुष, किशोर-प्रौढ़, बड़े-बूढ़े भी इकट्ठे होने शुरू हो गए थे। उनके साथ बच्चे-बच्चियाँ भी थे।

मौसम खुला हुआ था। न गरमी थी और न सर्दी थी। पहाड़ियों में चहल-पहल थी। ढोल-डमरु बज उठे थे। महादेव बाबा की जय और माता की जय से आसमान गूँज उठा था।

आजकल गोविन्द के साथ कूरीया भी चल रहा था। कूरीया के अन्य कई भील भी थे।

गोविन्द सोच रहा था कि वह अब क्या करे! क्या वह इसी तरह बिना किसी उद्देश्य के गाँव-गाँव भटकता घूमता रहे। उससे क्या होगा? तो किससे होगा? इन भीलों में, आदिवासियों में और अल्प संख्यक बनजारों में कौन जागृति लाएगा? कैसे लाएगा और कब?

कूरीया सोच-विचार वाला अनपढ़ मर्द था। उसमें अनुभव की खीर पक रही थी। उसके दिमाग़ में यदाक़दा खाली रकाब (घोड़े की काठी का झूलता पायदान) झूलने लगता था और बेसिर की बातें सोचने लग जाता था। उसने पूछा था, "गुरुजी, आखिर आपने सोचा क्या है? आप क्या करना चाहते हैं।"

पहली बार किसी ने उसे गुरुजी का सम्बोधन दिया था। इससे पहले वह परदेशी भाई से ज़्यादा कुछ नहीं था।

"कूरीया, लगता है कि अब कुछ सोचना पड़ेगा। कुछ-कुछ बदलाव का रस ये लोग अनुभव करने लगे हैं। जैसे-जैसे ये लोग ऊपर उठने लगेंगे वैसे-वैसे इनमें जागृति आँखें खोलने लगेगी। इनका चित्र भी बदलने लगेगा। अभी तक तो इन्हें अपने बारे में कुछ पता ही नहीं था।" गोविन्द सोचता जाता और कहता जाता।

"आप इनके बीच से हटे नहीं कि बदलाव की लहर धीरे-धीरे गुम होने लगेगी। फिर वही ठहराव, वही गंदला जल, वही बदबू मारते तन और कपड़े। चमड़ी पर जमा मैल। फटी बिवाइयाँ। बिसटी (बेगार) की सीटियाँ। हो तो कुछ ठोस हो। उनका चित्त बदले। बदलने का अनुभव करे।" कूरीया का मद्धिम स्वर गहरा था।

गोविन्द भी कई दिनों से इस दिशा में सोच रहा था। रुढ़ परम्पराओं के जाल से बाहर लाना तोप-तलवार से भी सम्भव नहीं है। गोविन्द ने कहा, "आज भजन-कीर्तन के बाद तुम ये प्रश्न उठाना और मैं उन सब लोगों को आमंत्रित करूँगा कि वे बताएँगे। प्रश्न में उत्तर समाहित होता है जैसे तन में प्राण।"

"वे क्या बताएँगे, गुरुजी। उनका दिमाग तो पत्थर के टुकड़े जैसा है।"

"कूरीया, आज धूंणी (आसन) से लौ उठेगी। पत्थरों से चिनगारी निकलेगी।... मैं ऐसी आशा लेकर आज उनसे विनती करूँगा। समाज मन रचाना से रचता है। उनमें स्वप्नों की कोंपल फूटने के आसार तो पैदा होने दो, फिर देखना कि क्या से क्या होता है।" गोविन्द में विचारों के साथ दिशा की किरणों का आभास पों फटने का संकेत देने लगा।

साँझ हो आयी।

धूंणी के सामने, स्त्री पुरुष, बच्चे बड़े-बूढ़े बैठते गए। लकड़ियों के जलने से उजाला चमकने लगा। पगडंडियों के मोड़ पर भी लक्कड़ जला दिए गए थे ताकि जंगली जानवर, पहाड़ी रास्तों के कटाव-घटाव आदि का ध्यान बना रहे।

धूंणी के बीचोंबीच बड़ा लक्कड़ जल रहा था। सूखा था। लौ उठ रही थी। ऐसी लौ को शुभ माना जाता था। ढोल भी बज उठते थे। ख़ासी चहल-पहल हो चली थी।

"गुरुजी, एक प्रार्थना है।"

"बोल ना, तुझे जो बोलना है।"

"आज आप धूंणी पर पहले से नहीं आ बैठे।"

"क्यों, भाई?...उससे क्या होगा?"

"वह मैं अभी नहीं जानता।"

"फिर भी।"

"हमारी हाथ जोड़कर आपसे अर्ज़ है।" कूरीया सचमुच हाथ जोड़ने लगता।

गोविन्द मुस्कराते हुए कहने लगता, "बिना गुरु मंत्र लिए तूने मुझे अपना गुरु बना लिया और मैंने तुझे अपना पहला-पहला शिष्य। तब तो तुम्हारी बात माननी ही पड़ेगी।"

"तब तक आप धूंणी से थोड़ी दूर पर बनाई झोंपड़ी में आराम करेंगे। वहाँ अपने कुछ आदमी होंगे।"

"टहलवे।...ना ना...मुझे टहलवों की ज़रुरत नहीं है। मैं स्वयं ही अपना टहलवा हूँ।" गोविन्द ने दो टूक बात कह दी।

"मैं जानता हूँ, गुरुजी। फिर भी, मुझे लगता है कि अपनी ओर से ऐसी कोई कोताही न हो, जिसके लिए बाद में पछताना पड़ जाए।...अच्छा, मैं चलता हूँ, मुझे आशीर्वाद दीजिए कि अवश्य सृष्टा की इच्छा पूरी हो।" कूरीया का स्वर विनत था।

गोविन्द ने कहा, "ऐसा ही हो, कूरीया।"

कूरीया चला गया। गोविन्द अन्यमनस्क-सा रह गया। उसने कभी नहीं सोचा था कि ऐसा होगा। आज वह पहली बार इतनी बड़ी भीड़ को सम्बोधित करेगा। पर कब? पहले कीर्तन...नहीं भजन और अन्त में सम्बोधन। वह पहले कभी इतनी बड़ी भीड़ में बोला नहीं था। आज उसका इम्तिहान है।

वह सुन पा रहा था कूरीया की आवाज। कूरीया कह रहा था, “भाइयो, बहनो, आप सब लोग कतार में बैठ जाएँ। औरतें हमारे दाहिनी ओर बैठें। गुरुजी कुछ देर में धूंणी पर आने वाले हैं। आप धूंणी के सामने, सबसे आगे जिन भाइयों को देख रहे हैं, वे अपने पूजनीय गुरुजी के साथ प्रतिदिन स्नान करते हैं, अपने कपड़े धोते हैं और चुल्लू में जल लेकर सूर्य को चढ़ाते हैं। इस सबसे क्या हुआ है, वह आप अपने इन भाइयों से सुनिये। पहले आपके सामने सुखिया आ रहा है। आओ सुखिया, यहाँ आओ और सबको बताओ कि तुमने इन दिनों क्या अनुभव किया।”

“हम क्या कह पाएँगे। आप ही हमारी तरफ से बता दीजिए।”

“ना रे सुखिया, ना। जैसे तुम खाने का स्वाद लेते हो, उसे तुम्हीं बता सकते हो, हम नहीं, वैसे ही तुम इस अनुभव को बता सकोगे। आगे आओ, सुखिया। घबराओ नहीं। यहाँ सब तुम्हारे अपने परिचित लोग हैं। आगे आओ, सुखिया।” कूरीया का स्वर आत्मीय था।

सुखिया घबराता-घबराता आगे बढ़ने लगा। वह धूंणी के पास आकर हाथ जोड़ कर खड़ा हो गया और कूरीया के बहुत कहने पर बोला, “हम सुबह नहाते हैं,। नहाना हमें अच्छा लगने लगा है। हम रोज़ कपड़े धोते हैं। हम रोज़ धुले कपड़े पहनते हैं। सूरज को पानी देते हैं। यह सब हमें बहुत अच्छा लगने लगा है। इस सबसे हमारा मन खुश रहने लगा है। हलका। ऐसा हमें पहली बार अनुभव हो रहा है।...जै राम जी की।”

सुखिया धूंणी से चला गया तो दूसरे को, फिर तीसरे जन को बुलाया गया। सबने सुखिया के शब्दों को ही दोहरा दिया।

सारे जन मौन। उनकी कुछ समझ में नहीं आया। रोज़ नहाने, कपड़े धोने और सूरज को जल चढ़ाने से क्या होता है।

कूरीया कह रहा था, “आप लोग सोच रहे होंगे कि ऐसा करने से क्या होता है? आपका सोचना ग़लत नहीं है। मैं भी आपकी तरह ही सोचता था। लेकिन जब से मैंने नहाने, धोने और जल चढ़ाने की ओर ध्यान देना शुरू किया, तब से कुछ दिन बाद मुझे अलग तरह का अनुभव हुआ। मेरा मन एकदम शान्त होता गया।...खैर, यहाँ उन बातों का उल्लेख करने से कोई लाभ नहीं है, क्योंकि वह दूसरों का अनुभव नहीं है। यदि आपको सच जानना है और सुखिया के अनुभव की परख करनी है तो तुम लोगों को भी वही सब करना चाहिए जिससे सुखिया और दूसरे गुजरे हैं।...अब, गुरुजी पधार रहे हैं। सब अपने स्थान से खड़े होकर और हाथ जोड़कर उनका स्वागत

अभिनन्दन करेंगे।...जय गुरुदेव मैं कहूंगा और आप बोलेंगे, जय।...अब गुरुदेव इधर आयी रहे हैं।"

कूरीया ने हाथ जोड़कर गोविन्द को नमन किया। चारों ओर से जय जयकार शुरू हो गयी। सब खड़े थे।

गोविन्द ने इशारे से सबको बैठ जाने के लिए कहा।

सब बैठ गए।

थोड़ी देर बाद सब शान्त भी हो गए। फिर गोविन्द ने ढोलक और बाँसुरी वालों से कहा—शुरू हो जाओ।

गोविन्द ने धीरे-धीरे कहने की तैयारी की। उनका मन झूम उठा। बासुरी राग निकालने लगी—झगरा एक निबेरहु राम...।

गोविन्द बोले, "आप सबके चरणों में हमारा प्रणाम। आपके चरण ही हमारा तीर्थ हैं...अभी-अभी आप एक समस्या से जूझ रहे थे। मैं अपने को नहीं रोक सका।...समस्याएँ आपके सामने ही नहीं, भगवान के सामने भी आती हैं। उनके भक्त उनकी भी परीक्षा लेने में नहीं चूकते। जानते हो क्यों?" गोविन्द चुप होकर सबकी ओर देखने लगे। सबकी नाड़ नीचे थी।

कूरीया भी सोच में पड़ गया।

आख़िर गोविन्द ने सहज भाव से कहा, "मनुष्य की सहज वृत्ति है—स्वभाव है कि वह बैठे ठाले भी संशय से घिर जाता है। ये हमारा मन है, इसमें बराबर उथल-पुथल चलती रहती है। जैसे यह काम करूँ या न करूँ। उसने क्यों कहा कि सूरज निकलने से पहले नहा लेना चाहिए? रोज कपड़े धोने चाहिए। धुले कपड़े पहनने चाहिए।...फिर ये गोविन्द कौन है? यहाँ क्यों आया है? क्या इसका इरादा हमसे कुछ ठगने का है! ऐसा मन में न चाहते हुए भी अपने आप चलता रहता है। क्यों भाइयों, ऐसा होता है या नहीं। नहीं होता हो तो मैं अपने को सुधार लूँ और आगे से ऐसा नहीं कहूँ। ...आप, इतने सारे समझदार लोग हैं। फिर तो जो आप कहेंगे, वह बात कलदार सिक्के की तरह सच्ची ही होगी। उसमें किन्तु-परन्तु के लिए स्थान नहीं होगा।...है, न।...तो आप क्या कहते हो, भाइयो!...अब गोविन्द की दृष्टि पुनः सब पर थी।"

सबमें कानाफूसी शुरू हुई।

कूरीया बोला, "जवाब दो, भाइयो। सूधो सवाल है। हाँ या ना में जवाब देना है।"

वहाँ कई तरफ़ से आदमी खड़े हुए और बोले, "होती है।...होती है।...होती है।"

"भाइयो, मन की यही गति है। जैसे पानी की गति निरन्तर बहना और हवा की गति लगातार बहते रहना—गरम चाहे ठण्डी वह कैसी भी हो, पर उसे बिना रुके बहते ही रहना है।...तो मैं बता रहा था कि मनुष्य के मन में प्रभु के बारे में यह संशय उठा कि वह पूछने लगा...उसी से पूछने लगा...यानी प्रभु से ही कि तू बता कि तू है या नहीं

है। है तो सामने आ।...सच बात तो ये है कि हमारे मन में भी यही विचार जोर पकड़ने लगा कि तू है तो सामने आ। हमने भी उसे पहले कभी नहीं देखा। आपमें से किसी ने उसे पहले देखा हो तो वह हाथ उठा दे।" गोविन्द ने फिर से रुककर, सबकी ओर देखा। कहीं से कोई हाथ नहीं उठा।

"हाँ तो भाइयो, हम सब उसे बिना देखे, बिना जाने-पूछे मान रहे हैं। यह बात बहुत बड़े महात्मा-सन्त हुए हैं कबीर। उनका आपने नाम सुना होगा।"

अधिकतर लोगों ने हाथ उठाए। स्त्रियाँ चुप रहीं। उनमें से किसी ने हाथ नहीं उठाया। गोविन्द ने उस ओर संकेत करते हुए कहा, "स्त्री-पुरुष बराबर हैं।...खैर... महात्मा कबीर ने भी यही प्रश्न उठाया और वह भी भक्तगणों के सामने...जैसे इस समय आप बैठे हैं, वे भी बैठे थे और कबीर गा उठे थे–"

झगरा एक निबेरहु राम,
जे तुम्ह अपनैं जन से काम।
झगरा एक निबेरहु राम।

गोविन्द ने ऊँचे कण्ठ से यह पद उठाया। फिर बोले, "राम जी, झगड़ा निपटाओ यदि थारे को वह प्रिय हो। वो तो दिन-रात, सुबह-शाम, उठते-बैठते हर समय थारे कूँ भजता रहता है। तो थारा भी फर्ज़ बनता है कि उसके मन में उठे संशय को दूर करो।. ..यह संशय या समस्या है।" कहकर गोविन्द गा उठे–

ब्रह्मा बड़ा है कि जिन दे उपाया,
वेद बड़ा है कि जहाँ तैं आया।
झगरा एक निबेरहु राम।

"क्या बात है। ढोलक पर थाप पड़ने बन्द। बाँसुरी की मधुर ध्वनि बहुत मद्धिम। गोविन्द पूछ रहे थे कि कबीर ने अपने प्रभु को घेरते हुए पूछ डाला कि संसार को बनाने वाला बड़ा है या उसे बनाने वाला। वेद बड़ा है या वेद को बनाने वाला। प्रभु चक्कर खाने लगे। उनकी बोलती बन्द। वे क्या जवाब दें? कैसे दें? वे बड़े हैं या उनको बनाने वाला। प्रभु को चुप पाकर फिर से अगला प्रश्न दाग दिया–

"यहु मन बड़ा कि जेहि मन मानै
राम बड़ा कि रामहि जानै
झगरा एक निबेरहु राम।

बोलो प्रभु, मन बड़ा है या वह बड़ा है, जिसको मानकर मन विश्वास करता है, श्रद्धा करता है। बताओ राम, तुम बड़े हो या तुम्हारे को जानने वाला बड़ा है?...यानी राम के तत्त्व को जानने वाला?

और अन्त में कबीर गा उठते हैं–

कहै कबीर हौं भया उदास
तीरथ बड़ा कि हरि का दास,

झगरा एक निबेरहु राम।

बोलो राम...बोलो प्रभु कि तुम बड़े हो या तुमको जानने वाला। तीर्थ बड़ा है या तुम्हारा भक्त जो किसी स्थान को तीर्थ बना देता है।...अब क्या प्रभु चुप। उनके मुँह से कोई बोल नहीं फूटा।...अब बताओ, भगतो, आप क्या सोचते हो? इनमें कौन बड़ा है?

"दीखने में तो ब्रह्मा से बड़ा ब्रह्म को जन्म देने वाला है। इसी प्रकार वेद से बड़ा वह व्यक्ति है जिसके द्वारा वेद सामने आए हैं।" सबका ध्यान उसकी ओर गया। वह वहाँ का निवासी नहीं लग रहा था। गमेती ने पूछा, "भाई, आप कहाँ के हैं?"

"आप जैसे एक गाँव का हूँ। मालवा के एक गाँव का। मेरा नाम सुरति है। अभी मैं छाड़ी डूँगरे से आ रहा हूँ। इतनी सुरीली आवाज में संत कबीरदास कर पद सुना तो मैं अपने को रोक नहीं सका।...गुरुदेव की वाणी में गहरा असर है।...आपकी व्याख्या का ढंग अत्यन्त प्रभावशाली है। मैं गुरुदेव के चरणों में नमन करता हूँ।...अभी तक देशाटन करता घूम रहा हूँ। मैं सच्चे गुरु की तलाश में मारा-मारा घूमता रहा। आज मैं धन्य हो गया। मुझे गुरु मिल गया। अब गुरुदेव के श्री चरणों में बैठकर अपना जीवन सफल करना चाहता हूँ।" सुरति का स्वर सन्तुलित था। वह अपना स्थान छोड़कर गोविन्द की ओर बढ़ता जा रहा था। सब आश्चर्य से देख रहे थे कि आगे क्या होता है?

गोविन्द टोटकों के विरुद्ध था। वह समझ रहा था कि इसी तरह जन अन्धविश्वास का शिकार होता है और ठगा जाता है।

सुरति उनके पास आकर उनके चरणों में झुक गया। गोविन्द ने बहुत प्रयत्न किया कि वह बीच में ही उसे थाम ले और गले से लगा ले, परन्तु वह सफल नहीं हो सका। वह सामने और अगल-बगल में बैठी जनता से कहने लगा, "अभी हम सन्त कबीर की बात कर रहे थे। उनके इस पद में वह जनता जनार्दन से कहना चाहते थे कि वह बाहरी टीमटाम से बचे, वह नकली है, वह अन्दर यानी हृदय की अनुभूति से जुड़े। उसे महत्त्व दे, वही उसके काम की है। बाबा तुलसीदास ने भी इसी तरह कहा है,

मोरे मन प्रभु अस विस्वासा।
राम ते अधिक राम कर दासा।

उनके कहने का भी यही अर्थ है कि राम से अधिक राम का दास है क्योंकि वही उसको जानता है और औरों को वही बता सकता है कि चैतन्य यह है। उसी सत्संग से लाभ है। हमें उनके साथ ही रहना चाहिए।...हमें ऐसी शक्ति मिले कि हम अच्छे व्यक्तियों का साथ पा सकें और सबको बनाने वाले का अनुभव पा सकें।"

गोविन्द चुप होकर सबकी ओर देखने लगा। फिर उसकी दृष्टि सुरति पर गयी और वह कहने लगा, "भगतो, आपने जाना कि सुरति और मुझमें बड़ा कौन है?"

फिर वही प्रश्न। गोविन्द ने कहा, "वही बड़ा जिसने आप सबके सामने मेरे पाँव छुए। जो झुकता है, वही फलदार और छायादार पेड़ होता है। सुरति महान् है। मैं उनकी महानता को प्रणाम करता हूँ।" और इसी के साथ उसने सुरति की ओर देखते हुए प्रणाम करने हेतु अपने दोनों हाथ जोड़ दिए।

सारा आदिवासी समाज स्तब्ध रह गया। अभूतपूर्व दृश्य। विनम्रता मानों स्वयं प्रकट हो गयी हो। चहुँ ओर अचरज आकर ठहर गया। फिर कीर्तन प्रारम्भ हुआ। सब आत्मविभोर हो उठे। बाँसुरी थिरक रही थी। ढोलक पर धीरे-धीरे थाप पड़ रही थी। चार ढोलक थीं। चारों से एक धुन निकल रही थी।

उसके बाद माता की जय के साथ वह कार्यक्रम समाप्त हुआ चाहता था कि तभी न जाने किसने जयकारा यह कहकर शुरू किया—गोविन्द महाराज की जय। फिर क्या था यह क्रम रुका नहीं।

गोविन्द स्वयं चकित था। सब कुछ असोचा हो रहा था। वह भी लौटने लगा था। उसे बारम्बार अपने गुरु राज गिरि की यह बात याद आ रही थी, उसने कहा था, "गोविन्द, जब असोचा होने लगे तब चुपचाप उसे हो लेने देना, जब तक वह होता है, होता रहे। तुम तटस्थ बने उस अदृश्य की अनुभूति करने की कोशिश करना जो बिना हाथ-पाँव, आकार के बिना और बिना सामने आए वह सब किए जा रहा है, जिसकी तुमने कभी कल्पना नहीं की थी। वह कौन है? कैसा है? कहाँ है? यह सब मैं नहीं जानता। परन्तु यह जानने लगा हूँ कि वह है। वे क्षण तुम्हारी दुनिया बदल देंगे और तुम कुछ से बहुत कुछ होने की दिशा में अपने आपको बिना प्रयत्न ही बढ़ता पाओगे। उन क्षणों में तुम अपने को उस पर छोड़ देना। तब तुम्हारा यही करणीय होगा।"

"परन्तु गुरुजी, हम जो हैं, वह नहीं रहेंगे, तब हम उसे स्वीकार कैसे कर पाएँगे?"

"मुझे ऐसे क्षणों में लगा कि यही अगम के गोचर होने की अन्तर्कथा है। तुम केवल अनुभव कर सको तो कहना और नहीं कर सको तो तटस्थ भाव से उस गोपनीय अन्तर्कथा को अपने सामने से गुजरते देखना। हर एक व्यक्ति के जीवन में ऐसे क्षण नहीं आते। जिनके आते हैं, उन्हें उस अगोचर के प्रति श्रद्धावनत होना चाहिए।"

"क्या गोविन्द वे क्षण तुम्हारी जिंदगी में गुजरने से पूर्व सूचना देने लगे हैं।"

गोविन्द भौंचक्का सा चारों ओर देखता रह गया। कूरीया और सुरति उसके साथ थे। वह आगे बढ़ गया—मौन को साथ लिए और अपने में असोच को गुजरते देखता हुआ।

सपने स्वयं चलकर आते हैं। उनके साथ उनके देवी देवता होते हैं। सब अपने-अपने में शक्तियाँ लिये होते हैं। वे जैसे आते हैं, वैसे ही चले भी जाते हैं। देखा-अदेखा सब

गड्डमड्ड हो जाता है। आदिवासियों में विश्वास-अविश्वास का यही धरातल है। गोविन्द अब तक ऐसे अनुभव से गुजर रहा था, जिसे किसी भी कसौटी पर परखा नहीं जा सकता। यहाँ तर्क हाथ खड़ा कर देते हैं और बुद्धि असहाय रह जाती है।

वह भी सच है। उसमें रत्ती भर भी मिथ्या कुछ नहीं है। वह कैसा सच है, जिसे सही नहीं किया जा सकता। जो सोच से परे है और पहुँच की सम्भावना के पार है।

गाँव-गाँव घूमते-घूमते अपने आप ही श्रोता भगत होने लगे और कुछ नियम-कायदे स्वतः ही बनने लगे। नहाना-धोना शुरू हो गया। मदिरा भी कम होती गयी। अनेक व्यक्तियों ने मदिरा हमेशा के लिए छोड़ दी। चोरी छोड़ने के लिए आदिवासी आगे आये और गरीबी से लड़ने के लिए मेहनत पर ज़ोर दिया जाने लगा। बेगारी न करने के लिए ताल ठोंक दी गयी।

अभी तक दोपहर ठहरी हुई थी। दीत्या काका और उसका परिवार कान्रिदे से साफ कह चुका था कि वह और उसका परिवार बेगार नहीं करेगा। वह समय पर लगान भरता है। फिर बेगार क्यों करे? वह बेगार नहीं करेगा।

कारिन्दा आग बबूला होने लगा। उसने उसको ठोकर मारते हुए कहा, "ये बेगार नहीं है दीत्या, यह परम्परा है। सदियों से चली आ रही है। तुम्हारे बाप, दादा, पड़दादा इस परम्परा का पालन करते आ रहे हैं। दीत्या, तुम तो रजवाड़ों के खिलाफ कभी नहीं गए, फिर आज क्या बात है?"

"जब आँख खुले तब सवेरा।"

"क्या मतलब?"

"अब समझ में आ गया कि मान-सम्मान सबका है—छोटे का भी, बड़े का भी।"

"बेगारी तो...।"

"हमारा अपमान है। शोषण है। अन्याय है। अत्याचार है। जब हमारा राजा ही अपनी प्रजा का शोषण करेगा तब वह काहे का राजा, काहे का रक्षक...काहे का प्रजा पालक।" दीत्या ने अपने सफेद बालों पर हाथ फेरा। साथ ही, अपनी हलकी सी झुकी कमर को सीधा किया।

"ये किसने फूँक भरी है?"

"समय ने।"

कारिन्दा चौंक पड़ा। वह बोला, "यह समय कौन है?"

"वक्त।"

"क्या मतलब?"

"रजवाड़ों ने अपनी नाक कटवा ली है।" दीत्या ने तपाक से कहा।

"क्या बकता है?"

"जो अपनी झूठी मान-सम्मान और शान शौकत के लिए भूरिया की जी-हुजूरी में खड़ा रहता है, वह अपनी प्रजा के मान- सम्मान की क्या रक्षा करेगा! उसने तो पहले

ही हमें इतना कमजोर कर दिया है कि हम बिना रीढ़ की हड्डी होकर रह गए।...पर अब...।"

"पर अब क्या?"

"तुमने हमारा जवाब सुन लिया है, रजवाड़े के वफादार कारिन्दे।"

"तेरी ये हिम्मत,...।" कहकर कारिन्दे ने उसको एक थप्पड़ रसीद कर दिया।

"ए गंदे आदमी," कहकर दीत्या के दोनों लड़के उस पर पिल पड़े। उसे ज़मीन पर पटक दिया। वह चीख-चीखकर कहता ही रहा कि सरकारी आदमी पर हाथ डाला है, अब तेरी और तेरे परिवार की खैर नहीं।" कारिन्दा लँगड़ाता हुआ चला गया।

सारा गाँव अन्दर ही अन्दर काँप गया। अब उस पर क्या बीतेगी, उसका अनुमान लगाने की सोचते उसके रोंगटे खड़े होने लगे।

यह बात साँझ होते-होते गोविन्द के पास पहुँची। गाँव के मौजूँ आदमी वहाँ पहुँचे। चर्चा शुरू हुई।

गमेती का स्वर था, "अब लगान दूना वसूला जाएगा और एक साथ सारा गाँव बेगारी करने के लिए मज़बूर हो जाएगा।"

"कारिन्दा को मारना जुर्म है।"

"बैठा ठाले आफत मोल ले ली।" पंच ने कहा।

"अब क्या करें, गुरुजी।" गमेती ने पूछा।

हिंसा का जवाब हिंसा नहीं है। घृणा का जवाब घृणा नहीं है, प्यार है।

"पर अब तो...।"

"हाँ, हाथ उठ ही चुका है और जो होना है, वो हो चुका।...पछतावा...।" गोविन्द गहरे सोच में पड़ गया।

"दीत्या हमारे सबसे बुजुर्ग और सम्मानित व्यक्ति हैं। उन्हें उसने मारा।"

"तुमने भी उलटवार कर दिया हिसाब बराबर' यही ना।" गोविन्द ने कहा।

"अब कोई रास्ता निकालिए, गुरुजी।"

"निकलेगा। जो भी...जो भी...।" गोविन्द कहते-कहते रुक गया। वह सोचता रह गया। बात बिगड़ चुकी थी। उसने कितना समझाया था कि गरम लोहे को ठण्डा लोहा काटता है। गरमी से नहीं, नरमी से अक्ल संयम में रहती है। अब वह क्या करे? कैसे करे? उसके हाथ में है ही क्या? कौन मानेगा वहाँ उसे? कुछ नहीं कर पाया तो आदिवासियों का उस पर से विश्वास उठने लगेगा।

पर क्या करे? गोविन्द ने संयत स्वर में कहा, "गलती हमारी ओर से भी हुई है, हमें यह याद रखना होगा। फिर भी, अवश्य कुछ ऐसा होगा जो...आपको...अब आप जाएँ। चिन्ता न करें। सब ठीक होगा।"

सब चले तो गये परन्तु उन्हें विश्वास नहीं हुआ। उन्हें नहीं लगा कि गुरुजी कोई चमत्कार दिखा सकेंगे।

फिर उनके लिए गुरुजी का क्या महत्त्व? वे लोग आपस में बात करते जा रहे थे। एक कह रहा था, "गुरुजी ने ही तो सबको चेताया था कि बेगारी नहीं करनी है। बेगारी करना पाप है।"

"पर बेगारी न करने के लिए क्या करना होगा, किसी ने यह भी तो गुरुजी से नहीं पूछा।" दूसरे भगत ने गुरुजी का पक्ष लिया।

"गुरुजी अहिंसा के व्यवहार पर ज़ोर देते हैं।" तीसरे भगत का कथन था।

"यह बात कोई अर्थ नहीं रखती। मुख्य सवाल तो यह है कि यह आफ़त कैसे टले? इस कार्य में गुरुजी क्या करिश्मा दिखा पाते हैं।" पीछे खड़े व्यक्ति ने आकर कहना जारी रखा, "लगे हाथ यह भी मालूम पड़ जाएगा कि अपने गुरुजी कितने पानी में हैं!"

"हाँ, यह बात बड़े पते की है।...हम कई बार डगे गये हैं।" उस वृद्ध का स्वर धीमा था, परन्तु उसकी बात का सदा से असर गहरा होता आया था।

कूरीया जानता था कि आदिवासी उसी की सेवा भक्ति करते हैं, उसी के प्रति श्रद्धा रखते हैं, जो उन्हें चमत्कार दिखा सकता है। अब क्या हो? यह सोचता हुआ कूरीया गोविन्द की झोंपड़ी में चला आया। सुरति और गोविन्द आपस में बात कर रहे थे।

"गुरुदेव, इस समय हमारे पर संकट है। यह लोग आपको जादू-मन्तर वाला मान चुके हैं। अब आपकी शक्ति का चमत्कार देखना चाहते हैं। दीत्या ने आपके बल-भरोसे से कारिन्दा के थप्पड़ जड़ दिया था कि रजवाड़े को मालूम पड़ सके कि उनके दिन लद गए हैं।"

"मैंने ऐसा कुछ नहीं कहा था। मैंने तो अहिंसा धर्म का पालन करने के लिए इन्हें प्रेरित किया था।" गोविन्द ने कहा।

"यहाँ के लोगों में यह सन्देश गया कि आप में बड़ी शक्ति है और आप कुछ भी कर सकते हैं।...ये लोग तो पहले भी रीढ़ की हड्डी के बिना थे, आज भी हैं। आपको ये लोग अपनी रीढ़ की हड्डी मान बैठे हैं।...यदि अब कोई करिश्मा नहीं हुआ तो... ।" कहते-कहते सुरति रुक गया। उसका ध्यान कूरीया की ओर चला गया। वह सँभल कर बोला, "कूरीया भाई, अब क्या होगा?"

"हमें क्या पता था कि सिर मुँड़ाते ही ओले पड़ने शुरू हो जाएंगे।...कूरीया का स्वर गम्भीर था और आहत की आशंका से घिरा हुआ भी।"

रात का वक्त हो चला था। छोटा-सा दीया आड़ में रखा टिमटिमा रहा था। वह सोचने लगे कि हवा तेज हो चली है, फिर भी आड़ का सहारा पाकर दीया बुझ नहीं पा रहा है। कोई तो है जो संकट में सहारा अपने आप बन जाता है। जब दीया आड़ में रखा था, तब हवा सामान्य गति से चल रही थी। उस दीये को कहीं भी रखा जा सकता था। तब उसके डगमगाने की तनिक भी सम्भावना नहीं थी। हवा अपने आप तेज़ हुई। तब वहाँ हममें कोई नहीं था। वह यहाँ लौटा तो भी हवा तेज़ थी। दीया

नहीं बुझा। इसे वह क्या माने?...इस समय उसे भगत प्रह्लाद का स्मरण हो आया है। वह कुछ देर तक आँखें बन्द किए उस खतरनाक दृश्य को देखता रहा, जिसका जिक्र राज गिरि ने उससे किया था। उन्होंने कहा था।

प्रह्लाद राजा हिरण्यकशिपु का पुत्र था। ईश्वर का भक्त था। उसका पिता यह नहीं चाहता था कि वह उसके अलावा किसी अन्य शक्ति को माने। जब प्रह्लाद को वह रास्ते पर लाने में कामयाब नहीं हो सका, तब उसने उसे दण्ड देना शुरू किया। दण्ड भी ऐसे जिससे उसकी मृत्यु सुनिश्चित हो।

हिरण्यकशिपु सोचता था कि वह ऐसे भयानक दण्डों से घबराकर अपनी हठ छोड़ देगा या मृत्यु को प्राप्त होगा। इन दोनों स्थितियों में उसका रास्ता साफ हो जाएगा।

लोहे का खम्भ। एकदम अग्नि ताप से सुर्ख। उसे अपनी भुजाओं से पकड़ना। फिर क्या बचना। निश्चित मौत।

प्रह्लाद पर उसका कोई असर नहीं। वह शान्त। स्थिर चित्त। अपलक दृष्टि से उस जल रहे लोह स्तम्भ को देख रहा था।

"अब भी सोच ले, प्रह्लाद। सामने मौत प्रतीक्षा कर रही है।"

प्रह्लाद कुछ नहीं बोला। वह टकटकी बाँधे लोह स्तम्भ से उठने वाली सुर्ख लौ को देखता रहा।

"तू मेरा पुत्र है। मेरी बात मान जा। अपनी हठ छोड़ दे।"

प्रह्लाद को लगा कि कोई उससे कह रहा है कि वह अपने विश्वास को धता बताकर उसकी शरण में आ जा ये, जिसका अपना कोई विश्वास नहीं। जो स्वयं मृत्यु से भयभीत है।

मौत तो एक न एक दिन हर एक की होनी है। उससे स्वयं ईश्वर भी मनुष्य के रूप में जन्म लेकर नहीं बच सकता।

प्रह्लाद अपने पिता की आज्ञा पाकर खड़ा हुआ और पुनः एक बार जल रहे उस लोह की ओर देखता रहा। वह क्या देखता है कि उस तपते लोह स्तम्भ पर एक चींटी निर्द्वन्द्व और निडर होकर चल रही है।

चींटी तो उसके नजदीक आते ही शान्त हो जाती। उसके अस्तित्व का क्या मतलब?

प्रह्लाद के भोले मुख पर स्मित की रेखा खिंच गयी। सबने देखा कि मौत की ओर बढ़ते हुए भी क्या कोई इतना निडर, निर्द्वन्द्व और साहसी हो सकता है।

जैसे-जैसे प्रह्लाद उस जल रहे लोह स्तम्भ की ओर बढ़ने लगा, वैसे सामाजिकों का हृदय काँपता गया।

उस लोह स्तम्भ से लपटें निकल रही थीं। हिरण्यकशिपु की सख्त आज्ञा थी कि उसकी प्रजा भी वहाँ उपस्थित रहे। कोई अपने को बचाने की कोशिश नहीं करे अन्यथा उसे भी वही सजा हो जाएगी जो प्रह्लाद को मिल रही है।

यह जानते हुए भी कि एक न एक दिन हर एक प्राणी को मरना है, फिर भी हर प्राणी मौत से घबराता और डरता है। कोई भी उस तथ्य व तत्त्व को मानने के लिए अपने आपको अन्दर से तैयार नहीं कर पाता है। यही बड़ी विडम्बना है जो व्यक्ति को सत्य से दूर ले जाती है। तब गोविन्द की समझ में कुछ नहीं आया था। उसने उस गाथा को सिर्फ सुना भर था, मानने का तो प्रश्न ही नहीं था और समझने के लिए वहाँ कोई स्थान नहीं था।

परिणाम। प्रह्लाद ने धधकता हुआ लोहे का खम्भा बाँहों में भर लिया। अपनी दोनों भाजुओं में जितना सम्भव था, भर लिया।

हिरण्यकशिपु दाँतों तले उँगली दबाकर रह गया। प्रजा मन ही मन प्रसन्न। उसे विश्वास हो गया कि प्रह्लाद ही सत्य है, अटल है और प्रभु का आशीर्वाद लिये है।

राज गिरि ने कहा था, "भक्त बालक था। भय नाम की कोई चीज उसके लिए कोई अर्थ नहीं रखती थी। स्मरण रखना, यदि उसमें विश्वास प्रकट कर दिया तो चाहे मृत्यु सामने क्यों न आ खड़ी हो, पर उससे रत्ती भर मत घबराना। सब कुछ उस पर छोड़ देना। वही करेगा, जो उसे करना होगा। इस भुलावे में भी मत रहना कि वह तुम्हें बचा लेगा। तुमने उसमें अटल विश्वास व्यक्त किया है, तुम हर स्थिति में उस पर बने रहना, यही तुम्हारा उसको मानकर चलने का अटूट विश्वास है। विश्वास कभी परिणाम के पक्ष या विपक्ष से प्रभावित नहीं होता है।"

कूरीया ने खखार कर गोविन्द के सामने अपनी उपस्थिति दर्ज कराने का प्रयत्न किया। सुरति उनके मुख मण्डल पर आती-जाती बदलियों को देखता रहा।

गोविन्द को उस विकट समस्या का हल मिल गया। वह आश्वस्त हो गया कि वह निमित्त मात्र है। वह जो कुछ करना चाहता है, वह उसे तटस्थ भाव से देखता रहे। उसने आँखें खोल दीं और सहज दृष्टि से उन दोनों की ओर देखा। वे दोनों यह देखकर चकित रह गए कि उनके चेहरे पर भय-आशंका की पतली सी भी रेखा नहीं थी।

वे दोनों सोचने लगे कि अब आगे क्या होता है? गुरुजी क्या कहते हैं। उनको गहरे मौन में पाकर कूरीया ने ही कहा, "हमें क्या आज्ञा है?"

गोविन्द ने कूरीया की ओर दृष्टि डाली और कहा, "अपने मन से पूछो, वह क्या कहता है? उसकी सुनो। उसकी मानो। मैं स्वयं दूसरे की आज्ञा पर निर्भर हूँ, फिर मैं तुम्हें क्या आज्ञा दूँगा?"

"फिर भी, गुरुजी, हम तो आप पर निर्भर हैं, पूरी तरह से।"

"नहीं होना चाहिए।"

"पर हैं।" कूरीया ने कहा, "क्या करें, मन हमारे वश में नहीं है।"

"तो सुनो और समझ सको तो समझ कर गाँठ लगा लो। ऐसी गाँठ जिसे सर्वहित में खोलने में तनिक भी कठिनाई न हो।" गोविन्द ने स्थिति बनाने का प्रयत्न किया।

कूरीया सँभल कर बैठ गया। सुरति ने धरती की ओर देखा। दीये की लौ

अकम्पित थी। हवा थम गयी थी।

गोविन्द ने कहा, "श्री राम को सब भगवान मानते हैं। तुम...?"

"हम भी।" कूरीया ने कहा। सुरति ने गरदन हिलायी।

"राजगद्दी की जगह उन्हें वनवास मिला। वनवास में उनकी सीता का रावण ने अपहरण किया। श्रीराम कुछ नहीं कर पाए।...सीता को लाने के लिए रावण से युद्ध किया। आखिर रावण हारा। (खेत रहा) सीता की अग्नि-परीक्षा हुई। वह सफल रहीं। पुनः श्री राम गद्दी पर बैठे। लोकाचार के कारण उन्हें अपनी गर्भवती का त्याग करना पड़ा। इस बार गर्भवती सीता को अकेले वनागमन करना पड़ा। तब उनके साथ कोई नहीं था—लक्ष्मण भी नहीं। प्रजा भी नहीं। सबने सीता को जाने दिया। यह कथा उसकी है जिसे हम अपना भगवान, प्रभु, ईश्वर मानते हैं। स्वयं भगवान क्या कर सके? जो होना था, उसे हो जाने दिया। पर क्यों, कूरीया-सुरति—क्यों?"

कूरीया और सुरति दोनों सन्नाटे में आ गए। उनमें रात गहराई। अकेली तन्हाँ रात। घबराई हुई रात और सुनसान। कहीं कोई नहीं।

सुरति ने कहा, "यह उनकी लीला है, उसे वही जाने, गुरुजी।"

"तो सुनो, ईश्वर भी इस धरा पर मनुष्य के रूप में जन्म लेकर मनुष्य जैसी कमज़ोरी और ताक़त से जूझता हुआ चलता है, परन्तु साथ की डगर नहीं छोड़ता। ...फिर हम तो उसके बनाए पुतले हैं।

...हमारा भी प्रयत्न होना चाहिए कि जहाँ तक बने हम तटस्थ बने रहकर उसकी लीला को देखते भर रह जाएं।...इसलिए...।" कहते-कहते गोविन्द चुप हो गया ताकि उनके मन में चल रहे अन्तर्द्वन्द्व को सामने आने का मौका मिल सके।

"इसलिए क्या गुरुजी?"

"हम तटस्थ दृष्टा रहें। उसके कार्य में बाधा न बनें। हमारा, मुझे लगता है, यही कर्त्तव्य है। शेष आप जानो, यह गाँव जानें।" गोविन्द ने सहज भाव से, सम स्थिति बनाए रखकर, अपने को खोल दिया और बता दिया कि वह उसके होने-करने के बीच में नहीं आएगा।

थोड़ी देर बाद कहा, "अब आप लोग भी आराम करें। रात बहुत हो गयी है।"

वे दोनों उठकर बाहर निकल आए। गोविन्द ने उठ कर दरवाजा बन्द कर दिया। आज देर से चाँद निकला था, बदलियों की परछाईयों को पार करता हुआ आहिस्ता-आहिस्ता।

माघ—साल का ग्यारहवाँ माह! उतरती ठण्ड और सहमे-सहमे कदमों से आती गरमी। हलचल पंख फैलाकर उड़ती।

बागड़ प्रदेश में आ ठहरती पूरी की पूरी चाँदनी। पूरा चाँद। बहकती रात को ठण्ड। पूनम की रात। एकादशी से शुरू होकर पूर्णिमा को यह मेला अपने पूरे यौवन पर होता है। इसमें राजस्थान के अलावा मालवा-गुजरात आदि से सम्मिलित होते हैं आदिवासी। बड़ी संख्या में और बड़े जोश से। रंग बिरंगी पोंशाकों में, ढोल-बाँसुरी के संग गीत गाते, नाचते। गाँव के गाँव। आदिवासियों का सबसे बड़ा मेला।

बेणेसर यानी वेणेश्वर। सोम, माही और जाखम नदियों का संगम—प्रयाग। भरपूर प्रकृति का रम्य स्थान।

गोविन्द अपनी पत्नी, बच्चे सहित वहाँ आ ठहरा था—एक सप्ताह पहले से। उसके साथ कूरीया, सुरति और भगत मण्डली थी। रोज़ उसके प्रवचन होते थे, भजन और कीर्तन भी होते थे। वह बहुत गहराई से अनुभव कर रहा था कि आदिवासी क्यों कष्टों भरी जिंदगी जीने के लिए विवश हैं? क्यों उनका उठान नहीं हो पा रहा है? वह यह भी जान चुका था कि उन्हें अँधेरे बन्द जिंदगी से बाहर लाना आसान नहीं है, क्योंकि उन अँधेरों ने उनके जीवन को कील कर रख दिया है। उनमें कुछ नया सोचने, करने और आगे आने का उत्साह लगभग नहीं रहा है। उनके सोच को बदले और उन्हें विश्वास में लिये बिना कुछ नहीं हो सकता।

गोविन्द धुर अँधेरे ही संगम में स्नान कर अपने थान पर लौट आया। आज भरे मेले में उसे खण्डित शिवलिंग की कथा कहनी है। वह धूंणी पहुँच गया। वहाँ चारों ओर भीड़ एकत्र होने लगी।

अब सुरति ढोलक सँभालने लगा था और कूरीया बाँसुरी। समाँ बँधने लगा था। अब तक वहाँ उसकी ख्याति दूर-दूर तक पहुँच गयी थी। रजवाड़ों में भी।

गोविन्द ऊँचे मंच पर जा खड़ा हुआ और कहने लगा, "भाइयो-बहनो, आज का बड़ा शुभ दिन है। हम लोग संगम में स्नान कर गंगा माता का आशीर्वाद पा रहे हैं।

यहाँ जैसा आपने घूम फिर कर इस जगह का महत्त्व जाना है, ठीक वैसे ही यहाँ अँधेरे कुएँ में पड़ा समाज का एक सदस्य मेंढ़क की तरह अन्दर ही अन्दर टरटरा कर रह जाता है अपाहिज सा।

यहाँ के शिवलिंग का विशेष महत्त्व है। उस शिवलिंग की खोज करने वाला कोई इनसान नहीं था।...तो बताओ कौन था?

"नहीं पता।" कई लोगों का एक साथ स्वर धुएँ की तरह उठा।

"यहाँ के शिव लिंग की खोज एक गौ माता ने की थी..."

गोविन्द को चुप पाकर कूरीया ने अचरज से पूछा, "गाय ने, गुरुजी।"

"हाँ गाय ने, कूरीया।"

"वह कैसे?" सुरति से पूछे बिना नहीं रहा गया।

गोविन्द ने समाज की ओर देखा। सब आश्चर्यचकित और ठगे हुए से थे।

"उस गाय का स्वामी बहादुर सिंह यह जानकर बहुत परेशान रहता था कि

उसका दूध कौन दुह लेता है, कब और कैसे? वह इस बात का पता लगाने के लिए दिन-रात गाय की निगरानी करने लगा।"

अभी पौ नहीं फूटी थी। गाय ने बड़ी सरलता से खूँटे से अपने को मुक्त किया। बाड़े पर लगा खपच्चियों से बना दरवाजा सरलता से हटाकर पुनः यथावत् रख दिया और वह गाय जंगल की ओर बढ़ने लगी।

आगे-आगे गाय और उसके पीछे-पीछे उस गाय का मालिक बहादुर सिंह।

वह गाय एक जगह रुकी और स्वतः ही उसके थन से दूध की धारा फूट पड़ी। दूध बहने लगा। गाय का मालिक चमका। वह तेज़ी से आगे बढ़ा। लपका। गाय भागी। वह देखता रह गया कि उसकी गाय ने जहाँ अपने दूध बहाया था, वह शिवलिंग था। शिवलिंग दूध में नहाया हुआ था। गाय घबराकर भागी तो उसके खुर का आघात शिवलिंग पर हुआ और शिवलिंग पाँच स्थान से खण्डित हो गया।

बहादुर सिंह ने तत्काल अपना साफा खोला और उस लिंग के चारों ओर अच्छी तरह लपेट दिया ताकि वह बिखर न जाए। वह गुजरात के लूणाबाड़ा गाँव से वेणेश्वर आया था।

बहादुर सिंह के साफा लपेटने से शिवजी बहुत प्रसन्न हुए और उन्होंने उसे स्वप्न में आकर बताया कि अमुक स्थान पर बड़ा खजाना है। उसने उस जगह पर खुदाई की और काफी धन पाया। वह मालोमाल हो गया।

भगतो, बेणेश्वर प्रयाग की तरह की तीर्थ नगरी है।...बेण का अर्थ है संगम यानी मिलन—जहाँ किसी नदी में आकर अन्य नदी मिले वह स्थान संगम हो जाता है। बेणे का स्वामी जगतेश्वर।...बेड़े...ईश्वर से बन गया बेड़ेश्वर। यही है वह खण्डित शिवलिंग। खण्डित होने के बाद भी उसकी आज भी पूर्ण श्रद्धा भक्ति से पूजा हो रही है, जबकि खण्डित मूर्ति का शास्त्र के अनुसार पूजा नहीं होनी चाहिए। बताओ, क्यों?

गोविन्द कथा में ऐसे स्थल लाकर श्रोताओं को बराबर सचेत बनाएँ रखना चाहता था। साथ ही कथामृत को उनके मन-हृदय तक पहुँचाना चाहता था। सबको चुप पाकर वह कहने लगा, "आप भी अपने मन को टटोलो और सत्य को जानने का प्रयास करो।"

अब भगत पहले से अधिक सक्रिय होने लगे। गोविन्द कहने लगे, "अच्छा तो यह बताओ—श्रीराम ने भीलनी के जूठे बेर क्यों खाए थे?...लक्ष्मण ने तो नहीं खाए थे। पर क्यों?"

सब सोचते रह गए। उनको कुछ सूझ नहीं रहा था।

"भगतो, भगवान भावना के भूखे हैं। भीलनी उन्हें खट्टा-फीका बेर नहीं खिलाना चाहती थी। इस कारण वह एक-एक बेर उन्हें चख-चख खिला रही थी। श्रीराम स्वाद ले-लेकर खा रहे थे।...कारण, श्रीराम का ध्यान भीलनी की श्रद्धा भक्ति पर केंद्रित था। उसकी पवित्र भावना ने उनका मन हर लिया था।...ऐसे अनेक

उदाहरण हैं। उनसे यही मालूम पड़ता है कि भगवान भगत के प्रेम-श्रद्धा के वशीभूत हैं। एक बार आप भी उसके प्रेम में पागल होकर अनुभव करो कि क्या होता है तब?"

गोविन्द ने सबकी ओर देखा। सब सन्नाटे में थे। गोविन्द कहने लगा, "भगतो, गाय अपने मालिक से दूर इसलिए भाग खड़ी हुई थी कि कहीं उसे पकड़ नहीं लिया जाये। भागते हुए उसके खुर शिवलिंग पर पड़े और वह शिवलिंग पाँच तरफ से खण्डित हो गया। परन्तु शिव अपने भगत से नाराज नहीं हुए, क्योंकि वह भगत के प्रेम और भक्ति के कायल थे। यहीं कारण है कि शिव ने खण्डित होकर अपने स्वरूप को उसमें बनाए रखा। भगत चालाक नहीं होता और वह सच्चा होता है। उसका हृदय शुद्ध होता है। इसी कारण शिव ने गाय की भक्ति का सम्मान किया। वह चाहते तो खण्डित से अखण्डित हो सकते थे। लेकिन उन्होंने ऐसा नहीं किया। पर क्यों?"

कुछ देर बाद उनमें से एक भगत ने खड़े होकर कहा, "वह गाय उनकी भगत थी।"

"परन्तु शिव तो ईश्वर थे। वह खण्डित से अखण्डित हो सकते थे। किसको पता था कि गाय के खुर ने उन्हें खण्डित किया। और मान लो यह मालूम भी होता तो उनके अखण्डित होने से भगतों की श्रद्धा उस शिवलिंग पर अधिक होती। वह चमत्कार वाले शिवलिंग से जाने जाते।"

गोविन्द ने पाया कि भगत चमत्कार के प्रति अधिक श्रद्धा भक्ति रखते हैं।

अधिकांश भगत सोच रहे थे कि खण्डित शिवलिंग की पूजा का यह अकेला उदाहरण है। यही कारण है कि जंगल में बना रहा। उसकी ओर किसी ने ध्यान नहीं दिया। गोविन्द ने खखार कर कहा, "भगवान चमत्कार पैदा नहीं करते। उन्होंने तो उस गाय के खुरों का हृदय से सम्मान किया और सबको यह जताया कि वह भगत को राजी रखने में विश्वास रखते हैं। गाय के खुरों से आहत होकर भी वह उसके प्रति नत हैं। उसने उन्हें जो आकार दिया, वही उन्हें स्वीकार है।...मैं समझता हूँ, अब आप यह समझ गए होंगे कि खण्डित शिवलिंग की पूजा के पीछे शिवजी उस गाय की स्थापना अपने साथ कराना चाहते थे। जहाँ भगत वहाँ भगवान। भगत ईश्वर से भी बड़ा है। उसकी मुट्ठी में है।...तो भगतो, आप लोग अपने को भगवान से कम नहीं मानें और उसके पथ का अनुकरण करें, आगे बढ़ें।"

कथा समाप्त।

भगत सभा उठकर चल दी। कुछ लोगों को आश्चर्य हुआ। वह आपस में बतियाये चले जा रहे थे, "क्या सचमुच भगत भगवान को अपनी मुट्ठी में रखने की ताकत रखता है?"

"कहाँ इस संसार को बनाने वाला और कहाँ उसका बनाया भगत! नहीं-नहीं ऐसा कैसे हो सकता है?"

"गुरुजी ने उदाहरण देकर बताया है; फिर भी नुक्ताचीनी, संशय अन्धकार।"

"संशय भय को जन्म देता है।" परसों गुरुजी ने यही बात सिद्ध की थी। "दूसरे व्यक्ति ने कहा।"

"और एक बार संशय को सवारी करने का मौका मिल जाए तो फिर क्या—तब वह न उसे दीन का रहने देगा और न दुनिया का।" तीसरे व्यक्ति ने कहा।

"तो क्या संशय से भय जनमता है!"

"मुझे यह मानने में कोई आपत्ति नहीं है।"

"पर मुझे है।"

"हो, मुझे उससे कोई मतलब नहीं है।"

"डर निकले तो मन चंगा हो, यह बड़े पते की बात कही है, गुरुदेव ने।"

"पर यह डर निकले कैसे! सत्तर पार का हो रहा हूँ पर आज भी डरता हूँ, संशय करता हूँ। न कैसे करूँ, कोई क्या मैं किसी देवी-देवता का जाया हूँ।...मैं संशय—डर का जाया ही हूँ...उसका पुतला हूँ तो फिस कैसे संशय न करूँ और कैसे न डरूँ?"

"थे कहो तो मैं कछु बोलूँ।"

"बोलने से पहले अपना नाम-गाँव का कुछ पता ठिकाना तो बता, भाई।"

"तो सुन म्हारे भाई, मैं उस कानोड़ का वासी हूँ जिसे कानी मीणी ने बसाया था। फिर वहाँ से चलकर ओड़ा में डेरा डाल दिया था। ओड़ा (सराड़ा) गाँव जिसे हीरा हरमोर ने बसाया था। म्हारा नाम है भाना। कभी म्हाने पाठशाला चलाने की कोशिश की थी। सामन्तों के कान खड़े हो गए थे। वह डरने लगे थे और उन्होंने पाठशाला बन्द भी करवा दी थी। अब अपने गुरु महाराज गोविन्द जी की किरपा से फिर पाठशाला शुरू करने जा रहा हूँ।"

"क्या होगा उससे?"

"हम जान सकेंगे कि हम हैं क्या? हमें क्या करना है? कैसे करना है?...कैसे किसी दूसरे को रत्ती भर भी खरोच लगाए बिना और सबकी प्रसन्नता को बरकरार रखते हुए मैं अपने कार्य-व्यवहार को करता जाऊँ? व्यवहार मेरे चरित्र के पन्ने खोलता है।" भाना का स्वर गम्भीर और विश्वास से भरा था। पार्श्व में जल रही लकड़ी से प्रकाश फूट रहा था, जिसके नन्हे से उजाले में भाना का चेहरा नजर आने लगा था। उसके सिर के बाल बड़े थे और एकदम काले थे, चमकीले थे। उसकी आँखें बहुत बड़ी थीं और जिज्ञासा भरी थीं। वह आगे कहने लगा, "गुरुदेव गोविन्द जी ने मुझे दीक्षा देने के बाद पुनः याद दिलाते हुए कहा था—'माना, संशय समुद्र की लहर जैसा है जिसे हवा लहराती है अपने अनुसार' यानी हम कह सकते थे कि वह हवा की लहरों पर थिरकता है।...यह नहीं हो, इसके लिए ही पाठशाला है, जहाँ पर हर एक को संशय से मुक्ति दिलाने का प्रशिक्षण धैर्य के साथ दिया जाता है वहीं से अपने पर विश्वास जमने लगता है और दूसरे के विश्वास को खरोंच तक नहीं आती।...इससे डर पास तक नहीं फटकता।"

"यानी पढ़ना जरूरी है।"

"अब तो अच्छा लगे तो मेरे साथ गाओ।" इतना कह भाना नाक से वाद्य के स्वर निकालने लगा। फिर वह धीरे-धीरे गा उठा—

2. आगे तो बाबा ने पीछे ओ पारवती
नंद्या री असवारी चाल्या जावे ओ मादेवजी।
छोटी-छोटी डूंगरिया मैं मीणा घेरो गाल्ये ए
करे रे कलकी ने मीणा उतर्‌या ओ मादेवजी।

वे सब भी गाते रहे।

"अच्छा भाइयो, अपनी डगर यहाँ से फटती है—जै रामजी की।" भाना एकदम दूसरे रास्ते की ओर अँधेरे में मुड़कर जल्दी ही अन्तर्ध्यान हो गया। वे अब आगे बढ़ गये।

आज बहुत धूम धमाका था। भैरव के देवरे (स्थानक) के सामने भीड़ जुटी हुई थी। सैंकड़ों भोपों ने रातिजगा किया था। भाव लिये थे और दुखियारों के दुःख दूर भगाए थे। अब उसके सामने भीड़ जुड़ती जा रही थी। भीड़ को गोविन्द के आने का इन्तज़ार था। तभी उन लोगों ने ढोल, ढौलक, बाँसुरी आदि की आवाजें सुनीं। बीच-बीच में गुरुदेव गोविन्द गिरि के नाम के जयकारे भी सुने। सब सचेत हो गए। गोविन्द गिरि के लिए रास्ता बनाया।

सब उत्सुकता से ढोलवालों को देख रहे थे। एकदम गहरे रंगीन कपड़े पहने भाग लेने वाले अपने-अपने ढोल की आवाज का मुआयना कर रहे थे।

गुरु महाराज गोविन्द गिरि की जय से आकाश गूँज उठा।

गोविन्द गिरि ने कहा, "सज्जनो ढोल दौड़ शुरू होती है। सभी फलों से इसमें भाग लेने वाले आ चुके हैं। हर वर्ष की तरह यह दौड़ भी अपना प्रभाव बनाएगी, ऐसी मुझे आशा है।"

सबको प्रतियोगिता के नियम—कायदे समझा दिये जाते हैं।

"सज्जनो, कभी इन ढोलों की आवाज़ बारह कोस तक सुनी जा सकती थी परन्तु अब तो...खैर पिछली वे बातें क्यों याद करें, जिनसे मन दुःखे और अकारण परेशानी बढ़े।...इस दौड़ के जज अपने-अपने स्थान पर पहुँच चुके हैं। जो सबसे अव्वल आएगा, उसे सरपाव दिया जाएगा।...इस समय सभी प्रतियोगी तैयार हो चुके थे। ढोल धावकों के लिए रास्ता साफ करवा दिया गया था, ताकि ढोल धावकों के रास्ते में कोई अड़चन नहीं आए। इस प्रतियोगिता मे गोविन्द भी भाग ले चुका था। वह भाणदा में हुई थी। बांगड में ढोल दौड़ भाणदा की सबसे प्रसिद्ध है। वहाँ दूर-दूर के

ढोल धावक हिस्सा लेने और देखने आते हैं।"

गोविन्द का यह पहला-पहला अनुभव था। भटकी नामक फले का बोरियाल ढोल आ चुका था। भाणदा के चौराहे से भाणदार के तालाब तक यह दौड़ होती है।

एक आदिवासी बन्दूक लिये खड़ा था। गोविन्द शान्त भाव से वह सब देख रहा था। तब उसके मन में यह विचार कतई नहीं आया था कि उसे ही यह प्रतियोगिता जीतनी है। इसका अर्थ यह नहीं था कि वह जीतने के भाव से वहाँ नहीं आया था। वह वहाँ अपने को अच्छा ढोल धावक बतलाना चाहता था।

गोविन्द को यह जानकर प्रसन्नता हुई कि भटकी फले का मुख्य ढोल धावक से उसने प्रशिक्षण लिया था। उसने दोनों घुटनों को मिलवा कर कहा था; गोविन्द, तुम धावक की पहली परीक्षा में सफल हो गए।...अब तुम्हें अच्छा धावक बनने के लिए नित्य अभ्यास करना होगा।

गोविन्द ने वे ही अभ्यास किए, जो उसे करने के लिए बताए गए थे। उसकी साँस शक्ति बढ़ी थी। उसके पाँवों में ताकत आयी थी। उसको तब अचरज हुआ था जब उसको प्रथम घोषित किया गया था। उस वक्त उसे जो बात बुरी लगी थी, वह थी बन्दूक चलते ही दौड़ना। यहाँ उसने बन्दूक के स्थान पर सफेद ध्वजा बनवायी थी ताकि उस दौड़ का मक़सद शान्ति के लिए दौड़ना हो।

गोविन्द ने कहा, "धावक भाइयो, यह प्रतियोगिता मैत्री भाव पक्का करने के लिए हो रही है—किसी को हराने या जीतने के लिए नहीं है बल्कि एक साथ सबके मन छूने के लिए है। इस तरह से दर्शक भी इस दौड़ का आनन्द उठा सकेंगे। जो जीतेगा, उसका यह दायित्व बनेगा कि वह नए ढोल धावक तैयार करने में मदद करे। शेष भी अपने-अपने फले में नए प्रतियोगियों की मदद करें। स्वयं भी अपनी ताकत बढ़ाएँ।...अब सफेद ध्वज जैसे ही मैं फहराऊँगा, आप लोग दौड़ लेंगे। उधर पीपल के पेड़ तक दौड़ना है।...पहले आप लोग ढोल बजाना शुरू करेंगे। उससे पहले भटकी फले को बोरियाल का ढोल बजेगा।" बोरियाल बज उठा। चऊँ ओर खुशियाँ महक उठीं। अब प्रतियोगी भी ढोल बजा उठे। समाँ बँध गया। आदिवासी मगरियों, पेड़ों की डालियों आदि पर भी बैठकर वह तमाशा देख रहे थे।

गोविन्द ने सबको सावधान किया। यह घोषणा हुई कि अब कुछ ही पलो में ढोल दौड़ शुरू हो रही है।

भीड़ उधर ही चली आ रही थी। ये फलों की नाक की प्रतियोगिता थी। चऊँ ओर तरह-तरह की झंडियाँ फहरा रही थीं। शोर बढ़ चला। गीत भी उठाए जा रहे थे।

गोविन्द गिरि ने सफेद झंडी नीचे घुमायी। प्रतियोगी ढोल बजाते हुए दौड़ पड़े। फलों का दिल उछलने लगा। आवाजें उठने लगीं। मालवा फला का प्रतियोगी सबसे आगे था। वह ढोल भी कलात्मक ढंग से नाटकीय मुद्राओं में बजा रहा था।

गोविन्द को अपने प्रतियोगी होने की याद आने लगी। उसे मन ही मन हँसी आ

गयी, क्योंकि उसने भी अनेक कलाबाजियाँ खाईं थीं, दौड़ते हुए और ढोल भी तरह-तरह बजाकर सबका मन जीता था। चारों ओर से ढाक, मादल, बाँसुरी, ढोल बज रहे थे। वह जीता था। तब बदली ने उसके पास आकर कहा था, "गजब का ढोल बजाते हो।...क्या पीपल के पेड़ पर चढ़ने की प्रतियोगिता में भी भाग लोगे?"

"वह क्या होती है?"

"पीपल के पेड़ तो देखे होंगे।"

"हाँ, देखे हैं।"

"उन पर चढ़ना है।"

"चढ़ सकता हूँ।"

"जो सबसे पहले चढ़ पाएगा, वह विजयी घोषित होगा।"

"इसमें क्या बात है, मैं चढूँगा।"

"परन्तु जो पीपल के पेड़ पर चढ़ने की दौड़ में भाग लेते हैं, उन्हें सेठ-साहूकार चढ़ने नहीं देंगे। वे चढ़ेंगे तो सेठ-साहूकार उन्हें पकड़कर नीचे खीचेंगे।...कभी यह होड़ बाणा (खेरवाड़ में) से शुरू हुई थी। अब इसने सब तरफ पाँव फैला लिये हैं।" बदली ने आँखों से प्यार का इसरार करते हुए धीरे-धीरे कहा।

"तुम्हारा नाम क्या है?"

"बदली।"

"कहाँ की हो?"

"ईराली खेड़ा का नाम सुना है।"

"वहाँ गया भी हूँ। गैर भी वहाँ खेली हैं।"

"क्या कहते हो।"

"सच कहता हूँ।" गोविन्द ने कण्ठ छूकर कहा।

"फिर तो...।" कहते-कहते बदली रूक गयी।

"तब हम जैसे ही पेड़ पर चढ़ने लगते थे वैसे ही भीलिनियाँ हम पर कोड़े बरसाने लगती थीं। पेड़ के ऊपरी सिरे पर एक नारियल लटका होता था, जिसे लेकर नीचे उतरना होता था। कौन पहले उस नारियल को लेकर उतरेगा, यह जिज्ञासा सब में बनी रहती थी।...हमने बहुतेरे कौड़े खाये। हमारे कपड़े भी फट गए। कहीं-कहीं से खाल भी उपट गयी परन्तु हमने हार नहीं मानी और जीते। नारियल लेकर लौटे। ईनाम में सवा रुपया, श्रीफल और धोती पायी।" गोविन्द एक साँस मे कह गया।

"थे नातरा भी लिये होंगे।"

"क्या नातरा में कोई बुराई है। जवां मर्द लेते ही हैं।"

"पत्नी के होते अन्य स्त्री से विवाह...छि-छिः छिः...। काश! हमें भी यह अधिकार होता।" बदली ने बुरा सा मुँह बनाकर कहा, "सहवरण का पुरुष अधिकारी है, लड़की नहीं।...पर क्यों?...बदली चमक उठी थी। उसकी ठोढ़ी के नीचे की बीछी

अरुण थी। वह गोदड़े से गुथी थी। उसके पाँवों में भी गूदड़ा था।"

"बदली, तुम सोचती ठीक हो परन्तु समाज में तुम्हारा सोच काम नहीं आता।"

"कैसे आए, वहाँ भी मर्दों का समर्थन चाहिए जो कभी मिल नहीं सकता।" बदली निराश होने लगती। उसका मन गोविन्द पर आ गया था, पर वह तो नातरा को मानने वाला है। वह ऐसे किसी युवक की तरफ हाथ नहीं बढ़ा सकती जो पत्नी के होते हुए अन्य लड़कियों से विवाह रचाने का मन रखता हो। वह वहाँ से दूर होती गयी।

उधर पीपल के पेड़ पर चढ़ने की प्रतियोगिता शुरू होने के लिए ढोल बज उठा।

गोविन्द ने ज़ोर से पुकारा, "बदली, प्रतियोगिता शुरू हो रही है।"

बदली ने सुना पर वह रूकी नहीं, चलती चली गयी। गोविन्द ने पुनः पुकारा, "बदली, लौंट आओ। नहीं तो...।"

इस बार बदली के पाँव थम गए। उसने ही तो गोविन्द को ढोल दौड़ में हिस्सा लेने के लिए उकसाया था। वह लौट पड़ी।

गोविन्द के मन हिल में उसकी प्रथम छाप ही ऐसी बैठी कि वह उसका होकर रह गया। उसके कजरारे नयना, उन नयनों में मादकता का छलकता रंग। उसके अरुण होठों पर खिलते पलाश के फूल। लम्बे काले लहराते केश। चेहरे पर भोलापन और लुभावनापन! इकहरी देह। देह का लावण्य युक्त गुलाबीपन। कमर पतली और उरोजों में बहकता मतवालापन। गहरी पीली लुगड़ा (साड़ी), उसी रंग का कब्जा (काँचली) और लहराता उसी रंग का घाघरा। गले में थिरकती सोने की तरड़िया, कान में सोने के ऐर। क्या बात है उसकी।

बदली की बातों में अपनापन, जुहुए का मिठास, राग रागनियों की लहराती सावन की घटाएँ। वाह बदली, वाह! एकदम बिजली सी चमकती घटा। ठिठोली भरा अन्दाज।

बदली लौट आयी।

गोविन्द का मन खिल गया। उसने अपने होठों पर मुस्कान लाकर उसके लौट आने का स्वागत किया। वह पीपल से थोड़ी दूर पर उस पंक्ति में खड़ा था, जहाँ पीपल पर चढ़ने की प्रतियोगिता में भाग लेने नवयुवक खड़े थे। प्रतियोगिता फलों के बांके पटेलों के बीच थी।

ढोल बज रहा था।

युवक-युवतियाँ थिरक रहे थे। उनमें नैन सैन चल रहे थे।

गोविन्द ने ठेपाड़ा (धोती) को घुटनों से ऊपर कर लिया था। उनमें से कई युवक बनियान चडी में भी थे। उन्होंने चडु पर से हस्ताड़ा (अगोंछा) हटा लिया था। उनकी देह सुती हुई और कसी हुई थी। गोविन्द कुरता पहना हुआ था। उसमें सांकली दाले बटन थे। उसके काले रेशम से बाल दमक रहे थे। उसकी आँखों में ज्वारभाटा मचलने

के संकेत दे रहा था।

ढोल बन्द होते ही स्वर सुनाई पड़े कि अब प्रतियोगिता शुरू होने वाली है। जैसे ही यह सफ़ेद झण्डी नीचे गिरेगी वैसी ही प्रतियोगिता शुरू। सेठ-साहूकार भी सावधान हो जाएँ। उन्हें भी भागकर पीपल के पेड़ तक पहुँचना है।...तो अब...।...सब सावधान। सन्नाटा गहराया। झंडी ऊपर तक उठी। हवा में लहराई, परन्तु नीचे नहीं झुकी एक साथ तेजी से। फिर भी कई प्रतियोगी भाग खड़े हुए।

पुनः चेतावनी दी जाने लगी, "जब तक झंडी नीचे नहीं लाई जाए...कमर से नीचे तक...तब तक यदि कोई प्रतियोगी दौड़ पड़ा तो उसे प्रतियोगिता से बाहर माना जाएगा।"

प्रतियोगी सावधान। उनकी दृष्टि झण्डी वाले निर्णायक पर।

बदली ने पता नहीं क्यों लाल रंग की छोटी ओढ़नी को हवा में लहरा दिया। क्या हुआ था ऐसा उसमें जो वह अपने में नहीं रह सकी। उसके साथ खड़ी युवतियों में से एक ने पूछा था, "कौन है वह भाग्यशाली जवान पट्ठा, जरा हमें भी तो बता, छबीली भामली।"

बदली ने उस ओर नहीं देखा। उसने उस छोटी सी ओढ़नी को कलाई में लपेटा और सामने की ओर देखने लगी।

"बड़ी घमंडी है, नकचढ़ी, नाक पर मक्खी नहीं बैठने देती है।" एक कहती।

"चाचड्या (मच्छर)। जैसी।"

"जाहे अपनी सुन्दरता पर बड़ा अभिमान है।...चार दिनन की चाँदनी, फिर अँधेरी रात।" दूसरी मोटी युवती कटाक्ष करती।

"धन, जोबन, माया तीन दाड़ां नी पावणी (मेहमान)।" तीसरी युवती हाथ मटकाकर कहती।

बदली आगे बढ़ जाती।

झण्डी नीचे झुकती पीपल पर चढ़ने की होड़ शुरू हो जाती। सेठ-साहूकार पीपल पर चढ़ने वाले के पीछे पड़ जाते।

बदली हैरान रह जाती क्योंकि एक ने गोविन्द को नीचे खींच कर उसे छोड़ा नहीं, जबकि प्रतियोगी के नीचे उतरते ही नियमानुसार उसे छोड़ देना था। बिजली वहीं से खड़ी-खड़ी बोली, "बेईमानी नहीं। सेठ नीचे आ जाने पर उसे छोड़।"

पहले सबका ध्यान गोविन्द पर जाता और फिर बिजली पर जा टिकता।

कुछ छैले बोले, "इतना प्यार, रात की रानी। कसम से, क्या कुमरी की जान है।"

यों बिजली पर फब्तियां कसी जातीं, परन्तु बदली उनकी परवाह नहीं करती और अपना सारा ध्यान गोविन्द पर टिका देती, बिना यह परवाह किए कि सबकी दृष्टि उस पर जमी हुई है।

गोविन्द प्राणप्रण से प्रयत्न करता और अपनी पकड़ मजबूत बनाता चलता।

परन्तु उसे आँख बचाकर दो-दो सेठ नीचे खींच लेते। बदली पुनः चिल्लायी, "बेईमानी हो रही है—बेईमानी...बेईमानी रोको।"

सबका ध्यान बदली पर जा टिका। वह हाथ उठा-उठाकर कहे जा रही थी।

निर्णायक ने सेठ-साहूकारों को चेतावनी दे दी। आख़िर ग़लत तो ग़लत है।

गोविन्द ने इस बार जादू कर दिखाया, उसने ऊपर चढ़ते ही अपने पाँव मोड़ लिये। सेठ उचकता रह गया। वह ऊपर ऐसे चढ़ा जैसे छिपकली पेड़ पर चढ़ती जाती है। आनन-फानन में उसने टहनी पर लटके नारियल को तोड़ा और नीचे आ गया।

सब गोविन्द की चढ़ने की कला के कायल हो उठे। चमत्कार। बन्दर की तरह से चढ़ता गया। उसने पीछे मुड़ कर नहीं देखा।

पल भर के लिए बदली जोर-जोर से ताली बजा उठी। यह वह भूल गयी कि सबकी दृष्टि उस पर है और सब प्यार के उस उन्माद को देखकर उस पर व्यंग्य कश रहे हैं। वह सबको अपनी ओर देखकर झेंप गयी। उसमें कसमसाहट होने लगी। जल्दी ही उसके सामने यथार्थ आ खड़ा हुआ—वह तो नातरा का पक्षधर है। उसमें चेत जगा और वह सबकी आँख बचाकर चुपचाप आगे बढ़ गयी।

गोविन्द ने अपना पुरस्कार लिया और उस दिशा में जिस दिशा में बदली आगे बढ़ी थी पहले धीरे-धीरे, पर बाद में मोड़ से आगे वह भागने लगा। वह हाँफने लगा। रुककर उसने अपने चारों ओर देखा। फिर मगरी पर चढ़कर चऊँ ओर देखने लगा, परन्तु बदली का कहीं अता-पता नहीं था। वह हैरान रह गया और सोचने लगा कि अब क्या कभी उससे मिलना होगा। उसने अपने आपको फटकार लगायी। क्या जरूरत थी उसे नातरा का पक्ष लेने की, जबकि वह अन्दर से उस पक्ष में बिलकुल नहीं था। वह बुरा मान गयी। फिर उसने रुकना क्यों था? नहीं रुकना था तो वह उसके पक्ष में क्यों बोली और क्यों अन्याय के विरुद्ध आवाज उठायी।

उसने पुनः मगरी से चारों ओर देखा। सन्नाटा तना हुआ था। कहीं कोई नजर नहीं आया। क्या वह चलता रास्ता नहीं है? उसने आव देखा न ताव और जोर से बोलता गया—बदली...ओ बदली, मैं यहाँ मगरी की चोटी पर हूँ। तू कहाँ है? जहाँ हो, वहीं से बोल, तुझे अपने हीरे से मन की सौगंध। वह कई बार बोला। उसकी आवाज लौट आयी। वह निराश होकर लौट पड़ा। उस पर से जीत का नशा जाता रहा। वह अपने में सिमटकर रह गया। फिर धीरे-धीरे मगरी से उतरने लगा मन ही मन किसी चमत्कार की आशा से। कहीं वह नीचे ही खड़ी मिल जाए।

गोविन्द नीचे आ गया। लौट पड़ा। हताशा का बोझ लिए और अपनी मन-बुद्धि पर आक्रोशित होते हुए। लौटने की राह कितनी लम्बी हो गयी कि उसका मन अपने आपसे उकताने लगा।

पहली बार और वह भी अचानक उसका ध्यान किसी लड़की ने अपनी ओर खींचा था। उसी ने संवाद शुरू किया और उसी ने प्यार भरी दृष्टि की एक झाँकी से

उसे रोमांचित किया था अन्यथा वह पीपल पर चढ़ने वाली प्रतियोगिता में कदापि सम्मिलित नहीं होता। वह यह भूलभुला कर उस प्रतियोगिता में शामिल हुआ था—कहीं वह हार गया तो उसकी इज्जत मिट्टी में मिल जाएगी। उसमें कहाँ से इतनी शक्ति आयी कि वह सहज में ही उस मैदान में उतर गया जिसका उसको क ख ग नहीं आता था।

इसी समय ढोल बजने शुरू हुए और पुरस्कार दिए जाने की घोषणा हुई। अर्ध चंद्राकार घेरे में सब बैठ गए। आज उसे पुरस्कार देना था। कभी उसने इसी तरह पुरस्कार प्राप्त किया था। उसने सामने खड़े नवयुवक को पुरस्कार दिया और आशीर्वाद भी।

रात घनी हो गयी थी। आसमान में तारे छिटक आए थे। हवा पानी छूकर आ रही थी। सब तरफ प्रशान्ति थी। गोविन्द गिरि अपने गाँव बाँसिया (बेडसा) लौट आया था। लम्बे समय बाद लौटने से उसके घर वाले, गाँव वासी और आसपास के गाँव वाले उसके दर्शन करने आने लगे थे। वह लौटा जरूर था पर अपने घर में नहीं, अपने गाँव में। गाँव से बाहर वह बाबाजी के डेरे पर ठहरा था। उसके मन में यह बात घर कर गयी थी कि दान लेने जाओ तो दान अपने घर से शुरू करो। वह चाहता था कि वह अपने गाँव से जागृति का कार्य प्रारम्भ करे।

गोविन्द गिरि की पत्नी बच्चे के साथ अपने गाँव गयी हुई था।

उस तारों भरी रात में बाबा के डेरे के सामने चबूतरे पर गोविन्द बैठा हुआ था। चबूतरे के नीचे गाँव वाले बैठे हुए थे। गोविन्द के दोनों बाजुओं में सुरति और कूरीया बैठे हुए थे।

धीरे-धीरे गाँव वाले आते ज़ा रहे थे। औरतें, युवतियाँ, लड़कियाँ और किशोर भी ज्यादा संख्या में थे। उनमें से अनेक व्यक्तियों के हाथ में रंग-बिरंगे ध्वज थे। नवयुवकों के सिर पर रंग-बिरंगी आंटेदार गोल पगड़ी थी। उनके हाथ में लाठियाँ भी थीं। युवतियाँ रंग-बिरंगे वस्त्र पहने थीं। उनकी काजल-सुरमा वाली आँखें चमक रही थीं, दिप-दिप सी ज्योति जगातीं।

पहले भजन शुरू हुए बिना कुछ औपचारिकता के। गोविन्द पद उठाते हैं, सुरति बाँसुरी और कूरीया ढोलक। धीरे-धीरे गोविन्द गा उठते हैं :

रांम भगति अनियाले (नुकीले) तीर।
जेहि लागै सो जाने पीर।।
रांम भगति...।
तनु महिं खोजौं चोट न पावौं

औषद मूर (बूटी, मूली) कहां घसि लावौं।
राम भगति...।
एक भाउ (समान) दीखैं सब नारी।
नां जांनौं को पियहिं नियारी।।
राम भगति...।
कहै कबीर जाकै मस्तकि भाग।
सभ परिहरि ताकौ मिले सुहाग।।
राम भगति...।

सुनो भगतो, कबीर राम के प्रति भक्ति को नुकीले तीर के समान बता रहे हैं। एक बार वह तीर यानी प्रेम भक्ति का तीर जिसके हृदय लग गया, वह उस पीड़ा को जान सकेगा, दूसरा नहीं। प्रेमभक्ति का तीर अन्य तीरों से अलग है—वह विलक्षण तीर है। अन्य तीर की चोट देह पर नजर आती है। शरीर की चोट का इलाज ओषध से सम्भव हैं। परन्तु प्रेम तीर का घाव कहाँ नज़र आता है। जब वह नज़र नहीं आता है, तब उसका उपचार कैसे हो? कहाँ जड़ी बूटी घिसकर लगायी जाए। कारण वह पीड़ा तो अन्दर की है, बाहर की नहीं। भगवान के लिए सभी जीव स्त्री नारियाँ एक सी हैं। कौन जाने भगवान उनमें से किसका चयन करेंगे? किसका वरण करेंगे? संत कबीर का कहना है कि जिसका भाग्य जगा होगा, उसे ही भगवान का सोहाग प्राप्त होगा।...भगतो, हम सबको भगवान की कृपा की प्रतीक्षा करनी चाहिए अपना काम उसका काम मानकर पूरी शक्ति-भक्ति से करना चाहिए।

भगतो, अब सोचना यह है और तै यह करना है कि उसके क्या कार्य हैं? वह हम से क्या चाहता है? वह एक है, अनेक उसी एक के नाम हैं। वह न किसी धर्म का है, न किसी जाति का और न किसी संप्रदाय का। वह सारे प्राणि जगत् का है—मानुख से पक्षी, जानवर, पेड़ पौधे, पर्वत, नदी, नालों सबका।"

सब चकित से सुन रहे थे। उनमें अनेक देवी-देवता, महादेव...महादेव में भी अनेक महादेव हैं जैसे झामेश्वर महादेव, ओमेश्वर, एकलिंग जी,...उनके भैरव भी हैं ...काल भैरव व श्वेत भैरव...पीर...गुरु गोरखनाथ...अनेक माताएँ, कुल देवियाँ... कालिका देवी, शीतला देवी, भगर देवी, फूला देवी, गोदल, धूणी, छलेरी आदि अनेक देवियाँ...। वे क्या हैं? उनमें से एक व्यक्ति ने कहा, "वह एक कैसे है? अनेक देवी-देवता अलग-अलग शक्तियों के हैं। वे सब एक कैसे हो सकते हैं?"

गोविन्द गिरि ने कहा, "काका, आप सच कह रहे हैं।"

यह सुनकर सब हैरान।

तभी गोविन्द गिरि ने आगे कहा, "परन्तु यह अधूरा सच है।...जैसे अपना शरीर, उसके अनेक अंग और प्रत्येक अंग का एक-एक नाम। फिर भी वे सब, सब एक शरीर के अंग हैं। सब सामान्य नाम के हैं जैसे आँख, कान, नाक, हाथ, पाँव।...उन

सबसे मिलकर बनता है मनुष्य भी, जानवर भी, पक्षी भी...और भी। उनसे बनकर बनता है एक देहधारी। ऐसे ही हैं अनेक देवी देवताएँ, चाहे वे आँख, नाक, कान आदि की तरह अलग-अलग क्यों न हों। इससे अधिक कुछ नहीं है।...यही सच है।...अपने और अपने विश्वास को मत बाँटो। यह सनातन सच है।"

"वे तो जन्म से बँटे हुए हैं।" एक अन्य व्यक्ति कहता, "बँटे हुए को क्या बाँटेंगे!"

"हम में कोई गोरा है कोई काला और उन रंगों के अलावा भी हैं। तो?"...क्या हम सब इस कारण एक दूसरे से भिन्न हैं?

इस बार सन्नाटा गहराया।

गोविन्द ने कहा, "सच क्या है, यह जानने के लिए कुछ करना पड़ेगा।"

"क्या करना पड़ेगा?"

"पढ़ना-लिखना पड़ेगा?"

"अब?...इस उम्र में...।"

"हाँ, अब और इस उम्र में। पढ़ाई-लिखाई के लिए कोई उम्र नहीं होती। जब चाहो, जहाँ से चाहो, पढ़ाई-लिखाई शुरू कर सकते हो।"

"अपने यहाँ कितने पढ़े-लिखे हैं।"

"शायद कोई नहीं। पहले अपने यहाँ कितने शिव और देवी माता मन्दिर थे और आज कितने हैं?" गोविन्द गिरि प्रतिप्रश्न करता।

"आज तो अनेक हैं?"

"कैसे हैं?"

"विश्वास से।"

"किसके विश्वास से?"

"हमारे विश्वास से?"

"तुम्हारा वह विश्वास कहाँ से आया?"

"संकट में उसका नाम लेने से—मनौती से।"

"कैसी मनौती?"

"संकट से मुक्त होने की मनौती।"

"यह तुम्हें किसने बताया?"

"कौन बताता?"

"क्या मतलब?"

"मतलब हमारे मन ने।"

"वो कैसे?"

"मनौती बोली थी संकट में पड़े होने से। तब हमारे सामने कोई अन्य चारा नहीं था।"

"जिस स्थान या जिस कथा में उनका महत्त्व सामने आया और अपना काम बन गया या संकट टल गया, वहीं के नाम से महादेव प्रसिद्ध हो गए। यों उनके स्थानों तथा नामों की संख्या बढ़ती गयी।...मूर्तियों पर सिंदूर-मालीपन्ना लगा नहीं कि चौकी (भाव) शुरू होने लगता है।...सवाल यही नहीं है, सवाल है कि सत्य क्या है और इसको बिना पढ़े-लिखे नहीं जाना जा सकता। अपवाद सदा रहते हैं—कबीर का उदाहरण सामने है। परन्तु करोड़ों में शायद एक ही कोई कबीर हो। सब सामान्य हैं। एक बार इस क्षेत्र में उतरकर देखा जाए तो इसमें क्या बुराई होगी?"

सब सोच में पड़ गए।

"मैं यहाँ का हूँ।" पहले मेरा गाँव पढ़े-लिखे तब मैं दूसरे गाँव में जाकर उन्हें यह सन्देश दे सकता हूँ। उनसे आग्रह कर सकता हूँ।"

"तब?"

"तब यह है कि आप सब अपनी सुभीता की सामूहिक जगह पर एकत्र होकर पढ़ाई शुरू करें।"

"कौन पढ़ाएगा?"

"मैं और मेरे पास बैठे सुरति और कूरीया। कल तीन व्यक्ति और जाएंगे।... उसकी चिंता न करें।...विशेषतः महिलाएँ आगे आएँ। एक महिला पढ़ेगी तो वह अपने पूरे परिवार को पढ़ा लेगी।...फिर भी स्त्री-पुरुष दोनों का पढ़ा होना जरूरी है। ...आप एक बार सहयोग कीजिए। यदि पढ़ाई आपको अपने अनुकूल न लगे तो उसे छोड़ भी सकते हैं। परन्तु ध्यान रहे कि वृक्ष बनने, पत्तियाँ आने, फूल खिलने और उस पर फल लगने में समय लगता है। उसके लिए आपको धैर्य तो रखना ही पड़ेगा।" गोविन्द गिरि ने अत्यंत मधुर स्वर में धीरे-धीरे ऐसे कहा मानों उनके कानों में बिन बाँसुरी के कोई बाँसुरी बजा रहा हो।

गोविन्द समझ रहा था कि वह जो कुछ करना चाहता है, वह आसान नहीं है। पढ़ाई-लिखाई मात्र औजार है। असली तो उसका प्रयोग करना आना चाहिए। बदलाव सदा अन्दर से होता है, बाहर से नहीं।

गोविन्द के सामने राज गिरि आ खड़े हुए जो अब नहीं थे—ब्रह्मलीन हो चुके थे। उनके न चाहते हुए भी गोविन्द गिरि को उनके माता-पिता उसे वहाँ से उठा लाए। उसका पढ़ना-लिखना बन्द हो गया। उसको जब उसके पिता ले जा रहे थे, तब राजगिरि ने कहा था, "गोविन्द, तू पढ़ना-लिखना जान चुका है।"

"जी, गुरुजी।"

"तूने जितना पढ़ा-लिखा है, वही काफ़ी है। अब तुझे उसे अपने व्यवहार से व्यक्त होने देना है। पढ़ाई-लिखाई का इम्तहान अब से शुरू होता है और जिंदगी की अंतिम साँस तक वह चलता रहेगा।...तू एक सच को पकड़ लेगा और उसे निभा जाएगा, पढ़ाई-लिखाई का वही अन्तिम अध्याय होगा। उससे आगे कुछ नहीं है।

पढ़ाई-लिखाई वही है जो सबसे जोड़े, सबको एक धागे में पिरोये, आपस में एक दूसरे की मदद कर आनन्द पाए, त्याग के लिए सदा तत्पर रखे, दूसरों का सदा शुभ सोचे, शुभ कर संतोष पाये।" राज गिरि का गुरु गम्भीर स्वर था।

गोविन्द की समझ में कुछ नहीं आया। वह सिर्फ़ सुनता रहा। बाद में धीरे-धीरे उसकी समझ के कपाट खुलने लगे। उसकी समझ में नीच-ऊँच, छोटा-बड़ा, ढोंग-फरेब, गरीबी-अमीरी, पाप-पुण्य आदि के भेद आने लगे। और आने लगा कि आदिवासी इतने अन्धकार में क्यों हैं और क्यों इतने कष्ट भोग रहे हैं? वह पशुवत जीवन जी रहे हैं। फिर वह क्या करे? कैसे उनका दरिद्दर दूर करे? कैसे उन्हें अंधविश्वास, जादू-टोने, भेद-भाव, रुढ़ परम्पराओं आदि से मुक्ति दिलवाए?

"हे गुरु जी, मेरी मदद कीजिए कि मैं क्या करूँ? कहाँ से इस अन्दरूनी लड़ाई को शुरू करूँ? उसमें हिंसा न हो। पर कैसे होगा ऐसा! आप मदद कीजिए।" गोविन्द का स्वर पिघल उठा था, ऊष्मा पाकर हिम की तरह। उसकी देह पसीने-पसीने हो रही थी। उनसे अहिंसा की उम्मीद क्या की जा सकती है जो बात-बात में हिंसा पर उतारु हो जाते हैं। उनके मन में अहिंसा का मंत्र फूँकना कैसे सम्भव है। वह क्या करे, क्या नहीं, यह उसे कौन बताए? कोई भी उसे नजर नहीं आता। पाताल तोड़ अँधेरा। अँधेरे में अनेक गाँठें। गाँठें भी अन्दर से बेहद उलझी हुई।

प्रत्युत्तर में साँय-साँय! हवा का तीखा बहना और पत्तों की उलझनमयी धड़कनों का आपस में टकराना! काफी देर तक सन्नाटा किसी सैन्य दल के चुपचाप किसी अन्य मोरचे को सँभालने की मंशा सा। गोविन्द घबरा गया। उसकी बुद्धि ने उस पर ताना कसा, "क्या कभी मृत जीव पुनः जीवित हुए हैं? किसी कथा-कहानी का सहारा लेकर अपने मन को मत उलझाओ। जीवन पुराण नहीं है। वह वर्तमान और भविष्य का हिस्सा है। हर पल जो ढुलता जा रहा है, उसे भूल जाओ। उस पल के लिए सोचो जिसे जी रहे हो और जिसे जीना चाहते हो। वक्त बहुत कम है। गिनती की साँसें हैं और गिनती के पल! सचेत हो जाओ। बहुत कुछ गँवा चुके हो। अब और मत गँवाओ। इस पल से कमर कस लो। कमर कस लो। करना शुरू कर दो। किसी मुहूर्त, शुभ घड़ी, किसी विशिष्ट व्यक्ति आदि की प्रतीक्षा में समय मत जाया करो। उठो और आगे बढ़ो।"

गोविन्द घबरा गया। उसकी साँसें तेज चलने लगीं धौंकनी की तरह। वह पसीने-पसीने हो रहा था। तभी एक आवाज़ सुनाई पड़ी एकदम स्पष्ट और पहचानी हुई सी। वह थी–

"गोविन्द, कभी मैं भी तुम्हारी तरह इस दौर से निकला था। तब मैंने भी अनेक आवाजें सुनी थीं। अन्त में, जब मेरे कानों ने सुनना बन्द कर दिया, जब मेरी आँखों ने देखना बन्द कर दिया, जब मेरी बोलने, सूँघने और स्पर्श कर अनुमान लगाने की शक्ति जाती रही, तब बहुत देर बाद मैंने एक स्पष्ट, प्रभावशाली और पहचानी हुई

आवाज़ सुनी, जिसे तुम इस समय सुन रहे हो। वह कह रही थी—

"सामने पहाड़ा आ गया। बड़ा और ऊँचा पहाड़। सीधा पहाड़ कोई पगडंडी नहीं और न कोई अन्य सहारा।"

अब तुम हाथ पर हाथ धरे किसका इन्तजार कर रहे हो! कोई आसमानी ताकत, कोई जादुई करिश्मा, कोई देवी देवताओं का वरदान, कोई प्रकट होकर ऊपर से उतरने वाली महाशक्ति, तुम्हारा मार्ग प्रशस्त करने वाले नहीं है।

ध्यान से सुनो। पहचानने की दृढ़ चित्त होकर कोशिश करो। फिर से सुनो—सुनते जाओ।...तब तक सुनते जाओ, जब तक तुम उसे पहचान न लो और तुम अन्दर से मान लो कि तुमने उसे पहचान लिया।

हाँ...तब तुम्हें अचरज होगा और यह जानकर अपने पर बड़ा अफसोस होगा कि तुमने इतना वक्त किसी की इन्तजारी में जाया कर दिया।

यदि उसी वक्त तुम खड़े होकर चल पड़ो और तुम दृढ़ प्रतज्ञ हो जाओ कि तुम्हें वह पहाड़, जिसकी चढ़ाई दीवार सी सीधी है, पार करना है और दूसरी तरफ जाना है तो तुम्हें लगेगा कि रास्ता अपने आप खुलता जा रहा है।

जरा ठहरो, अपने भगवान की भी कथा-कहानी सुनते जाओ ताकि तुम जान सको कि वह सृष्टा होते हुए भी, मनुष्य रूप धारण कर तुम्हारे जैसे थे और यदि कोई फर्क था तो इतना सा कि वह हार में रास्ता खोज लेता था और तुम जीत में सुस्ताने बैठकर पाया हुआ। हाथ लगा रास्ता खो बैठकर अपनी हताशा-निराशा, हार-पराजय आदि को अनजाने भाग्य के सिर पर डाल कर अपनी कायरता पर परदा डाल देना चाहते हो।

श्रीराम की सीता का अपहरण हो गया। बहुत खोजने पर पता चला कि सीता रावण की अशोक वाटिका में कैद हैं। उस ओर चल पड़े कि समुद्र आ गया। अथाह जल। अछोर जल का नीला-हरा रेगिस्तान।

कैसे पार करें? अपनी बानर सेना को कैसे समुद्र पार कराएँ?

हनुमान जी साहस का दूसरा नाम थे। वह ताड़ गए अपने श्रीराम के मनोभावों को और धीरे से बोले, "जगदीश्वर, समुद्र तो पार करना है और अपनी सेना को भी पार कराना है।"

"हाँ, प्रिय हनुमान, हाँ। पर कैसे?"

"सेतु बनाकर, जगदीश्वर, और कैसे? नदी नालों को पुल बनाकर ही आम जन के लिए रास्ता बनाया जाता है।"

"समुद्र पर सेतु, प्रिय हनुमान, कुछ सोच-समझ कर बोलो।...सामने समुद्र है, अथाह जल का सर्वोच्च पहाड़, वह कोई नदी-नाला नहीं है।"

"जी, जगदीश्वर, कोई नदी-नाला नहीं है। फिर भी सेतु बनाने का रास्ता एक है कि चुपचाप समुद्र पर पत्थर डालो, वे तैरेंगे।"

"पत्थर पानी में डूबेगा या तैरेगा, हनुमान?"

"आप क्या चाहते हो, जगदीश्वर, पत्थर तैरें या डूबें? पत्थरों के तैरने से सेतु बनेगा या डूबने से।"

"बनेगा तो पत्थरों के तैरने से, परन्तु आज तक पत्थर पानी में तैरा नहीं है, सदा डूबा है।...हनुमान, सच का सामना करो, कल्पना का सहारा लेकर अपने उत्तरदायित्व से मुख मत मोड़ो।"

"जगदीश्वर मैं हनुमान हूँ। मैं वानरों से कह चुका हूँ कि हमें पत्थरों से सेतु बनाना है।"

"वे मान गए क्या?"

"क्यों नहीं मानेंगे, जगदीश्वर। उनका मुझ में पूरा और पक्का विश्वास है।"

"यह हनुमान, तुम कैसे कह सकते हो?"

"वह इसलिए, जगदीश्वर, उनमें और मुझमें कोई अन्तर नहीं है।"

"हनुमान, तुम कोई ऐसा काम मत करो, जिससे उनका तुम पर से विश्वास उठ जाए।"

"वो देखिए, जगदीश्वर।"

"वह क्या है?"

"आपकी सेना उन पत्थरों पर आपका नाम लिख रही है।"

"पर क्यों?"

"क्योंकि उसे वह मार्ग चाहिए, जब आप उसके साथ नहीं होंगे, तब समुद्र पार करना पड़ा तो कैसे करेंगे?"

"कैसे करेंगे?"

"पत्थरों पर आपका नाम लिख कर जगदीश्वर।...मुझे विश्वास है तब आपका नाम ही भव सागर पार कराने के लिए सेतु का काम करेगा।" हनुमान ने सहज ढंग से कहा।

"हनुमान यह कार्य रुकवा दो।"

"आप तो जानते हैं, जगदीश्वर हनुमान काम शुरू करवाना जानता है, रुकवाना नहीं, जगदीश्वर।" हनुमान विनम्रता से कहते।

"पत्थर पानी में नहीं तैरते, हनुमान।"

"आज इसी सत्य की परीक्षा है, जगदीश्वर?"

"किस सत्य की?"

"कि आप बड़े हैं या आपका नाम?"

श्रीराम समझ गये कि बन्दरों के दिमाग़ नहीं होता वे हठवादी होते हैं। अतः वह चुप हो गए और अथाह समुद्र की ओर देखने लगे। हनुमान सिर नीचा किए चुप बने रहे।

श्रीराम ने देखा कि हनुमान का ध्यान कहीं और है, अतः उन्होंने चुपचाप पास पड़े एक छोटे से पत्थर को उठा लिया और उस पत्थर को समुद्र में फेंककर यह जानना चाहा कि वह डूबेगा या तैरेगा।

श्रीराम उस पत्थर के टुकड़े को फैंकने ही वाले थे कि हनुमान ने उनका हाथ पकड़कर कहा, "जगदीश्वर यह आपको शोभा नहीं देता।"

"क्यों हनुमान?"

"कि आप अपने पर संशय करें। आप तो जगदीश्वर हैं, फिर संशय कैसा? जब आप ही संशय करने लगेंगे, तब आपके भक्तों का क्या होगा? ना नाथ, ना।...ऐसा नहीं।"

"श्रीराम के हाथ से धीरे से वह पत्थर का टुकड़ा फिसल कर नीचे गिर गया।"

"कुछ समझ में आया, गोविन्द।"

"गुरुजी, आप!" साश्चर्य गोविन्द ने कहा।

वहाँ कोई नहीं था। गोविन्द ने चारों ओर देखा। उसे याद आया कि यह कथा तो गुरुजी ने ही सुनाई थी यह समझाने के लिए कि डर की जड़ में संशय है। संशय से ऊपर उठिए यदि निडर होकर जीना है। डर जीवन की नींव को खोखला करने लगता है। तब गोविन्द की समझ में कुछ नहीं आया, पर अब वह डर को समझने लगा है।

सभा उठ रही थी। कल से बिना पाठशाला-पुस्तक के पढ़ाई शुरू होने जा रही थी। वह भी घने पेड़ के नीचे और वह भी पढ़ने वाले की सुविधा पर। जो वहाँ नहीं आ सकेंगे, उन्हें घर-घर जाकर या कुछ घरों को मिलाकर पढ़ाने का दौर चलेगा। सब पढ़ेंगे, सब लिखेंगे और सब होंगे खुशहाल!

सभा विसर्जित।

सब चले गए। कूरीया और सुरति भी। मात्र गोविन्द गिरि रह गया। कुछ समय बाद वह भी अपने ठिकाने की ओर बढ़ गया।

राजा, ठाकुर, जागीरदार आदि गोविन्द के शिक्षा और समाज को उन्नत बनाने के लिए आगे आए। उन्होंने यथासम्भव सहायता भी की, ताकि वह अभियान तेजी से चल सके। उनकी समझ में आने लगा कि वे दोनों ही विषय राज्य के हैं, जिन्हें वह अंजाम दे रहा है।

आश्चर्य तो यह है कि उसने बच्चे-बच्चियों के लिए पाठशाला खोलने के साथ उनके लिए भी शिक्षा की व्यवस्था शुरू करवा दी। जो प्रौढ़ वृद्ध हैं, वे भी पढ़ने लगे। संख्या कम रहती थी। इस कारण पाठशाला के स्थान पर उसका नाम रख दिया—भगत की धूंणी (केंद्र)। वहाँ पढ़ते-लिखते कम थे—अपने हिसाब-किताब को ज्यादे जानने

की कोशिश करते दिखलाई पड़ते थे। गिनती लिखने-पढ़ने में उन्हें देर नहीं लगी। वहाँ खेल के लिए भी प्रबन्ध किए गए। प्रत्येक धूंणी के मुखिया भी तै किये गये।

पाठशाला और भगत की धूंणी का अभियान एक गाँव से दूसरे गाँव पहुँचता जा रहा था। इस सबको देखते हुए गोविन्द गिरि के मन में आया—क्यों न एक सभा की स्थापना की जाए। उसके नीचे सारे भील आ सकें। सब मिलकर अपने समाज के विकास का काम करें। हर दृष्टि से उनका विकास हो सके।

एक बैठक गाँव के मुखियों की बुलवाई। उसमें विचार-विमर्श किया गया।

गोविन्द ने बात शुरू की, "भाइयो, यह बात किसी से छिपी नहीं है कि भील-आदिवासी समाज की हालत हर दृष्टि से दयनीय है। वह समाज वन्य जीवन जी रहा है। अपने समाज में विसंगतियाँ ही विसंगतियाँ हैं। विषमता का विष अलग फैला हुआ है। वह समाज शोषण की चक्की में पिस रहा है। भोले भण्डारी महादेव का भगत बनता है और उनकी तरह से विष पीने से तो रहा बल्कि वह मदिरा पीने की लत का शिकार हो चुका है। चोरी करने से नहीं घबराता। लूटमार करना उसके बायें हाथ का खेल है। डकैती के क्षेत्र में भी उसका दबदबा है। जरा-जरा सी बात पर मार-पीट पर उतारू हो जाता है। अपराध करने में वह सबसे आगे है।" वह कुछ रुककर कह उठा, "क्यों, भाइयो, क्या जो कुछ मैंने कहा है, वह गलत है?"

गवरी भाई ने कहा, "आपने कहा तो एकदम सही है।"

"परन्तु हमारे पास और कुछ करने के लिए क्या है?" भेमा बोला, "हम विषम परिस्थितियों में हैं जरूर, परन्तु उसके लिए हम विवश हैं।"

अमरापुर का मुखिया बोला, "गुरुजी ने बात तो सौ फ़ीसदी पते की कही है। हम जहाँ से चले हैं आज भी वहीं के वहीं है।...हमने बहुत कुछ खोया है, पाया कुछ नहीं है।"

"फिर कुछ ऐसा करना चाहिए, जिससे हमारा समाज ऊपर उठ सके, हमारी आर्थिक स्थिति सुदृढ़ हो सके। हमारा भी सभ्य व ऊँचे, समाज में गिनती होने लगे। क्या हम इस दिशा में कुछ करना चाहेंगे?"

"क्यों नहीं?"

"तो सबसे पहले हमें एक सभा बनानी होगी, जिसके अन्तर्गत रहकर हम कार्य निष्पादन करेंगे।"

"सभा से क्या होगा?"

"एक पहचान बनेगी—एक संगठन सामने आएगा। एक लक्ष्य के लिए सब मिलकर काम करेंगे। गोविन्द गिरि ने समझाने का प्रयत्न किया।"

"इसका कुछ दूसरा आशय भी लेने वाले निकाल सकेंगे।" बुजुर्ग लीषां भगत कहने लगा।

"और आशय से आपका मतलब?" गवरी भाई में जिज्ञासा के अंकुर फूटे।

"सच तो यह है कि यदि कोई सभा-संगठन बनता है तो सबसे पहले रजवाड़ों की नींद हराम होती है।" लीबां भगत ने कहना जारी रखा, "अपने बीच जोती महाराज और कलजी मौजूद हैं। इन लोगों ने एक धार्मिक संगठन खड़ा करना चाहा। तब उसकी चर्चा ही शुरू हुई थी कि गाज गिर पड़ी।"

"हाँ, भाइयो, सिर मुँड़ाते ही ओले पड़े।" कलजी ने कहा और वह जोती महाराज की ओर देखने लगे। जोती महाराज वयोवृद्ध भील हैं। वह कुछ सोचने लगे। गहरी साँस छोड़कर वह आगे कहने लगे, "रजवाड़ों के मन में यह जहरीला बीज कुलबुलाने लगा, हो न हो, ये भील अपने राज्य की वापसी के प्रयत्न कर रहे हैं। चोर की दाढ़ी में तिनका। उन लोगों ने भीलों से ही तो राज्य छीना था। इस कारण वे सदा चौकन्ने रहते हैं।"

"परन्तु हम तो ऐसा कुछ नहीं कर रहे।...करेंगे भी नहीं। फिर हमें उनकी चिंता क्यों? क्यों उनका डर? आखिर डर का यह भूत दिमाग पर से उतरेगा कब और कैसे?" कूरीया ने तनिक आवेश में आकर कहना जारी रखा, "हमें उन पुरानी बातों को भूलना होगा, जिनसे हमारी उन्नति का मार्ग अवरुद्ध हुआ है। बारह वर्ष में तो घूड़े के भाग्य भी बदल जाते हैं। हमें तो सदियों से गुलामी का भार ढोना पड़ रहा है। क्या हम घूड़े से भी गए-बीते हैं!...अब नयी पीढ़ी को उसके स्वप्नों के साथ आगे आने दो। उसे अतीत की शोषण लिप्त गाथाओं से भयभीत मत करो।"

कूरीया की नसें फड़क उठीं। उसकी आँखों में सुरुर उतर आया।

सुरति भी अपने को नहीं सँभाल पाया। वह कहने लगा, "डरकर जीने से मरना अच्छा है। डर से रोज़-रोज़ मरना पड़ता है और मरकर रोज़ जीने के लिए खड़ा होना पड़ता है। अब सिर पर से पानी गुजर गया है। रजवाड़े क्या सोचें, क्या करें, इसकी हमें चिन्ता करने की जरूरत नहीं है। हमें क्या करना है, कैसे करना है वह सोचें और करें? आखिर हमारा और हमारी आने वाली पीढ़ी के भविष्य का भी सवाल है।"

गोविन्द गिरि ने दो पीढ़ियों को आमने-सामने होता देखकर हस्तक्षेप करना जरूरी समझा। आज वह अँगरखी पहने था। नीचे वह सफ़ेद हेपाड़ा पहने था। गहरी साँस लेकर बोला, "भाइयो, हमारी अहिंसा में पक्की आस्था है। हिंसा से समस्याओं का हल नहीं निकलता, बल्कि उससे न केवल वे उलझती हैं, उलटे नयी समस्याएँ जन्म लेती हैं। समस्याएँ हमारे सिर पर पहले से ही इतनी अधिक मँडरा रही हैं कि उनके कारण हम सिर नहीं उठा पा रहे हैं। अन्दर ही अन्दर घुटन लिये जिंदा रहकर भी मरने से गया बीता जीवन जीने के लिए विवश हैं। हमें और समस्याएँ नहीं पालनी हैं। जहाँ तक रहा रजवाड़ों का सवाल तो मैं कह सकता हूँ कि उन्होंने मुझे अपने यहाँ आदर के साथ बुलाया और शांति से सुना। वे भजन हैं। क्यों न सुनते और क्यों न उन भजनों का उनके दिलो दिमाग पर असर होता।...हमें अपने आपको दुरुस्त करना है। आदर से जीना है। अपने हुनर का भरपूर लाभ लेना है। मात्र वन्यवासी बने नहीं रहना

है। अपने भीतर को टटोलकर, उसकी कमियों को दूर कर एक ऐसे समाज को सामने लाना है जो हर दृष्टि से स्वावलम्बी हो, उसमें कोई व्यसन न हो और जो नेक दिल तथा नेक राह पर चलने के लिए हर सूरत में तत्पर रहता हो। हमें ज्यादा लम्बी चौड़ी बातें नहीं करनी हैं। सबसे पहले हमें उन अँधेरों से बाहर आना है, जिन्होंने हमारे विकास और उन्नति के रास्ते बन्द कर दिए हैं। पहले उसके लिए एक सभा बना लें। फिर उसके नीति-सिद्धान्तों का पालन करते हुए दूसरों को उस आन्दोलन से जोड़ने का प्रयास करें। ध्यान रहे, प्रज्वलित दीपक ही अ-प्रज्वलित दीपक को प्रकाशित कर सकता है। उत्तम तथा संयमित चरित्र से ही सद् चरित्र का जन्म होता है।...हम मूल विषय पर आ जाएं और सभा के बारे में ठोस निर्णय लें।"

भाषण लम्बा हो गया। कुछ की समझ में आया और कुछ की नहीं। लेकिन किसी के पास न विरोध के लिए कुछ बात थी और न पक्ष के लिए, क्योंकि सभा के स्वभाव और उसके चरित्र का उनमें से किसी भी व्यक्ति को कोई ख़ास अनुभव नहीं था। थोड़ा बहुत अनुभव जोती महाराज और कलजी को था। उस अधूरे और अपरिपक्व संगठन से किसी नतीज़े पर नहीं पहुँचा जा सकता था। वे दोनों भी गोविन्द गिरि की बात का खण्डन नहीं कर सकते थे, क्योंकि वे संगठन के दौर से नहीं गुजरे थे। जोती महाराज ने धीरे से कहा, "गोविन्द जी, सभा बना लीजिए। उससे अपने समाज की सड़ी गली परम्परा टूटेगी, गलत आदतें छूटेंगी और सच्चे रास्ते पर चलने का नया अनुभव मिलेगा।"

कलजी ने भी जोती महाराज का समर्थन कर दिया। फिर क्या था कि सब हाँ में हाँ मिलाने लगे। देखते ही देखते वातावरण अनुकूल हो गया और सबके मन में स्वतः लहरें उठने लगीं। मुखियाओं का समर्थन जुट गया।

सभा के नाम पर चर्चा उठी। उसमें भील समाज को केंद्र में रखकर सुरति ने प्रस्ताव किया कि "भील सभा' पर विचार कर सकते हैं।

भील सभा पर सब सहज सहमत हो गए। परन्तु गोविन्द गिरि ने कहा, "केवल यह सभा भीलों तक क्यों सीमित रहे? इसमें वागड़ (प्रतापगढ़, बांसवाड़ा, डूंगरपुर आदि) ईडर, सिरोही, दक्षिण मेवाड़, मालवार मध्य प्रदेश), गुजरात आदि भी सम्मिलित हैं। उसमें आदिवासी भीलों के अलावा मीणा, गिरासिया, वनजारे आदि भी हैं– बनिये बाभन भी। इसमें अपने क्षेत्र में रहने वाले वे सभी सम्मिलित हो सकेंगे जो सभा के नियम–कायदों में विश्वास रखेंगे और उनका अपने जीवन में अनुकरण करेंगे।"

"तो?" लीवां भगत ने सिर खुजाते हुए धीरे से कहा।

"कोई और नाम सोचो।" सुरति ने सोच की मुद्रा बनाते हुए कहा। पर क्या सोच की मुद्रा बनाने से सोचना बनता है। वह यहाँ आकर रुक जाता है। लगभग सभी की यही हालत होती है। उनसे कुछ नया सोचना नहीं बन पाता। वह थक से जाते और एक दूसरे की ओर देखकर सिर नीचा किए रह जाते।

गोविन्द गिरि भी सोच में पड़ जाता है। क्या नाम हो? कुछ तो नया हो पर क्या? उसके मन में एक नाम उछला—रुद्राक्ष।....रुद्राक्ष सभा। उस सभा के प्रत्येक सदस्य को अपनी पहचान बनाए रखने के लिए कण्ठी के रूप में रुद्राक्ष की माला पहननी होगी। तभी गवरी भाई ने नाम सुझा दिया, "रुद्राक्ष सभा"।

लगभग सब के सिर हिल गए उसके समर्थन में। गोविन्द गिरि को भी यह नाम ठीक लगा। वह कुछ कहने ही जा रहा था कि मोती गड़ामेड़तीया ने सोचते हुए धीरे से कहा, "सम्य सभा"।

गोविन्द गिरि सोच के समन्दर में उतर गया। सम्य के पारम्परिक अर्थ को उलटता-पलटता रहा। सम्य यानी भाईचारा, अपनी भाषा से गहरा लगाव और संगठित होने का भाव। इससे आगे भी कुछ हो सकता है कुछ नया। शब्द में नए अर्थ भी भरे जा सकते हैं।...भरे...पर कैसे और क्या? कुछ भी। कुछ क्या? वही जिसके लिए यह संगठन खड़ा किया जा रहा है...सभा बनायी जा रही है। वो है—भाईचारा, आपसी प्रेम, करुणा, सौहार्द्र, अहिंसा और सहयोग में विश्वास रखने वाले लोगों का संगठन। गोविन्द गिरि ने इन बिन्दुओं को सबको गिनाया। फिर पूछा, सम्य सभा "क्या इन भाव-विचारों का प्रतिनिधि करती है?"

"क्यों नहीं" जीती महाराज बोले।

"करती है।" गवरी भाई ने समर्थन किया।

"फिर...?" सुरति ने कहा।

"फिर क्या" लीवां भगत ने पूछा।

"फिर क्यों न इस संगठन का नाम "सम्य सभा" रख दिया जाए।" गोविन्द गिरि ने सबकी ओर देखते हुए कहा।

"मैं इसका समर्थन करता हूँ।" कूरीया ने तपाक से कह डाला।

"मैं भी...। सावन्त भगत ने यह कहते हुए आगे कहा, 'सम्य के साथ सभा या सभा के साथ सम्य के होने में एक विशेषता है। एक लय है। एक समानता है। इस सभा का, जहाँ तक मैं समझा, अर्थ है, काम है, लक्ष्य है—समानता यानी भेदभावरहित, बराबरी और आदर-सम्मान का समाज।...आगे आप सोच देखें।"

"तो फिर 'सम्य सभा' इसका नाम पक्का।" गोविन्द गिरि ने सर्वमत पर पक्की मोहर लगा दी।

सबने हर्ष नाद किया। सब चाहते थे कि अब उठ लिया जाए। ठण्ड भी बढ़ चली थी। गोविन्द गिरि कहने लगे, "अब आप लोगों को सम्य सभा के लिए ऐसे सदस्य बनाने हैं जो उसके विश्वास को मानते हों। रत्तीभर ज़ोर जबरदस्ती नहीं। न जल्दीबाज़ी। कारण, विशवास एकदम नहीं होता। पहले उन्हें सोचने-समझने के लिए भी वक्त चाहिए। वह दीजिए। सम्य सभा में ऐसे लोगों को भी आने दीजिए जो अभी तक उसके सदस्य नहीं बने हैं। उनमें ललक जगने दीजिए। धैर्य बनाए रखिए चाहे

उसके सदस्य कम ही बने हों। संख्या पर ध्यान मत दीजिए। ध्यान कर्मठ, उदार, सहनशील, त्यागी, स्वाभिमानी और सक्रिय सदस्यों पर देना है। उन्हें ही सम्य सभा में महत्त्व भी देना है। यह भी हमारे इस नए नेतृत्व की परीक्षा है। मुझे आशा है कि आप सबके सहयोग से यह सभा अपना निर्धारित लक्ष्य अवश्य प्राप्त कर सकेगी। इस दिशा में हमारा मंथन सक्रिय बना रहना चाहिए और आगामी बैठक में इसके सम्बन्ध में आयी समस्याओं और मिली सफलता पर बात की जाए, अतः आप लोग सब पूरी तैयारी से आएँ।"

सब समझ गए कि आज की बैठक समाप्त। तभी कूरीया ने खड़े होकर कहा, "भाइयो, आप सबके सम्मान में इस गाँव ने दाल बाटी चूरमा की व्यवस्था की है। कृपया आप सब प्रसाद को पाने के लिए मन्दिर के बाहरी आँगन में पहुँचने का कष्ट कीजिए।"

सब उठ खड़े हुए। केवल गोविन्द गिरि कूरीया, जीती महाराज और कलजी बैठे रह गए। उन सबके चले जाने के बाद गोविन्द गिरि ने कहा, "जीती महाराज आपको आगे बढ़कर कुछ करना होगा। आपका अपना प्रभाव क्षेत्र है, उसका प्रयोग करना होगा। यदि वनवासी समाज नशा पत्ता, माँस मन्दिर, चोरी-डकैती, परस्त्री संपर्क, बहु पत्नी प्रथा आदि को छोड़ देगा तो एक बड़ा काम होगा—नैतिक और सामाजिक दृष्टि से। एक ईश्वर को मानने लगेगा तो एकसूत्र में बँध जाएगा। प्रतिदिन नहाना। बिना नहाये भोजन न करना। इस तरह के आचरण वालों की संख्या बढ़ती जाएगी तो नैतिक तथा सामाजिक दृष्टि से अपना समाज सुदृढ़ होगा।...आप स्वयं इन सबके पक्षधर रहे है।"

"देखो, भाई गोविन्द, तुमने जो बीड़ा उठाया है, वह अपने समाज के उत्थान के लिए पहली बार ऐसा ठोस कदम है, जिससे बहुत कुछ हो सकेगा, जिसकी अभी तक कल्पना भी नहीं है।...मैं सोचता हूँ कि इस संगठन के प्रत्येक सदस्य को एक नई परम्परा से गुजरने दिया जाए, तभी उसे सदस्य बनाया जाए क्योंकि सदस्य के मन-मस्तिष्क पर यह बात घर कर जाए कि उसने कुछ ऐसा किया है, जिसके तहत उस पर कुछ जिम्मेदारी आ गयी है।" जीती महाराज का स्वर गम्भीर था और वह धीरे-धीरे सोचते हुए कह रहे थे।

"जैसे, जीती महाराज।" गोविन्द गिरि ने कहा। वह यह बात जान चुका था कि वह जिस यज्ञ की नींव रख चुका है, उसमें उन प्रभावशाली व्यक्तियों का अन्दर से जुड़ना तब तक सम्भव नहीं है, जब तक वे इस यज्ञ में अपना अवदान न करें। नहीं तो यहाँ सबका इकट्ठा होना कोई परिणाम नहीं दे सकेगा। अकेला चना भाड़ नहीं भून सकता है। यज्ञ में जितने हाथ लगेंगे और हृदय से लगेंगे उतना ही यज्ञ का प्रभाव बनता तथा बढ़ता नज़र आएगा।

"हालांकि तुम्हें, गोविन्द, यह बात सुनने में टोटके जैसी लगेगी। तुम यह भी सोच

सकते हो कि जिन अन्ध विश्वासों, रुढ़ियों और ग़लत आचरण से अपने समाज को बाहर लाना चाहते हो, मैं उस तरह की ही परम्परा की नींव डालने की बात कह रहा हूँ। परन्तु मुझे जो लग रहा है और उनमें बदलाव लाने के लिए जब तक उन जैसी डगर का सहारा नहीं लिया जाएगा, तब तक वे लोग अन्दर से उसके लिए तैयार नहीं हो सकेंगे।...ध्यान रहे, अन्दर से बदलना, अन्दर से जुड़ना और आगे आने के लिए स्वयं प्रेरित होना तथा दूसरों को करना तब तक शायद उस स्तर से नहीं हो पाएगा जब तक उनकी अजमाई हुई रीति-नीति का सहारा नहीं लिया जाएगा।" इतना कहकर जीती महाराज ने साफी से अपना मुँह पोछा।

"आप अपनी बात जारी रखिए। इस सभा को आपके अनुभव का लाभ मिल रहा है, यह इसके लिए कम सौभाग्य की बात नहीं है।" गोविन्द गिरि ने विनम्रता से कहा। उसका समर्थन सभी ने किया।

जीती महाराज ने सिर पर बँधे सफेद पोत्या (छोटी पगड़ी) को ठीक ठाक किया। उनके सिर पर खुजली मच रही थी। उन्होंने सिर खुजाया था। पुनः पोत्या ठीक कर ली। सोचते हुए वह कहने लगे, "कोई न कोई परम्परा पुरानी हो या नयी, पड़ती तो ज़रूर है। सम्य सभा के लिए जो सदस्य बनाए जाएं, जिन्हें भगत से पुकारा जाना है, एक परम्परा का पालन करें—एक रीति नीति का। जैसे कोई उसका नया सदस्य बनाना है। पहले चौका पाटल करें। फिर उस पर दीप जलाएं। बनने वाला व्यक्ति वहाँ नारियल का होम करे।...फिर उस सदस्य के सिर के बाल एक तरफ से काट लिए जाएं ताकि हर एक को पता रहे कि वह सम्य सभा का नया सदस्य बना है। इसके बाद वह व्यक्ति जो उसे सम्य सभा का सदस्य बना रहा है, बनने वाले सदस्य के कान में कुछ मंत्र फूँके।"

"क्या मंत्र?"

"जिन्हें सम्य सभा ने अपना लक्ष्य बनाया है।" जीता महाराज कहते।

"जैसे।" लीवां भगत ने पूछा।

"वह प्रतिदिन नहाकर प्रार्थना करेगा। पढ़ेगा और पढ़ाएगा। मदिरा पान नहीं करेगा, न माँस का सेवन करेगा। दिन रात कोई न काम करता रहेगा। काम करने में तनिक भी आलस्य नहीं करेगा। खाली नहीं बैठेगा। सबके हित सोचेगा और काम करेगा।" जीती महाराज ने बताया।

अब सबकी दृष्टि गोविन्द गिरि पर टिक गयी यह जानने के लिए कि वह क्या कहते हैं। गोविन्द ने उन सबकी ओर देखा—उनके मन की उथल-पुथल जानने के लिए। ये क्षण इतने नाजुक होते हैं कि ज़रा सी भी निर्णय में ऊक-चूक हो गयी तो सारे किये कराये पर पानी फिर जाएगा। अब उसे कुछ कहना लाजिमी हो गया अतः वह कहने लगा, "ऐसा करने में क्या कुछ ऐसी भी है, जिससे भविष्य संकट में पड़ जाए, क्यों सज्जनो!"

फिर उनके सामने प्रश्न-चिह्न आ खड़ा हुआ बिन बुलाए मेहमान सा। जीती महाराज ने खखारकर गला साफ किया और कहा, "मेरा कहना यह है कि अपने समाज में रुढ़ियों, अन्धविश्वासों आदि से भरे लोग अधिक हैं। उनकी उनमें गहरी आस्था है। उनको मोड़ना है तो उनकी शैली से, उनके ही तौर-तरीके से, ताकि उनमें संशय-शुबहा को ठौर न मिले और उन्हें लगे, वे परम्परा या लीक की डगर पर ही आगे बढ़ रहे हैं। उनके विश्वास के लिए उनकी लीक पर चलना ज़रूरी है।"

"उसके लिए?" कूरीया ने पूछा।

"मैं अपनी तरफ़ से आपको बतला ही चुका हूँ।...कलजी, आप भी कुछ कहें तो।"

"क्या कहूँ, आप सब तो कह चुके हैं।"

"फिर भी, कुछ तो...।" कूरीया ने कहा।

"जैसे सम्य सभा का नेजा (ध्वज) मानों सफ़ेद रंग का हो, इसके अनुयायी किसी एक रंग का कपड़ा पहनें।"

"जैसे।"

"गेरुवा वस्त्र धारण करें।...या कोई और रंग...पर उनके वस्त्रों का एक रंग जरूर हो ताकि उनकी पहचान दूर से हो जाए।...इससे एक लाभ यह भी होगा कि अलग रंग के वस्त्र पहनने से उनके मन में सदा यह बात बनी रहेगी कि वह कुछ ऊटपटाँग नहीं कर सकते।" कलजी इतना कहकर उन सबकी ओर देखने लगे।

"यह भी ठीक है।" जीती महाराज बोले।

"फिर तो उनके सिर पर जटा और पंचकेशी दाढ़ी रखने पर भी सोचा जा सकता है क्योंकि इस पर उनका कोई अतिरिक्त खर्च नहीं आएगा।"

कूरीया कहने लगा, "मेरी समझ में भी एक बात आ रही है कि जैसे दूसरे पंथ में उनके अनुयायी को जेनऊ धारण करना जरूरी है, वैसे ही...अपने समाज में गोदना का रिवाज़ है ही।...फिर क्यों न उनकी दायीं भुजा पर गरम लोहे से डाम (दाग) लगाया जाए। उनके मकानों पर सफ़ेद नेजे फहराए जाएं ताकि सम्य सभा के अन्तर्गत भगत आन्दोलन से जुड़े लोगों की पहचान हो सके। जब वे परस्पर मिलें तो वे आपस में सुनिश्चित सम्बोधन करें, जैसे जय गुरु महाराज की...या इस तरह का कोई और सम्बोधन हो जो वे आपस में मिलने पर करें।...इस सभा के खास-खास केन्द्र पर धूंणी (अग्नि) लगातार जलती रहे।"

"यह तो अति सुन्दर व्यवस्था बनेगी। इसके साथ भजन-कीर्तन को भी स्थान मिले। खुशी और मनौती पूरी होने के मौकों पर भजन-कीर्तन हों। भजन में रैदास, कबीर, मीरा, गवरी बाई आदि को महत्ता मिले।" कूरीया की ओर देखते हुए कलजी ने सहज ढंग से कहा।

गोविन्द गिरि ने गहरी साँस लेकर कहा, "इस तरह से यह एक सुन्दर विधि

विधान बन जाएगा। इन सब बिन्दुओं को लिखकर सभी को पहुँचा दें। जाने से पहले एक बार पुनः सभी को यहाँ बुलाकर समझा दिया जाए। उनकी भी राय ले ली जाए। फिर अन्तिम रूप से वे सभी बिन्दु सबको लिखकर भी दे दिए जाएं। अभी तो प्रारम्भ हो रहा है, यह सब मौखिक शुरू कर दिया जाए।...आप सबकी क्या राय है?"

सबने समर्थन कर दिया। कुछ देर पहले से खाने पर बुलावा आ रहा था। इस कारण गोविन्द गिरि ने सबको साथ चलने का आग्रह किया। सब चल पड़े।

महारावल डूंगरपुर विजयसिंह राजा तो थे, परन्तु अल्पवयस्क होने पर राज्य की सारी व्यवस्था राजमाता के हाथ में थी। राज्य पर ब्रिटिश शासन की पकड़ थी। विजयसिंह मेयो कॉलिज में पढ़ रहे थे। राज्य का शासन रेजेंसी कौंसिल के हाथ में चला गया था।

गोविन्द गिरि को राजमाता ने बुलवाया था। जब वह वहाँ पहुँचा तब वहाँ बासवाड़ा के नरेश शम्भूसिंह भी मौजूद थे।

गोविन्द गिरि वहाँ चला आया। उसको ससम्मान, राजमाता ने बैठाया। यह पहली बार था, जब उसे अकेला बुलवाया था, वरना वह भगत मंडली के साथ वहाँ आया था और वहाँ भजन-कीर्तन हुआ करते थे। उससे राजमाता बहुत प्रसन्न हुई थी।

प्रारम्भ में इधर-उधर की बातें होती रहीं। अचानक बात का रुख बदला। राजमाता के सलाहकार नरपतसिंह ने पूछा, "भगत गोविन्द गिरि महाराज, आजकल आपके नाम का डंका बज रहा है। चारों ओर सम्य सभा और भगत पंथ का नशा जनता के सिर चढ़ कर बोल रहा है।"

"श्रीमान् ऐसा कुछ नहीं है। गरीब तबके के जन एक ईश्वर की शरण में जाकर अपने संस्कार-स्वभाव और चाल-चलन में सुधार ला सकें, यह प्रयत्न हो रहा है।" गोविन्द गिरि ने सहज भाव से कहा।

"या भील राज्य का स्वप्न दिखलाकर उनको नयी दिशा में मोड़ा जा रहा है।" नरपतसिंह ने सीधे वार किया ताकि गोविन्द गिरि अपना सन्तुलन खो बैठे।"

गोविन्द गिरि शान्त रहा। वह कुछ नहीं बोला। इस पर नरपत सिंह उखड़ पड़ा और कहने लगा, "श्रीमान् भगतों के मन में आपने जो कुछ बोया है, उसकी फ़सल अब लहलहा उठी है। आदरणीय राजमाता और राजकुमार का स्थान आप लेने लगे हो। सम्पूर्ण भील समाज आपके इशारे पर नाच रहा है। फिर भी, आप शान्ति और अहिंसा की बात कहकर हम सबका ध्यान उधर से हटाना चाह रहे हो ताकि आप वक्त आने पर अपने असली रूप में सामने आ सको। क्या यह सच नहीं है?"

"नहीं, श्रीमान्, सत्य यह नहीं है। सत्य यह है कि जन्म-जन्म के दरिद्दर, अनपढ़, संस्कार वंचित और वन्यजीवी जन अपनी स्थिति सुधार लें। वे भी जीने के आनन्द

से जुड़ सकें। भजन-कीर्तन से अपने मन को शान्त रख सकें। नहायें-धोयें, पूजा-पाठ कर दिन का प्रारम्भ करें। मदिरा-माँस से दूर रहें। पढ़ें-पढ़ाएँ। हिंसा का त्याग कर सकें। राजमाता के प्रति वफादार रहें।" गोविन्द गिरि शान्त मन से सहज ढंग में कह गया।

"भगत गोविन्द गिरि, षड्यन्त्रकर्ता क्या कभी अपने षड्यन्त्र को कबूल करेगा। वो तो समय रहते यह सब जानकारी मिल गयी। राज्य की भी आँखें हैं, ये बन्द नहीं रहतीं। प्रजा में क्या चल रहा है, उसकी खोज-खबर पाने पर ही आपको राजमाता ने यहाँ याद फरमाया है।" नरपत सिंह ने अपने मन की सारी कड़वाहट एक पल में व्यक्त कर दी।

"यह सब गलत आरोप है। राजमाता के मन में भ्रम पैदा करके अंग्रेजों को अवसर देने की योजना का यह एक हिस्सा है जैसा बांसवाड़ा के महारावल माननीय शंभुसिंह और उनके पुत्र कुंवर पृथ्वीसिंह के बीच तनाव व भेदभाव को जन्म देकर किया गया। बांसवाड़ा शासन चल नहीं पा रहा था। आपस की उस लड़ाई ने अंग्रेजों को सुनहरा मौका दिया?"

"रुको, भगत गोविन्द गिरि, रुको। आप जिस भाषा का प्रयोग कर रहे हैं, वह एक पहुँचे हुए संत की भाषा नहीं है, बल्कि वह एक कुशल राजनीतिज्ञ की भाषा है—भेदभरी, कूटनीति और षड्यन्त्रकारी।...आपने वहाँ की शासन व्यवस्था को कमज़ोर करके वहाँ के राजा श्रीमान् शम्भूसिंह को तो हटवा ही दिया। उनके पुत्र कुँवर पृथ्वी सिंह को क्या मिला। यहाँ भी तो राज्य-प्रशासन की संरक्षक राजमाता हैं। वहाँ भी महारावल शम्भूसिंह पर अकर्मण्यता का आरोप लगा था। वही आपका दुष्चक्र यहाँ शुरू हो चुका है।"

"श्रीमान्, आपसे मेरा निवेदन है कि आप यहाँ तनाव की स्थितियाँ पैदा न करें। राजमाता हमारे लिए पूजनीय हैं, और सदा रहेंगी। हम जिस थाली में खा रहे हैं, उसमें छेद करना तो दूर, वैसा सोच भी नहीं सकते।" गोविन्द गिरि ने शान्त भाव से कहा, "माननीया, राजमाता, आपका यह भगत राजकाज के बीच नहीं आता। आपकी आज्ञा हो तो एक दो भजन पेश करूँ।

राजमाता गोविन्द गिरि से बहुत प्रभावित थीं। प्रभावित महारावल, शम्भूसिंह भी थे। उन्हें गोविन्द गिरि की मधुर और प्रिय आवाज़ को सुनकर अत्यंत तृप्ति मिलती थी। राजमाता ने कहा, "अच्छा सुनाओ, भगत गिरि, मीरा के भजन में से कुछ सुनाओ।"

गोविन्द गिरि ने मन-ही-मन मीरा का स्मरण किया। वह डूबता गया मीरा की भक्ति भावना में। कुछ देर बाद बोला, "वह साक्षात् राधा थीं। उनमें ही श्रीकृष्ण थे। जब वह तन्मय होकर गा उठती थीं तब श्रीकृष्ण स्वयं मुरली बजाते थे।" इसके साथ

ही गोविन्द नाक से धुन निकालने लगे और फिर उसमें ही तन्मय होकर गा उठे–

म्हारा ओलगिया घर आज्यो जी।
तन री ताप मिट्यां सुख पास्यां, हिल मिल मंगल गाज्यो जी।
घन री धुन सुण मोर मगन भया, म्हारे आंगण आज्यो जी।
चंदा देख कनोदण फूली, हरख भया म्हारे छाज्यो जी।
रुम रुम म्हारो सीतल सजणी, मोहन आँगण आज्यो जी।
सब भगातां रा कारज साध्या, म्हारो परण निभाज्यो जी।
मीरा विरहण गिरधर नागर, मिल दुख दंद, नसोज्यो जी।

पद पूरा हुआ परन्तु, धुन चलती रही, महल अनुगूंजता रहा। राजमाता और महारावल दोनों आनन्द-रस में डूब गए। नरपतसिंह मन-ही-मन कुढता रहा। सारा वातावरण सामान्य होता नज़र आया। गोविन्द गिरि ने दो गीत और सुनाए।

राजमाता ने कहा, "आपके स्वरों में जादू है। लगता है, मीरा ही गा रही हैं। उनकी अन्तरात्मा आपमें जी उठी है।"

"राजमाता, आपका मन गंगा है। आपके प्रति हमारा आदर सदा से बना हुआ है। आप अपने मन में सम्य सभा और भगत पंथ को लेकर जरा भी चिंता-फिक्र मत कीजिए। आधी रात आप बुलावा भिजवा दीजिए यह भगत दौड़ा चला आएगा।"

"समझती हूँ भगत गिरि जी।...परन्तु हमने अपने सलाहकार नरपतसिंह का मन रखने के लिए आपको बुलवा भेजा ताकि वह भी जान सके कि कौन हमारा शुभचिंतक है और कौन नहीं।" राजमाता ने एक थैली गोविन्द गिरि की ओर बढ़ाते हुए कहा, "आप पाठशाला गाँव-गाँव खुलवाकर बहुत पुण्य का काम कर रहे हैं। यह थैली उसी के लिए है। संकोच मत कीजिए। कभी भी जरूरत पड़े तो जरूर आ जाइए। मुझे आपकी मदद करते हुए प्रसन्नता होगी।"

गोविन्द गिरि नमन कर लौट आया। वह सीधे धूंणी पर आया। वहाँ हवन हो रहा था। वहीं की धूंणी परिवार वाले ले जाते हैं। उनके मन में यह विश्वास घर कर चुका है कि उस धूंणी में से थोड़ी सी धूंणी घर ले जाने पर घर में कोई अला-बला नहीं आएगी। परिवार सुखी-सम्पन्न रहेगा। निरोगी रहेगा। कुल देवता भी प्रसन्न रहेंगे। उस धूंणी से घर में भी धूंणी जलाएंगे।

गोविन्द गिरि वहाँ आया। लोग वहाँ से तब धूंणी ले लेकर अपने-अपने घर जा रहे थे। वे गाते हुए जा रहे थे–

पाँच-पाँच संत सो पाँच धूणी रचावी रे जी...
दुनियां से दुःख हटायो रे जी...।
छाणी ऊपर मेलो रचायो रे जी
पाँच-पाँच धूणिया गुडावी मारा गुरुजी
वचना री बाँदी दुनियां तो लूमके आपेजी।

मेलो मेलायो दे मारा संतनो रे जी...।
दुःख रे दुर्दीना दुःखड़ा मिटावुं-माँगिया मेह ने बुलाबुं रे जी...।
छाणी ऊपर मेलो रचाया-अणा संत नो रे जी।
पाँच-पाँच संत पुरुष से तो प्यारी-प्यारी रचना रचाई रे जी।
वांसिया गाल मयं तो अखाडो रचावुं रे जी।
मारा भगतां ने नेयाल करावुं रे जी।
गुरुजी ना अरणां मयं कलजी भेमो बोलियां
मारा गुरु नो वास तो अमरपुरा रे जी।

यह भजन सुनता ने लिखा या अपने मन पर और गोविन्द गिरि के अपने यहाँ. आने पर उन्हें सुनाया था। उसे सुनकर भगत कलजी, भेमा थानु भगत, लाला भगत, रोत और गोविन्द गिरि अत्यंत प्रसन्न हुए थे। सुनता का गला मधुर था और वह आशु कवि भी था। तत्काल कविता बना लेता था और आत्म विभोर होकर गा उठता था। गोविन्द गिरि दूर से खड़ा वह दृश्य देखता रहा और सुनता रहा। सोचता रहा कि सुनता ने क्या गीत बनाया कि दूर-दूर तक प्रसिद्ध हो गया। फिर क्यों न राजमाता तक यह ख़बर जाए कि वह जन-जन के गले का हार हो रहा है। उसका प्रभाव बढ़ रहा है। फिर तो न मानने का कोई कारण नहीं है। इसमें नरपतसिंह का क्या दोष?

धूंणी के पास से भगतों के चले जाने पर वह वहाँ आया। उसे देखकर कलजी, थानु भगत, सुरति, कुरीया, लाला भगत आदि खड़े हो गए और 'जय गुरु महाराज की' कहकर उसका उन सबने स्वागत किया।

"क्या हुआ?" कलजी ने पूछा

"बताता हूँ, कलजी। पहले अन्दर चलकर बैठें।" गोविन्द गिरि ने कहा और अन्दर की ओर बढ़ गया। उसके पीछे सब अन्दर आ गए।

कलजी समझ गए कि कोई गम्भीर बात है। वे सब बैठ गए। गोविन्द गिरि ने कहा, "कलजी आपका असर रंग ला रहा है।"

"म्हारा नहीं, थारा गोविन्द।" कलजी कभी-कभी अपनी अधिक उम्र का लाभ लेकर उसे केवल गोविन्द कह दिया करते थे। बाद में वह अपनी यह भूल तत्काल सुधार भी लिया करते थे।

"चलो किसी का भी सही, परन्तु यह ठीक नहीं हुआ।" गोविन्द इतना कहकर यह सोचता रह गया कि वह उस बात को किस रूप में प्रकट करे या नहीं भी करे, क्योंकि उससे होगा क्या? कहीं डर न व्याप जाए! भील समाज रजवाड़ों से भय भी खाता है। उसमें उनके प्रति श्रद्धा भक्ति भी बहुत है।

"क्या ठीक नहीं हुआ, भगत गिरि।" कलजी का सहज स्वर था, "क्या राजमाता ने कुछ कहा है।"

"हाँ?" गोविन्द गिरि तपाक से कह गया।

"क्या?" कलजी ने पूछा।

"राजमाता के सलाहकार नरपत सिंह ने उन्हें भयभीत कर दिया है।"

"वो कैसे?"

"कि हम उनके विरुद्ध जन आन्दोलन खड़ा कर चुके हैं।"

"कौन-सा जन आन्दोलन?" कलजी ने पूछा।

"अपने भगत पंथ और सम्य सभा से आयी जागृति से महारावल डूंगरपुर के महलों की चूल हिलने लगी। नरपत सिंह ने इस आन्दोलन को सीधे भील राज्य की स्थापना से जोड़ दिया।"

"अपना पंथ अहिंसा का आधार लिये है और दूसरे सामाजिक, आर्थिक तथा धार्मिक दृष्टि को उदार, गहरा तथा स्वावलम्बन की ओर ले जाने वाला है।"

"मैंने श्रीमान् नरपत सिंह से बहस नहीं की। उसे सुना। सहज बना रहा। उसका भरसक यह प्रयत्न रहा कि मैं उत्तेजित हो जाऊँ। सिर्फ़ सहज भाव से राजमाता के प्रति भक्ति भाव दरसाया।" गोविन्द गिरि का मन उद्विग्न हो उठा था। रास्ते भर वह यही सोचता आया था कि रजवाड़ों के मन में उससे और सम्य सभा की गतिविधियों को भय क्यों? क्यों उनमें संशय? वह तो उसका रजवाड़ों तक आना-जाना बन गया था। वहाँ से उसे भरपूर सम्मान और जब-तब आर्थिक सहयोग भी मिला था। स्वयं राजमाता ने कहा था, "भगत गिरि, आपका पाठशालाएँ खोलने का अभियान लोक शिक्षा की गहरी अन्तर्दृष्टि रखता है। मैं समझती हूँ कि बच्चों के अलावा प्रौढ़ों को भी और उनमें भी औरतों के लिए उनकी सुविधा से शिक्षा देने की व्यवस्था अपनी किस्म की पहली पहल है। वस्तुतया यह राज्य का उत्तरदायित्व है कि वह प्रजा को शिक्षित बनाए।....आप इस क्षेत्र में हम से जो और जैसी सहायता चाहें निःसंकोच हमें बतायें। राज्य को आपकी सहायता करते हुए गर्व का अनुभव होगा—वह गौरवान्वित होगा।"

"राजमाता ने अपने अभियान की खुलकर प्रशंसा की है।" कलजी ने स्मरण कराया, "कहीं यह संत रामपुर रियासत जैसी चाल तो नहीं है। अंग्रेजों ने इन्हीं चालों से उसे धर दबोचा था। आज वह रियासत उनकी दया पर साँस ले रही है। बहुत कुछ यही चाल वह हर तरफ़ फ़ेंक रहे हैं। बांसवाड़ा के महारावल को भी तो अंग्रेजों ने इसी चाल से शह और यह मात दी है।"

"मैंने महारावल बांसवाड़ा श्रीमान् शम्भूसिंह जो उस वक्त वहीं मौजूद थे, का ध्यान भी इस ओर खींचा था परन्तु...।"

"परन्तु क्या?"

"अंग्रेजों का अभियान यह है कि राजा, महारावल आदि को अशक्त तथा अकर्मण्य बताकर उनका शासन रिजेन्सी के हाथ में सौंप दें और वे निष्क्रिय तथा नाम के राजा-महारावल बने रहें।" गोविन्द गिरि ने कहा और इसी के साथ बैठने का रुख

बदला।

"इस समय अंग्रेजों की शक्ति दिन पर दिन बढ़ती जा रही है। रजवाणों में भी ऐसे नमक हराम कम नहीं हैं जो इस वक्त मौक़े का लाभ नहीं उठा रहे हों।...घर का भेदी लंका ढाहे वाली कहावत आज भी चरितार्थ हो रही है। ऐसे समय में हर क़दम फूंक-फूंक उठाना चाहिए, यह भी जरूरी है। परन्तु हम तो सीधे रास्ते पर जा रहे हैं और हमारा समाज उठने की तैयारी में जुट गया है। कुछ भी कहो, भगत गिरि आपकी आवाज में कशिश है, जादू है और गहरी पकड़ है, जिनकी वजह से जन मन आपकी ओर खिंचा चला आ रहा है। फिर क्यों न आपके बढ़ते प्रभाव से आपके शत्रु पैदा न हों।" कलजी ने गम्भीर होकर वस्तुस्थिति पर प्रकाश डाला।

"फिर हमें क्या करना चाहिए? क्या भगत बनाने बन्द कर दें या भगत आन्दोलन? क्या सम्य सभा का अस्तित्व मिटा दें?"

"अब ऐसा कुछ नहीं हो सकता, भगत गिरि। कब की प्यासी आत्म को अमृत मिला है! अब पीछे लौटने की सोच भी नहीं सकते।"

"फिर?"

"जो हो रहा है, होता रहेगा। समय बह रहा है, वह रुकेगा नहीं। यह आप अच्छी तरह जानते हैं। आप ही कहते होते हैं—जोत जागी भरांत (भ्रांति) भागी।...मोटा छोटा नो राम एक है।...जब आपने ज्योत जगा दी फिर भ्रांति कहाँ।...जब सबका एक राम ही है, तब छोटे-बड़े का भेद कहाँ रहा। फिर...।"

"फिर क्या, कलजी। यह भी तो नीति कहती है कि काच, कटोरा, नेण (आँख), धन, मोती फूटे (टूटे) तो टूटे ज्यांका सांधा नी लागे।...वे टूटने पर जुड़ते कहाँ हैं? ...इस कारण सावधानी बरतना जरूरी है। अब सोचा यह जाए कि कौन-कौन सावधानी बरतें और कैसे?...अब यह भी हम सब को मिलकर तै करना होगा और जल्दी ही, क्योंकि सूधे-सादे भगत सच्ची राह पर चल पड़े हैं, उनकी रक्षा भी हमें ही करनी है।" गोविन्द गिरि ने कहा।

"आज वार है तो काले कवार भी है। सब दिन एक समान नहीं होते।...डर इन अंग्रेजों से ज़रूर बनता है।...इनका गाँव माँये गेर नी उजाड़ माँये खेती नी।...न इनका गाँव में घर है और न बाहर खेत है। ये तो परदेशी हैं। इन पर भरोसा नहीं किया जा सकता। अवश्य इस विषय पर सोचा जाए, ताकि विश्वास छला न जा सके।" कलजी का मन डगमगाया जरूर, परन्तु तुरन्त सँभल भी गया।

इस तरह गोविन्द गिरि सबको साथ लेकर चलना चाहता था। संकट में एकता ही कवच बनता है। हालांकि वटोही को चलने से पहले राह में आने वाली कठिनाइयों के सम्बन्ध में विस्तार से समझा दिया था कि बनाने में कठिनता आती है, बिगाड़ने में देर नहीं लगती। हर अच्छे काम के लिए पक्का इरादा, मजबूत हौसला और लगातार सक्रिय बना रहना ज़रूरी है। वह कहने लगा, "कलजी, कल इस विषय पर

फिर बात करेंगे। भगतों से संवाद करेंगे।...सदैव अच्छे काम के नतीजे अच्छे होते हैं, बशर्ते बीच में घबराहट पर अकुंश बना रहे।"

यहीं बात समाप्त। गोविन्द गिरि ने अपने मन में ठान लिया था कि आने वाले संकट से सबको सचेत करना जरूरी है और दी जाने वाली चेतावनी के लिए उन्हें तैयार भी करना जरूरी है। अचानक कुछ न हो। निकट भविष्य में जो कुछ प्रतिकूल हो सकता है, उससे भी उनका परिचय करा देना चाहिए ताकि सम्य सभा का कोई सदस्य कमज़ोर न पड़े। और यदि कोई कमज़ोर पड़ता अपने को अनुभव करे तो वह सम्य सभा की सदस्यता छोड़ सके। जैसे जुड़ने की स्वतंत्रता है, वैसे ही उसे छोड़ने की भी स्वतंत्रता है। न जुड़ने से कोई विशिष्ट व्यक्ति बनता है और न छोड़ने से कमज़ोर होता है। व्यक्ति जो कुछ करता है वह अपने लिए करता है, उससे वह बड़ा कहाँ बनता है। जो दूसरे की भलाई के लिए सक्रिय रहता है, वही सामान्य से बड़ा हो सकता है और जो दूसरों की सहायता के लिए अपने हितों को त्यागता है, वही बड़ा है। वह यह बात घूम-घूमकर घर-घर पहुँचा चुका है।

किसी को धोखे में रखना पाप है। किसी को सिर पर उठाकर चलना भी बुद्धिमता नहीं है। मनुष्य को अपने कर्त्तव्य का पालन करते रहना चाहिए और सबके साथ जीने के लिए सबके हित में कुछ-कुछ करते रहना चाहिए। वह भी सबके साथ रहने का कर्त्तव्य है। बुद्धेतर भी कुछ होता है, उसका पालन भी करते रहना चाहिए। गोविन्द गिरि अपने कथनों का विश्लेषण करता हुआ यह जानना चाह रहा था कि उसने कहीं कुछ ऐसा तो नहीं कहा, जिससे उसके भगतों को कोई ग़लत संदेश गया हो। उसके कारण वे किसी संकट में न आ जाएं। यदि उससे कुछ ग़लत बना है तो वह सहज स्वीकार कर लेगा। किसी को यह ग़लतफहमी का तावीज़ अपने गले में नहीं डाल लेना चाहिए कि उससे कोई ग़लती नहीं हो सकती। व्यक्ति जितना बड़ा होगा, उससे ग़लती भी उतनी बड़ी होगी। यह सोचता हुआ वह बाहर चला गया।

गोधूलि का समय था। सूरज की किरणें गंगा स्नान करके अपने केश सुखा रही थीं। हवा में तेज़ी थी और ठण्डक भी। वहाँ कोई नहीं था।

"आपसे मिलने भगत गोविन्द गिरि आए हैं।"

"कौन गोविन्द गिरि भाई? दयानन्द सरस्वती इतना कहकर सोच में पड़ गए। वह अजमेर से उदयपुर पहुँचे थे। कुछ सोचकर कहा, "भेज दो।"

गोविन्द गिरि ने दयानन्द सरस्वती को देखते ही उनके चरण स्पर्श किए। दयानन्द सरस्वती ने अपने सामने एक युवक को खड़ा पाया, गले में रुद्राक्ष की माला पहने हुए। इकहरी श्यामल देह का चमकती आँखों वाला वह नवयुवक। उसके मुख

मण्डल पर अद्‌भुत तेजस्विता थी। उसने जटा-दाढ़ी रखी हुई थी। बाहें उसकी लम्बी थीं, भाल चौड़ा था, गेरुए वस्त्र पहने था। उन्हें यह समझने में देर नहीं लगी कि वह नवयुवक मन से शुद्ध, बुद्धि-विवेक से सम और आत्मा के दिव्य प्रकाश युक्त सदाचारी है। यद्यपि वह अनृषि है। यानी उसने शास्त्र का अध्ययन नहीं के बराबर किया है, परन्तु वह मन, कर्म, वचन से विशुद्ध है। उसमें राग-द्वेष, भय, शोक, दुःख, सुख आदि के लिए कोई स्थान नहीं है। वह खड़ा हुआ था। उन्होंने संकेत से कहा, "बैठ जाओ।"

वह बैठ गया।

दोनों के मध्य सहज मौन था। दोनों के मध्य आत्म संवाद उठे। दयानन्द सरस्वती वेद के मंत्र भाग का अनुभव कर रहे थे। उसमें ब्राह्मण भाग का लोप था यानी व्याख्या भाग सुसुप्त था। वह अति मद्धिम स्वर में पूछने लगे, "क्या चाहते हो, नवयुवक गोविन्द गिरि।"

"वह आप जान चुके हैं, ऋषि प्रवर।"

"तुम्हारी सम बुद्धि प्रसन्नता का कारण है।" दयानन्द सरस्वती ने कहा, "तुम में प्रकाश की दिव्य आभा सजग है। जगत् कल्याण का व्रत लिये तुम सगुण और निगुण हो।"

गोविन्द गिरि का मौन संचालित हुआ। वह अपने अन्तर्पट का प्रकाशित होता अनुभव करने लगा।

"जानते हो, यह सृष्टि छः कारणों से निर्मित है।"

"जी, ऋषि प्रवर।"

"मान लो छः व्यक्तियों ने मिलकर एक छप्पर उठाया और उसे दीवारों पर रखा। ठीक उसी प्रकार से छः शास्त्रकारों ने मिल इस सृष्टि की व्याख्या की है। उनमें तनिक भी विरोध नहीं है, वे परस्पर एक सूत्र में बँधे हुए हैं। इतना कहकर दयानन्द सरस्वती चुप हो गए और मन ही मन अपने कथन पर विचार करने लगे।"

"चेतना को भाषा नहीं चाहिए। वह सर्वभाषा है—उसके मौन में भी एक भाषा है।...तनिक विचार करो, नवयुवक गोविन्द गिरि, तुम्हारे सामने एक हाथी है और उसको घेरे छः पुरुष खड़े हैं। इसे अपनी कल्पना में लाने की चेष्टा करो। कल्पना के लिए नेत्र बन्द करो। मन एकाग्र करो। चित्त के सत्य को प्रवाहित होने दो।...हुआ। बोलना नहीं।

गोविन्द गिरि तत्सम हो गया।

श्वास-प्रश्वास अनुभूति के क्षेत्र में प्रवेश कर गयी। दयानन्द सरस्वती ने आगे कहा, "उन छः पुरुषों में से पाँच पुरुष पूर्णतया अन्धे हैं और छठा पुरुष भी लगभग अन्धा है।"

फिर अल्पविराम।

फिर चेतना का नया सोपान।

फिर मौन स्थिर।

"कहीं से उधर एक सद्‌पुरुष आ निकला। उन छः पुरुषों में जगे कौतूहल के बारे में उसने पूछा, "आपके सामने एक हाथी है। आप सब तैयार हो जाएँ और उसे छूँकर बताएँ। तैयार।"

उन सबने एक साथ कहा, "तैयार।"

"अच्छा पहला पुरुष बताए कि हाथी कैसा है?"

"खम्भे के समान।"

"दूसरा पुरुष?"

"सूप के समान।"

"तीसरा पुरुष।"

"मूसल के समान।"

"चौथा पुरुष बतावे।"

"झाडू के समान।"

"पाँचवाँ पुरुष।"

"चौतरा (चबूतरे)। जैसा।"

"छठा पुरुष।"

"काला-काला चार खम्भों के ऊपर कुछ-कुछ भैंसे के आकार का।"

"आँखें खोलो, गोविन्द गिरि।"

गोविन्द गिरि ने आँखें खोल दीं।

दयानन्द सरस्वती ने शान्त स्वर में कहा, "उस महापुरुष ने उन छः पुरुषों से कहा, "आँखें खोलो।...उन्होंने भी आँखें खोल दीं। आश्चर्य उन छहों पुरुषों को दिखलाई देने लगा।...फिर उस महापुरुष ने उनसे पूछा," हाथी कहाँ है?"

सब चकित। गूंगे। कहाँ है हाथी? सबने देखा। चुप। वहाँ हाथी कहाँ है?

"फिर हाथी कैसा है?"

उन्होंने अपना पूर्व अनुभव दोहरा दिया। उस महापुरुष ने कहा, "इसका मतलब हाथी यहाँ हमारे सामने या आसपास नहीं है।"

"बेशक नहीं है।"

"आपके अनुसार हाथी छः प्रकार के होते हैं।"

"यह हम नहीं कह सकते। परन्तु हाथी वह है जिसकी पहचान मैंने अभी-अभी बतलायी है।"

"वो तो आप छः व्यक्तियों ने अलग-अलग बतलाई है।"

"सत्य हमने जाना है।"

"वह एक दूसरे से भिन्न क्यों है?"

"हमने सच पहचाना है।"

"दूसरे भी यही दावा करते हैं।"

"मुझे उनसे मतलब नहीं है।"

"इसका अर्थ हुआ कि तुम लोग हाथी की पहचान अपने-अपने अनुभव के अनुसार अपने-अपने शिष्यों को बतलाओगे। यही न।"

"हाँ, अनुभव ही सत्य का आधार है।"

"तो फिर हाथी की पहचान के लिए आपमें और आपके शिष्यों में बहस जारी रहेगी।"

"रहेगी तो रहे।"

"क्या आपको उससे कोई मतलब नहीं है?"

"नहीं।...सत्य से कोई समझौता नहीं। सूरज पूर्व दिशा से निकलता है और पश्चिम दिशा में छिपता है। इसमें बहस की ज़रूरत कहाँ पड़ती है!"

इतना कहकर दयानन्द सरस्वती ने इस कथानक का सार प्रस्तुत करते हुए कहा, "नवयुवक गोविन्द गिरि, यह है संसार और उस संसार का झमेला जो आपस में एक-दूसरे की निन्दा करता रहता है। ऐसा करते वह कभी थकता नहीं। है न यह झूठा झगड़ा। इस दुनिया का यही सत्य है। यहाँ अन्धा देखता है, देखने के प्रमाण प्रस्तुत करता है, सुनता बहरा है और ज्ञाता मूढ़ है।...युवक, तुम्हारे मन में जिज्ञासाएँ हैं। तुम दिशा बोध लेने यहाँ आए हो और उससे दूसरों का शिव करना चाहते हो।...यही है न।"

"हाँ, आर्य ऋषि, यही, लगता है, क्योंकि मैंने शास्त्र नहीं पढ़े, धर्म नहीं जाने और न कहीं विधिवत शिक्षा-दीक्षा ली है। फिर भी, मैं नहीं जानता हूँ कि क्यों और कैसे मेरे मन में यह बात घर कर गयी है? पर कर गयी, तो अब निकाले नहीं निकलती। क्या करूँ? किससे पूछूँ? आपकी शरण में आया हूँ।" गोविन्द गिरि सँभल-सँभल कर कहता जाता।

"ये शुभ लक्षण हैं। शास्त्रधर्म वही है जो मनुष्य को पर सेवा से जोड़ता है और परहित के लिए सर्वस्व भी छोड़ने के लिए सदा तत्पर रहता है।" दयानन्द सरस्वती ने गोविन्द गिरि के मन को पढ़कर कहा।

"मैं आपका आदेश चाहता हूँ, आर्य ऋषि। मेरा मार्ग प्रशस्त कीजिए।"

"उसके लिए तुम्हें यहाँ रहना होगा।"

"मैं तैयार हूँ, ऋषि।"

"यहाँ देखिए, सुनिए और जानने की कोशिश कीजिए। स्वयं से पूछने का अभ्यास कीजिए।"

"वह मैं नहीं जानता-समझता।"

"कोई बात नहीं है।"

"मेरा समाज, मेरे लोग...सबके सब शोषण की चक्की में पिस रहे हैं। आज से नहीं सदियों से। वे भूल गये हैं कि वे भी दूसरे मनुष्यों की तरह सम्मान से जीने का हक़ रखते हैं। मनुष्य होने की यही पहचान है।...वे कीड़े-मकोड़े नहीं हैं। उनके उत्थान के लिए मैं बेचैन हूँ।"

"कुछ करना शुरू किया है।"

"हाँ...कुछ-कुछ।"

"उससे संतोष मिलता है।"

"किसको?"

"तुमको और उनको भी जिनके लिए तुम कुछ न कुछ कर रहे हो।" दयानन्द सरस्वती ने पूछा।

"मुझे...हाँ...हाँ...ऐसा सोच पड़ता है परन्तु...परन्तु...।"

"परन्तु क्या?"

"यह नहीं मालूम कि उनको भी...। कभी ऐसा सोचा नहीं। इसलिए...हाँ इसलिए।" गोविन्द गिरि अटककर रह गया।

दयानन्द सरस्वती तनिक मुस्कराए। उन्हें आनन्द की अनुभूति हुई। कोई सच्चा कर्मी सामने आया है। कुछ होगा। अवश्य होगा। वह बोले, "तुम मेरे साथ धीरे-धीरे बोलने का प्रयत्न करो।...बोलो ओश्चम् शन्नो देवी रमिष्टय आपो भवंतु ट्रीतये शंयोरभि स्तवन्तु नः...ये अर्जुेद का अ. 361 मंत्र सं 121...कहा गया है–सबको प्रकाश देने वाला, आनन्द देने वालो, सबमें व्याप्त-ईश्वर मनोवांछित आनन्द को प्राप्ति और सम्पूर्ण आनन्द भोग से सन्तप्त होने के वास्ते हमारा मंगल करे और हम पर सब तरफ़ से सुख और शांति की वर्षा करे। चाहो तो तुम इसे अन्य सूत्र में भी ढाल सकते हो। उसके पीछे भाव सर्वहित का है। उससे आदि-अनादि परम ब्रह्म परमेश्वर से प्रार्थना का है।...शब्दों से बाहर...अर्थात् शास्त्र के जानकार न होने पर भी वह प्रार्थना सुनेगा, यदि प्रार्थना सच्चे हृदय से हो।...तुम चिंता मत करो।...तुम सामर्थ्यवान हो। कर्मनिष्ठ भी तुम हो। केवल साथ रहो। साथ रहने का कर्म करो।...जहाँ से जीने का अर्थ मिले, वहाँ से लो। उसका अनुकरण करो।" कुछ रुक कर धीरे-धीरे कहने लगे, मेरे साथ तीन बार आचमन करने के बाद...इस मंत्र से अपने अंगों का स्पर्श करते जाओ। हाँ तो अब हम तुम बोलते और करते जाते हैं। हम वही बोल रहे हैं जो हमें-तुम्हें करना है। तुम देखते-करते जाओ – ओं वाक् वाक् (वाणी)। ओं प्राणः प्राणः (प्राण)। ओं चक्षुः (नेत्र)। ओं श्रोत्रम् (कान)। ओं नाभिः (नाभि)। ओं हृदयम् (हृदय)। ओं कण्ठः (कण्ठ-गला)। ओं ओं शिरः (सिर) बाहुभ्यां (भुजा) यशो बलम्। ओं करतल (हथेली) कर (हाथ) पृष्ठे सब शक्तिशाली हों। साथ ही वे हमारे यश का कारण बनें।"

इस तरह गोविन्द गिरि मंत्रों से भी जुड़ता गया और धीरे-धीरे वह पद्मासन में भी बैठने लगा। उसे कई मंत्र कण्ठस्थ हो गए। वह ओ३म् भूर्भुवः स्वः। तत्सवितुवरिण्यम्भर्गो

देवस्य धीमाहि। धियो यो नः प्रचोद्यात।[1] सूर्य नमस्कार से उसे गहरा संतोष मिलता गया। वह यह सुनिश्चित कर उठा कि वह एक मुख, दो नाक के, दो आँख के और दो कान के छेदों में बिखरी हुई वाणी को, कोई भी कारण बने, परन्तु उनसे मिथ्या कभी न बोले।[2]...उसे राग, द्वेष, पुरुषार्थ, सुखः दुःख (ज्ञान) जानना मन में उतर गया। पुरुषार्थ करने के लिए वह तत्पर हो उठा। उसमें अन्तरंग आनन्द का स्रोत फूटने लगा।

गोविन्द गिरि को दयानन्द सरस्वती के पास रहते हुए चार माह हो गए थे। वह देख रहे थे कि सहज, सामान्य और निश्छल जीवन ही जीवन है। परन्तु उस दिन महर्षि दयानन्द सरस्वती को सुना तो गोविन्द गिरि का मन बेचैन होने लगा। वह वहाँ भील समाज की घनघोर पीड़ा, असहनीय कष्ट और दयनीय स्थिति से दुःखी होकर निरन्तर दौड़-धूप कर रहा था कि उसके हाथ कोई सूत्र लग जाए, मंत्र लग जाए और विधि ज्ञात हो जाए तो वह एक बहुत बड़े, सदियों से पीड़ित-संतापित और नारकीय जीवन जीते समाज को मानवीय धारा-प्रवाह में, जिसका वह मानव होने के नाते हक रखता है, बहते हुए देख सकता है।

गोविन्द गिरि से जब रहा नहीं गया, तब उसने अत्यन्त विनम्रता से प्रश्न किया, "ऋषि प्रवर, मेरा मन बेचैन हो गया है।"

"तब?"

"मुझे समाधान चाहिए।"

"प्रश्न करो, गोविन्द गिरि।"

"क्या पूर्वजन्म है, ऋषिवर?"

"है है, गोविन्द।"

"इसका अर्थ हुआ कि मनुष्य का जन्म पूर्वजन्म के कर्मों के अनुसार ही होता है।"

"हाँ, गोविन्द, ईश्वर का यही विधान है।"

"इसका मतलब हुआ कि इस जन्म में जो दयनीय, उपेक्षित, दलित, शोषित और अधिकार वंचित हैं, वे पूर्वजन्म के कर्मों का फल भोग रहे हैं, वे यथास्थिति बने रहेंगे।"

"देखो, गोविन्द, यदि पूर्वजन्म नहीं मानते तो ईश्वर पर पक्षपाती होने का आरोप लगता है। कारण भी है कि बिना पाप कर्म किये उसे गरीब क्यों बनाया और बिना पुण्य किये उसे सारी सुविधाएं क्यों? ईश्वर के न्यायकारी होने का कारण भी यही है कि वह पूर्वजन्म के अनुसार सुख-दुःख देता है।"

---

1. यजुर्वेद अ. 36 मंत्र 03
2. मनुं अ. 6 श्लोक 48

"फिर तो...।" कहकर गोविन्द चक्कर में पड़ गया। उसे कुछ नहीं सूझा कि वह आगे क्या कहे?

दयानन्द सरस्वती गोविन्द गिरि की उथल-पुथल को समझ रहे थे। वह उलझन में है। उसे उलझन से कैसे निकाला जाए, वह यह सोच रहे थे। वह कहने लगे, "जैसे माली बिना सोचे-समझे मार्ग में कहीं भी वृक्ष के लिए पौधा लगाने, किसी न काटने वाले वृक्ष को काटने, अयोग्य की उन्नति करने, योग्य की उपेक्षा करने आदि से ईश्वर का विधान बिगड़ता है। यदि ईश्वर भी ऐसा ही करे तो उस पर भी दोष लगेगा। ईश्वर को न्याय संगत काम करना जरूरी है।"[1]

इससे गोविन्द गिरि की उलझन और बढ़ गयी। फिर उसके प्रयत्न करने का क्या अर्थ रह जाएगा? सब कुछ तो कर्मों के अनुसार है।

दयानन्द सरस्वती समझाने लगते, "गोविन्द ऐसा न हो तो सब गड़बड़ हो जाएगा। सारी व्यवस्था बिगड़ जाएगी, क्योंकि कोई पुण्य करे या पाप उससे सुख-दुःख का कोई सम्बन्ध नहीं रहेगा। ईश्वर स्वेच्छाचारी हो जाएगा—उच्छृंखल। फिर धर्म की क्या जरूरत रहेगी! फिर पाप कर्म करने से कोई भयभीत होगा और पुण्य कर्म करना कौन चाहेगा? धर्म निरर्थक हो जाएगा। यही कारण है कि पूर्व जन्म के पाप-पुण्य के अनुसार वर्तमान जन्म होता है और पूर्व जन्म और वर्तमान के कर्मों के अनुसार भविष्य में जन्म होता है।"

"यानी जन्म पर जन्म होते जाते हैं।"

"हाँ गोविन्द। तब तक जब तक जीव के हृदय की गांठ कट नहीं जाती और संशय मिट नहीं जाते। वे मिटेंगे तो अज्ञान रूपी अन्धकार मिटेगा। छिन्न-मूल वृक्षों नश्यति तथा पाप क्षीणे दुःख नश्यति। जैसे मूल कटे बिना वृक्ष नष्ट नहीं होता। ठीक इसी प्रकार पाप छोड़ने से दुःख नहीं होता। प्राणी अपनी बुद्धि और आत्मा में स्थित सत्य ज्ञान को जानता है और अनन्त आनन्द देने वाले ईश्वर को भी।"[2] दयानन्द सरस्वती सरलतम उपाय तलाशते हुए समझाते। वह विषय की गूढ़ता को सहज ढंग से स्पष्ट करना चाहते।

गोविन्द कल बताए सूत्र में उलझा रहता—तमोगुण का लक्षण काम, रजोगुण का लक्षण धन संग्रह और सतोगुण का लक्षण धर्म सेवा। यह कर्मोनुसार है। वह पूछता हुआ बीच में अटका रह जाता—पूछ नहीं पाता।

"हम जैसे हैं, वैसे ही रहेंगे।" यकायक वह पूछ बैठता, धीरे से।

"क्यों भला? चित्त को एकाग्र और निरुद्ध करो और परमात्मा की जीव आत्मा की स्थिति का आभास पाओ।"

---

1. द्रष्टव्य : सत्यार्थ प्रकाश : दयानन्द सरस्वती, : पृ. 237

2. तैत्रिरी—(उपनिषद् ब. व./अनु. 1)।।

"पर कैसे?"

"क्यों, कैसे नहीं।"

"धर्म से क्या?" गोविन्द गिरि की उलझन बढ़ चली थी। वह समझ के तन्तुओं को एकाग्र नहीं कर पा रहा था।

"धर्म वह है जो हृदय से सत्य कर्त्तव्य का पालन करता है। वो करो जिससे करने से भय-शंका-लज्जा आदि न हो। स्मरण रखो जैसे अग्नि में ईंधन और घी डालने से अग्नि बढ़ती जाती है वैसे ही काम वासना के उपयोग से काम-वासना कभी शान्त नहीं होती उलटे बढ़ती जाती है। यही कारण है कि मनुष्य को विषयासक्त होने से अपने को बचाना चाहिए।...अपने पर अंकुश बनाना चाहिए और वह भी सहज तथा स्वतः ही।" दयानन्द सरस्वती कहते-कहते रुक गए।

"परन्तु उस पूरे समाज के लिए क्या कोई रास्ता नहीं है जो सदा से अत्याचार, अन्याय और शोषण सहता आ रहा है?"

"क्यों नहीं है?...है पर?"

"कैसे होगा क्योंकि वह पूरे का पूरा समाज अपने पूर्व कर्मों का फल पा रहा है?"

"वह प्रयत्न कर सकता है।"

"कैसे? वह पढ़ा-लिखा कहाँ है?"

"तो उसे पढ़ाया जा सकता है।"

"कैसे? वह पढ़ना नहीं चाहता।"

"उसे प्रेरित कीजिए कि वह पढ़े। उसे वह सब सुनाओ, जिससे आगे की जानकारी वह चाहने लगे। बताओ, आगे की जानकारी दूसरे से नहीं, खुद से लेनी होगी और उसके लिए पढ़कर जानना होगा।...वह पूछेगा कि उसे पढ़ाएगा कौन? उसकी व्यवस्था करनी होगी।...दयानन्द सरस्वती भी सोचने लगे कि कौन करेगा?"

"यह काम मैं शुरू कर सकता हूँ।"

"तो शुरू करो।...ठोंग से उन्हें बचाओ। इस प्रकार अनेक कहानियाँ समाज में व्याप्त हैं।" दयानन्द सरस्वती इतना कहकर सोचने लगे कि उसे कैसे समझाएँ। वह शास्त्र-ग्रंथों को नहीं समझ सकता। फिर!...फिर भी रास्ता तो चाहिए। कहानियाँ शायद इसीलिए पेश की गयी हैं।

"मेरी कुछ समझ में नहीं आता कि उनके लिए क्या करूँ और कैसे करूँ?"

"देखो, नवयुवक, मैं तुम्हें एक कहानी सुनाता हूँ। तुम इस पर सोचना और सोचकर उत्तर देना। यह कथा भक्तमाल में आयी है।...तो सुनो–

एक व्यक्ति एक पेड़ के नीचे सो रहा था कि वह सोता-सोता मर गया।

पेड़ की एक टहनी पर कौआ बैठा था। उसने बीट कर दी। वह बीट नीचे मृत पड़े व्यक्ति के भाल पर तिलक के आकार की बन गयी। अब क्या था एक नया विवाद उठ गया।

"कैसा विवाद?" गोविन्द गिरि की समझ में यह नहीं आ रहा था कि इस पर विवाद क्यों कर उठा। सरल सी स्थिति है।

"विवाद बनाने से बनता है। यम के दूत उस मृत व्यक्ति को लेने पहुँच गए।"

"वह तो पहुँचते ही।"

"तभी वहाँ विष्णु के दूत भी आ गए।"

"क्यों?" गोविन्द गिरि ने पूछा।

"दोनों उस मृत व्यक्ति को लेने आये थे। विष्णु दूत का तर्क था कि उस मृत व्यक्ति के भाल पर वैष्णवी तिलक है। इस कारण हम उसे ले जाएंगे। तुम नहीं ले जा सकते।"

"फिर?"

"फिर क्या था कि यम के दूत विवश होकर खाली हाथ लौट आए।...और विष्णु दूत उसे बैकुण्ठ में ले आए। फिर वह आनन्द से बैकुण्ठ में रहने लगा।...इस कहानी से यह समझाया गया कि अचानक पक्षी के बीट से तिलक बन जाने का जब ऐसा महात्म्य है तब जो स्वयं भाल पर तिलक लगाते हैं, उनका बैकुण्ठ में जाना तो निश्चित है, चाहे वह कितना पाप करे, अत्याचार करें, अन्याय करें और शोषण करें। उस कहानी ने लोगों में पुण्य-पाप के बारे में सोचकर पुण्य करने की आस्था का धक्का पहुँचाया है और भाल पर लगे तिलक को सर्वाधिक महत्त्व दिया है।...क्या सोचते हो, गोविन्द, इससे क्या हुआ?"

गोविन्द इस प्रश्न के लिए क़तई तैयार नहीं था। वह तो अभी तक कर्म के अनुसार होने वाले जन्म के भँवर में चक्कर लगा रहा था। अब उसे उत्तर देना था। उसे कोई उत्तर ठीक से नहीं सूझ रहा था। फिर भी उसने कह दिया, "इस कथा में वैष्णव धर्म पर चोट की गयी।"

"कैसी चोट, गोविन्द?"

"ढकोसले पर, ऋषि प्रवर।"

"कैसे, गोविन्द?"

गोविन्द ने कुछ सोचकर कहा, "उस मृत व्यक्ति के भाल पर पड़ी बीट को तिलक समझकर विष्णु के दूत उसे बैकुण्ठ ले गए थे।"

"तो क्या हुआ इसमें, गोविन्द?" दयानन्द सरस्वती ने उसको परखा कि वह और क्या सोच पाता है।

"हुआ तो बहुत कुछ, ऋषि प्रवर, यदि भाल पर तिलक लगाने वालों को स्वर्ग मिल जाए तो फिर पुण्य-पाप पर विचार कौन करेगा। सभी तिलक लगाकर बैकुण्ठ पहुँच जाएंगे। फिर आपके कर्म वाला सिद्धांत का क्या होगा।" गोविन्द की पकड़ में बात आ गयी।

"हाँ गोविन्द, यही सच है। तुम्हें यही प्रयत्न करना होगा। अपने समाज में ऐसी

सैकड़ों कहानियाँ प्रचलित हैं। उन पर समाज के अधिक लोग विश्वास करते हैं। यही अन्धविश्वास है, जिससे लोग अन्धकार में जीने के आदी हो गए हैं। ऐसे लोगों के मन से सद् कर्म पर से विश्वास उठता गया है।...उठ रहा है।" दयानन्द सरस्वती चाह रहे थे कि गोविन्द के मन में उठ रहे द्वन्द्व को शमन देने के लिए ऐसा कुछ करें, जिससे कर्म के अनुसार जन्म मिलने की बात को वह ठीक ढंग से समझ सके और अपने क्षेत्र में जाकर लोगों को ढंग से समझा सके।"

यह सब सोचकर उन्होंने अपने जीवन से जुड़ी शिवरात्रि से जुड़ी कहानी सुना डाली। चूहे शिव पर चढ़ायी गयी वस्तुओं को ले जाकर कुतर रहे हैं। वह चौंकते हैं। यह क्या हो रहा है? शिव देवों के देव अपनी रक्षा नहीं कर पा रहे हैं, तब वे दूसरों की रक्षा क्या करेंगे? और उनका विश्वास मूर्ति पर से उठ गया। वह कहने लगे, "गोविन्द, जीवन सत्य को जानना, जानकर उस पर अमल करना सहज भी और कठिन भी। सहज इसलिए कि वह सत्य है और व्यवहारगत है। उसमें कोई दोष नहीं। मन में भी उसके प्रति कोई संशय नहीं है। भय भी नहीं है।...अन्धविश्वास के पीछे असत्य की काल्पनिक शक्ति है।...असत्य को छिपाने के लिए ढोंग के प्रति रुझान बनता है। दिखावे का आचरण जन-जन को गलत रास्ते की ओर मोड़ता है। जन में उदासीनता बढ़ती है और जन आलसी होने लगता है। बुराई को अपनाने में उसे दिक़्क़त नहीं होती।"...क्योंकि बुराई करने वाले उसके पीछे असत्य कहानियाँ जोड़ देते हैं।"

दयानन्द सरस्वती को प्यास लगने लगी। उन्होंने स्वयं कडुए में पानी भरा और गोविन्द से भी पूछा कि क्या उसे पानी पीना है? इधर गोविन्द की समझ खुली। उसे लगा कि रास्ता मिल सकता है। वह कहने लगे, "गोविन्द, तुम समाज में फैले इस अन्धकार को मिटाने की दिशा में प्रयास करो और सत्य व्यवहार के प्रति उनमें निष्ठा बनाए रखो। फिलहाल तुम कर्मवाद, पुनर्जन्म और उसके आधार पर ध्यान मत दो। उनमें शिक्षा की ज्योति जलाओ और उनमें आस्था पैदा करो ताकि वे दूसरों के बहकाए में नहीं आयें।...जैसे कुछ सन्त कहते मिलेंगे कि उनकी शरण में आओ। नहीं आए तो बाद में हाथ मलते रह जाओगे। हमारी शरण में भोग भी है और मोक्ष भी। दोनों है। एक दूसरा सन्त कहता मिलेगा कि बिना शिव, रुद्राक्ष, भस्म धारण और लिंग अर्चना किए कल्याण नहीं होगा और न मोक्ष मिलेगा।...तीसरा संत उच्च स्वर में कहता मिलेगा कि वही ब्रह्म है। जगत् मिथ्या है।...इस प्रकार से मत मतान्तरों का भटकाव भरा प्रचार समाज में फैला हुआ है। जन को उससे मुक्त करने की दिशा में तुम्हारा प्रयास रहेगा तो सद् ज्ञान का उनमें उदय हो सकेगा। जो पिछड़ा या दलित वर्ग है वह इस तरह की हीन से हीनतार विचारों की दलदल में फँसे रहने का परिणाम है।...आज मैं अजमेर जा रहा हूँ। मेरा तुम्हें यही आशीर्वाद है।" इतना कहकर दयानन्द सरस्वती उठ खड़े हुए। उसी समय गोविन्द गिरि ने उनका चरण स्पर्श

किया।

आज दयानन्द सरस्वती का इस कारण स्मरण हो आया कि उसने भी गेरुए वस्त्र और रुद्राक्ष माला द्वारा अपने भगतों की पहचान करायी थी। क्या करता, उनके समाज में पढ़े-लिखों का टोटा था। उनके मन में सम्य सभा तथा भगत पंथ का स्मरण बनाए रखने के लिए कोई न कोई पहचान जरूरी थी। फिर आदिवासी शिव भक्त हैं। उन्हें उससे भी जुड़े रखना जरूरी था। वह अपने भ्रमण से यह जान सका था कि उनमें नए संस्कारों के नींव डालने के लिए उनके विश्वास की ज़मीन का ही इस्तेमाल करना आवश्यक है। कभी दयानन्द सरस्वती ने उससे कहा था, "ध्यान रखना, अपना संस्कार यज्ञ या आन्दोलन राजनीति खेमे की शरण में न जा पहुँचे। सहज मिली सफलता का मन भी शीघ्र बदल जाता है। अपने पर संयम बनाए रखना।" उसने तो इस बात का पूरा ध्यान रखा। बस एक जगह वह जरूर राजनीति सीमा में प्रवेश कर गया। जब रजवाड़ों के विचार भी उसके प्रति बदले और उनके मन में भी संशय के बीज अंकुरित होने लगे। उसने बेगार न करने पर जोर दिया। तब अवश्य भगतों और रजवाड़ों में शक्ति परीक्षण जैसी स्थिति पैदा हुई। यह उसी का नतीजा है जो उसे रजवाड़ों ने बुलाया और प्रत्यक्षतः उस पर संदेह व्यक्त कर दिया।

आज गोविन्द गिरि अकेला था। उनमें संवाद उठ चले थे। वह आसमान की ओर देखकर अपने से प्रश्न कर रहा था, "गोविन्द, अब तुम्हारी असली परीक्षा है। यह समय न केवल धैर्य का है बल्कि तुम्हारे नेतृत्व की गम्भीरता का भी है। समूह को बिखरने में देर नहीं लगती।"

"मुझे विश्वास है कि ऐसा कुछ नहीं होगा।"

"ऐसा ही हो। पर...।"

"पर क्या?"

"समय और आँधी का कोई पता नहीं। वह किधर बहे, किधर नहीं। दुश्मन शातिर है और पुराना खिलाड़ी है। चौकस रहना।...सबसे जरूरी है कि भगत समुदाय चौकस रहे। कुविचार पर निगाह रखना। दलदल वाली जमीन उसी का कारण है। यहाँ प्रश्न हार या जीत का कतई नहीं है। यहाँ प्रश्न है असीम धैर्य और अहिंसा व्रत के पालन करने में आत्म-विश्वास का।"

"वह है। वह है। वह है।"

परिदृश्य बदल गया। जंगल की साँय-साँय झींगुरों की आवाज़ और खाली हवा के सोच-सोचकर बहने से गोविन्द गिरि का मगरी पर ध्यान जा टिका, जहाँ से जंगल में आग लगने का अंदेशा हो रहा था या...।

पाँच माह बीत गए। गुजरात (सूथ, रामपुरा, गोधरा आदि) सिरोही ईडर और मालवा क्षेत्र में गोविन्द गिरि भ्रमण कर रहा था। उसके साथ कूरीया, सुरति, गवरी भाई आदि।

गाँव की कोई ख़बर नहीं मिली। यदाकदा गाँव का स्मरण हो आता था।

गोविन्द ने स्वप्न में भी नहीं सोचा था कि बदली से उसकी भेंट जल्दी हो जाएगी और वह भी अनायास। वल्लभनगर में ऊंठाला माता के थान पर महिलाएँ गीत गा रही थीं, लड़कियाँ नाच रही थीं। गीत था—

ऊँचा-ऊँचा ऊंठाला रा देवरा ए माय
सूरज सामी या पोल म्हारी माँ।...

उंठाला माँ का देवरा ऊँचा है। सूर्य की ओर उसका प्रवेश द्वार है। मन ही मन गोविन्द गीत के भाव का आनन्द लेता रहा। जैसे वहाँ से वह आगे बढ़ना चाह रहा था, वैसे ही बदली नज़र आ गयी। वह रुक गया। आज वह बहुत सुन्दर लग रही थी। उसका नीला-नीला घाघरा कई घेर वाला था। उसी रंग की कब्जा (कांचली) थी। दोनों पर तरह-तरह के बेल, बूटे और फूल कढ़े हुए थे। वे चमकदार थे। शायद उसने उसे नहीं देखा था। वह नाचने में मस्त थी। घेरदार घाघरा बल खा-खाकर मचल रहा था।

गोविन्द अपने को नहीं सँभाल पा रहा था। हालांकि उसने कभी नहीं सोचा था कि जीवन में ऐसे क्षण भी आ जाएंगे, जिनमें वह यह दूर-दूर तक अनजाने स्थानों पर जाएगा।

नाच रुका। बदली पसीने-पसीने हो रही थी। उसने चेहरे पर छलक आयी पसीने की बूंदों को पोंछ डाला। उसकी आँखें चमक रही थीं। घाघर नृत्य था वह। माँ को प्रसन्न करने के लिए उन युवतियों में अपार उत्साह था। उनके अंग संचालन में ठुमके की अदा न्यारी थी। थिरकन मटकने के साथ आकर्षण का केन्द्र थी। अचानक बीच-बीच में उचक पड़ना मादकता की लहर पैदा कर रहा था। उसमें घूमर के साथ गैर का भी रस था। धीरे-धीरे नाच तेज होता गया। अपने हाथों से सतरंगी पंखुड़ियाँ फैला कर जब वह उनसे कमल बनाकर ठहर गयी थी, तब क्या हुई थी तालियों की गड़गड़ाहट कि आसमान और धरती दोनों ही नाच उठे लगने लगे थे। तब वह ताली बजाना भूल गया था। उसे याद नहीं कि तब वह क्या कर रहा था।

ढोल, ढपली, डडों के साथ बाँसुरी का स्वर उस वातावरण को संगीतमय बना रहा था। अचानक डफ को बजाता हुआ एक नव युवक उसमें सम्मिलित हो गया।

चूंकि नृत्य गोलाकार था। वह बार-बार थिरकता हुआ घूमर ले लेता था।

नाच थमा। बदली दूसरी ओर मुड़ गयी। गोविन्द गिरि सोचता रह गया कि वह अब क्या करे? परदेश में है। यहाँ तो वह आ भी नहीं रहा था। वह कैसे आ गया?

क्यों आ गया?

फिर बदली अदृश्य हो गयी। अब वह कभी नजर आएगी? वह चेता और तेजी से आगे बढ़ गया।

एक साथ तीन डगर। वह किधर आगे बढ़े! क्या फिर से वही स्थिति पैदा न हो जाए। वह तेज स्वर में बोल पड़ा, "बदली...ओ बदली।...तुम कहाँ हो। तुरन्त लौटो। ऊंठाला माँ बुला रही हैं।" इस प्रकार वह कई बार ऊँची आवाज में पुकार चुका था।

थोड़ी देर बाद उसे पाजेब की आवाज सुनाई पड़ी। वह टीले से नीचे उतर आया। जैसे ही वह नीचे उतरा वैसे ही उसके सामने बदली पड़ गयी।

"तुम—यहाँ।" बदली ने पूछा।

"पहले भी आया था तुम्हारा पीछा करते हुए, परन्तु पता नही तुम कहाँ खो गयी थी। कुछ पता ही नहीं चला। आज मैंने पुनः वह ग़लती न हो जाए, इसका ध्यान रखा।"

"और आवाज़ लगाने लगे।"

"हाँ बदली।"

"पर क्यों?"

"यह मैं नहीं जानता।"

"फिर क्या जानते हो?"

"तुम्हें बदली।"

"मुझे क्या जानते हो?"

"यही कि तुम बदली हो।"

"वो तो हूँ।"

"नाचती गज़ब की हो।"

"और...।"

"कसके गूंथे हुए बालों में से वह एक लट लगातार थिरकती रही।"

"कब?"

"जब तुम अपने को भूलकर नाच रही थी।"

"तुमने अभी मेरे नाच की तारिफ की थी।"

"हाँ की थी।"

"परन्तु तुम्हारा ध्यान मेरी ठुमके लगाती लट पर था।"

"वो तो था।"

"एक वक्त में दो काम।"

"बदली...।" कहकर गोविन्द गिरि अटका रह गया। उसे कुछ सूझा नहीं। वह अपनी बुद्धि पर नाराज हो उठा।

"काम एक है।"

"जबर्दस्ती।"

"नहीं बदली, क़तई नहीं।"

"वो कैसे?"

"नाच में तुम्हारे घेरदार घाघरे, उसके गोलाकार घूम जाने पर मन एक साथ अटका रह जाता था और जब तुम ठुमका लगाकर एक मुद्रा में पलभर के लिए खड़ी रह जाती थी, तब वह लट तुम्हारे कपोल पर आ ठहरती थी।"

"यह तुम्हारी दृष्टि का खोट है, परदेशी।"

"परदेशी नहीं, गोविन्द गिरि।"

"माँ के थान पर तुम्हारी कुदृष्टि! छिः छिः छिः। यह पाप है।"

"मन नहीं मानता।"

"मन हो तो माने परदेशी।"

"परदेशी नहीं, गोविन्द गिरि।"

"क्या फर्क पड़ता है। नाम में क्या रखा है। सब कुछ व्यवहार में है।" बदली चमक उठती और इसी के साथ वह आगे भी बढ़ने लगती।

"बदली, जल्दी में हो।"

"तुम चाहते क्या हो?" बदली रुककर पूछती।

"कितनी दूर से आया हूँ, बदली।"

"तुम्हें मालूम था कि मैं यहाँ हूँ।"

"नहीं। यह तो संयोग हुआ।"

"फिर दूरी की बात क्यों करते हो? मर्द हो, नातरा का मन रखते हो।"

"नहीं, बदली।" गोविन्द गिरि कण्ठ छूकर कहता, "वो तो यों ही हँसी ठट्ठे में कह गया था उस दिन।"

बदली का माथा ठनका। ठाकुर बाड़ी पर वे मिले थे। वहाँ कैसा हँसी ठट्ठा! फिर भी वह बोली, "अपना कोई ठाँव-ठावण (ठिकाना) नहीं। कल यहाँ, परसों वहाँ। डगराही से कैसी पहचान!...डंडीर (सीधी लकीर) खींच कर चलना नहीं आता।"

"बदली, थारा मन समझता हूँ।"

"थे म्हारा मण इत्ती जल्दी समझ गया क्यों?" बदली फिर से छेड़ती। वह अन्दर ही अन्दर ताना कसती जाती, "दैवागत (आकस्मिक) कुछ नहीं होता। सब कुछ सोचा-समझा होता है और खासकर थारे जैसे डगराही से कछु उम्मीद करना अन्धे कुएँ में छलाँग लगाना जैसा है।"

"थारी ठोड़ी पर यह बारीक गूदना सब कुछ सच-सच बोल रहा है।"

"क्या सच-सच बोल रहा है?" बदली ने चमककर धीरे से पूछा।

"थारे कूं ठेंगुर (उच्छृंखल ढोर डंगर के गले में बाँधी जाने वाली लकड़ी) की जरूरत नहीं है।" गोविन्द भी व्यंग्य की मुद्रा में आ गया।

"पर थारे कूँ है।"

"काहे?"

"मर्द औरत को ढुलुआ (खजूर की बनी चीनी) समझता है।"

गोविन्द गिरि की दृष्टि बदली की ढोढ़ी (नाभि) पर जा अटकी थी। उसने घाघरा को ढोंढ़ी से नीचे बाँधा हुआ था। वह कह उठा, "ना ना बदली, म्हारे कूँ थे ऐसा मत समझ।"

"तो क्या ढेलबाँस (ढेला फेंकनी की रस्सी जिसमें उसे रखने के लिए फन्दा लगाया जाता है।) समझूँ।" बदली का रुख टेढ़ा ही बना रहा। वह अपने कमीजनुमा सलूके के टूटे बटन से घबरा रही थी। नाच में उसने उचका-उचकी में जरूरत से ज्यादे बाँहें ऊँची की थी। तब बटन ढीला पड़ गया था, परन्तु टूटा नहीं, लटका रहा था वो शऊर सिक्का। रास्ते में जाने कब चुपचाप खिसक लिया, यह पता उसे अब चल रहा था जब उसकी निगाह गोविन्द से टकरायी, क्योंकि उसकी दृष्टि बारम्बार वहीं जा टिकती थी, जहाँ से उसके उरोजों का तनाव कुछ ढीला पड़ा था और बिजली की चमके कौंध रही थी।

"बदली, म्हारे-थारे बीच जान-पहचान ना के बरोबर है। फिर भी न जाने मुझे क्यों लगता है कि मैं थारे कूँ बरसों से जानता-पहचानता हूँ।" गोविन्द ने धीरे से कहा।

"पर मैं थारे कूँ नहीं जानती-पहचानती हूँ और न जानने पहचानने की ज़रूरत समझती हूँ।" बदली ने तुनककर कहा।

"फिर भी मन रखती है।"

"काहे रे।"

"जे मन अपणे हाथ में नहीं रहता। थे तब कैसे ज़ोर-ज़ोर से बोलकर कह रही थी—वो न्याय नहीं।...न्याय धरम पर रहो।...ठीक से वे शब्द याद नहीं हैं। सच कहता हूँ म्हाने कभी ऐसे खेल में हिस्सा नहीं लिया।" गोविन्द गिरि का मन बोल रहा था।

"म्हाने उकसाने से लिया, यही न।"

"हाँ, यही बदली, बिल्कुल यही।"

"तो थे म्हारे कहने से रास्ता छोड़ और मुझे जाने दे।"

"ले, रास्ता छोड़ दिया, बदली।...याद रख, प्यार प्यार का रास्ता कभी नहीं रोकता। पता नहीं तू कैसे दिल में उतर गयी। प्यार क्या होता है, इससे पहले मैंने कभी इस पर नहीं सोचा। परन्तु अब...।" गोविन्द गिरि का स्वर आर्द्र हो उठा।

"अब क्या?" बदली सोचती रह गयी।

"बदली बन थे म्हारे पर छा गयी है। कुछ सूझता ही नहीं है। थारे को पहली बार क्या देखा कि देखता ही रह गया। फिर वह छोटी सी अनपहचानी मुलाकात मन में ऐसा घर कर गयी कि निकासे नहीं निकलती। बा पर म्हारा क्या ज़ोर है। और कोई

ज़रूरी नहीं है कि थारे मन में भी ऐसा कुछ हो। जांसे उलटा भी हो सकता है। पर म्हारा मन को एक बार थारे पर प्रकट करना चाहता था सो कर दिया। अब थे जाने और थारा काम! पर इतना ज़रूर है कि जा जनम में थारे कूँ म्हे नहीं भूल सकता।" गोविन्द गिरि का स्वर गम्भीर हो गया था। उसकी आवाज़ पहले से ज़रा भारी हो गयी थी। उसकी धड़कनों मे धक्-धक् हो उठी थी। वह समझ रहा था कि वह बनजारा है और वो...। शादी बनाने का अर्थ स्वप्न से ज्यादा और कुछ नहीं है।

बदली देख रही थी कि उसने रास्ता छोड़ रखा था। वह एक तरफ खड़ा था। अब उसकी निगाहें झुकी हुई थीं। उसके चेहरे पर परछाइयाँ उतर आयी थीं। उसका मन नहीं हुआ कि वह उसे छोड़कर आगे बढ़ जाए। क्या है ऐसा उसमें जो वह उसे देखते ही उस पर रीझ गयी थी। लम्बा क्षुता हुआ चेहरा। चेहरे पर बड़ी-बड़ी आँखें। उन आँखों में गुलाबी डोरे। गरदन तनी हुई किसी जवाँ पहलवान जैसी। उसके सुर्ख पतले होंठ और दमकती दन्तावलियाँ। एकदम साफ़ वस्त्र। शक्ल-सूरत से वह आदिवासी नहीं लगता था। उसके नैन नक्श का आकर्षण मन से नहीं हट पाता था। वह पूछ बैठी, "थे ठहरे कहाँ हो यहाँ?"

"कहाँ ठहरूँ, यहाँ अपना कोई जान-पहचान का नहीं है।"

"तो इधर क्यों आ गए?"

"पगला गया था। चला आया। शायद ईश्वर म्हारे मन की मुराद पूरा करवाना चाहता था। सिर्फ़ एक बार, यही तो मैंने अनदेखे ईश्वर से प्रार्थना की थी, उसे देख भर लूँ।...उससे आगे की सोचना म्हारे वश में नहीं था। घर में अकेला हूँ।"

"थारी घरवाली।"

"विवाह कहाँ हुआ। इकलौती सन्तान हूँ। माता-पिता हैं बस।...डूंगरपुर के बासियाँ या बेडसा गाँव का हूँ। अपना वनजारा परिवार है।" गोविन्द गिरि ने धीमे-धीमे और रुक-रुककर कहा। उसका मन टूट रहा था। वह यथार्थ के धरातल पर खड़ा होकर जान रहा था कि उसे स्वप्न नहीं देखने चाहिए।

बदली ने दीर्घ साँस भरी। सोच में पड़ गयी। उसका सोच टेढ़ा बाँका है। कुछ बचकाना भी। दरअसल उसे इस तरह कभी सोचने की जरूरत भी नहीं पड़ी थी। उसकी भौंहों में बल पड़ गए। उसके रेशम से केशों में पवन की सरसराहट गुनगुनाने लगी। उसकी पतली, लम्बी नासिका तुनककर रह गयी। उसके पतले, बड़े और रसीले होंठ महक उठे। उसकी लम्बी गरदन तनी हुई थी। उसका अल्हड़पन मानों उसकी धनुष के आकार वाली भवों में कुछ-कुछ अनकहा कहकर अटका रह गया था। वह पूछ रही थी, "थे यहाँ रुकना चाहोगे क्या?"

"तुम्हें पसन्द होगा तो?"

"पसन्द नापसन्द की बातें छोड़ो, पहले जो...।" कहते-कहते वह उलझी रह गयी।

"रुक सकता हूँ।"

"क्या बताऊँगी उन्हें?"

"किन्हें?"

"जहाँ ठहराऊँगी वहाँ।"

"नाम, गाँव का नाम...और क्या।"

"आने का कारण?"

"ऊंठाला माता के दर्शन।"

"और रुकने का?"

"प्यार का सपना।"

"धत्।..." कहकर बदली ने मुँह फेर लिया और आगे कहा, "सपनों की बात मत करो। सपने हक़ीक़त नहीं होते।"

"उनमें एक हक़ीक़ी रिश्ता होता है, बदली, तुम चाहे मानो या न मानो पर सच यही है। मन कभी झूठ नहीं बोला।"

"नातरा कहते हुए भी।"

"मैंने मजाक में कहा था और यह जानते हुए कहा था कि तुम तुनककर अलग हो जाओगी।"

"वही हुआ भी।"

"तब तुम्हारे मन में खट्टापन पैदा हुआ था। उसी से मुझे लगा कि पहली दृष्टि में जमा अपनापन उसे सहन नहीं कर सका। इसी से मुझे विश्वास हो गया कि पागलपन का दौरा दूसरी ओर भी पड़ा है। तुम्हारी जगह मैं होता तो मैं भी नातरा को बिल्ली रास्ता काट गयी ही मानता, पर तुम तो तुरत-फुरत तुरपई उधेड़कर अदृश्य हो गयी। तुमने यह नहीं सोचा कि उबल आए दूध में कोई अपने हाथ से नमक नहीं डालता। इसमें भी तुम्हारा कतई दोष नहीं है क्योंकि तुम सच्चे मन की हो। तुम तड़ाक से दूर हो गयी। तुम गंगा सी पवित्र और निर्झर सी मतवाली अप्सरा सी हो।" गोविन्द गिरि की युवावस्था के तार झंकृत हो उठे। उसमें कल्पना, स्वप्न और भावना की अज्ञात त्रिवेणी बहने लगी।

बदली का मन ऊँची मगरी पर से गा उठा वह गीत जो अभी लिखा ही नहीं गया था। निःशब्द और निःशंक महकता हुआ पागलपन बिन पायल के अनुगूँज उठा उसके मन के पार निरावण होकर पहले-पहले फूटे निर्झर सा निरूपम था उसका अदृश्य वेगवान और सरुर। वह अपने को सँभालकर कहने लगी, "यहाँ मेरे मामा का घर है। मेरे मामा यहाँ के मुखिया हैं। यह तो तुम जानते ही हो कि बात बिगाड़ने में और हाथ उठाने में उनसे अव्वल यहाँ दूसरा कोई नहीं है। वे पंच भी हैं। उनका पंच होने और राजगद्दी का उत्तराधिकारी होने में कोई अन्तर नहीं होता।

हालांकि वे भी यहाँ के नहीं हैं। उनका परिवार पक्की मूठ ड़ालता-डालता किन्हीं

कारणों से, रुठ राठ कर यहाँ चला आया। वह मूठ में मंत्र पढ़कर उड़द और कामण के पुतले बनाया करता था। फिर उसके घर में माता के भाव आने ऐसे शुरू हुए कि सबने एक राय बनाकर पहले उसे पंच बनाया, फिर मुखिया। उसने ही यहाँ अनिष्टकारी वीरों की जमात खड़ी की। इससे बना लिया बिन परकोटे के स्थायी और कभी न टूटने वाला परकोटा।"

"यह सब क्या है, बदली?"

"यह है, परदेशी, बिन तलवार-भाले और बिन कुल्हाड़ी-फरसे से तमाम काम कर देने के कारनामे, जिनकी न कहीं सुनवाई हो सकती है और न कहीं से रोक थाम।"

इस बार गोविन्द गिरि चमका। उसका सिर चकराने लगा। अभी तक उसने यह सब उड़ती हुई खबर सी सुनी थी।

बदली बताने लगी, "इस विधि से जैसे चाहो, दूसरे को कष्ट दिए जा सकते हैं।"

"क्या मतलब, बदली?"

"मतलब यह है कि यदि किसी की देह में ज़ोर की कँपकँपी उठानी हो तो धूजण्या वीर की सहायता ली जाती है और वह मन्तर-सन्तर तथा न जाने और क्या-क्या करता-धरता है कि दूर बैठा व्यक्ति धूजणी (कँपकँपी) की गिरफ्त में आ जाता है। यदि किसी व्यक्ति को बराबर देह को जलती रहने के आभास से जोड़कर मारना हो तो...।" कहते कहते बदली रुक गयी।

"तो?" गोविन्द गिरि ने दोहराया।

"जलन्या वीर वहाँ काम आता है।...और आँखों में फूला देने वाले कष्ट को देना हो तो...।"

"फूल्या वीर...।" गोविन्द ने सहज ढंग से कह दिया। "उसने सुबह से भोजन नहीं किया था और अब दोपहर तीसरे पहर को अपना दायित्व सौंप रही थी। उसके पेट में चूहे दौड़ रहे थे। लेकिन बदली से सुनी कहानियों से वह अन्दर ही अन्दर यह सोचकर घबरा गया था कि बदली का मामा तो एकदम निष्ठुर और क्रूर होगा। वह कदापि इस रिश्ते को पसन्द नहीं करेगा। उलटे कुछ का कुछ करवा देगा।"

तब गोविन्द गिरि किशोर वय को लाँघने की तैयारी कर रहा था। उसके मन में युवावस्था का पहला फूल खिल रहा था।

"किस सोच में पड़ गए?"

"किसी नहीं।"

"फिर आगे बढ़ें।"

"कहाँ।"

"अपने मामा के यहाँ।"

"वहाँ...।" कहकर गोविन्द गिरि चुप हो गया और बदली की ओर देखने लगा।

"तुम्हारे मामा के यहाँ।"

"और मैं यहाँ किसी को नहीं जानती हूँ।...कहीं...।" कहकर वह चुप हो गयी।

"मैं यहाँ रुकने के लिए क्या कहूँगी?"

"वह तो आपको ही बताना पड़ेगा। ध्यान रहे, कारण ठोस हो। म्हारे मामा अन्दर की बात उगलवाने में माहिर हैं। झूठ पकड़ी गयी तो समझ लो खैर नहीं। वह तुम जानो।"

"मैंने बताया नहीं है कि किसी भी सूरत में उनसे कोई झूठ नहीं बोल सकता।"

"फिर तो...।"

"मैं यहाँ जंगल में रह सकता हूँ।"

"जंगली जानवर...पिशाच-पिशाची...और-और...।" बदली ने धीरे से कहा।

"अच्छे और नेक इनसान का कोई भी बुरा नहीं कर सकता।"

"फिर मेरे मामा का घर क्या बुरा है। अपने आप पर इतना भरोसा हो तो डरना क्या और क्यों?" बदली तेजी से बोल गयी।

"मैं डरता हूँ तो...।"

"तो किससे?"

"झूठ से।...मैं झूठ नहीं बोल सकता। और यदि तुम्हें मेरे सत्य का इम्तहान ही लेना हो तो चलो, मैं चलता हूँ।" इतना कहकर गोविन्द गिरि ने पाँव आगे बढ़ा दिए।

"क्या बोलोगे?"

"जो सच है।"

"सच क्या है?"

"कि मैं तुमसे प्यार करता हूँ।"

"पर मैं...।"

"वह तुम जानो। कह देना कि मैं इस पगले से घृणा करती हूँ।"

"इसका मतलब होगा कि तुम्हारे मेरे बीच बहुत दिनों से दाल पक रही है। नहीं-नहीं...यह मैं नहीं कह सकती।"

तो जो तुम्हारे जी में आए वो तुम कह देना। सच परिणाम की चिन्ता नहीं करता। गोविन्द गिरि में धीरे से कहा।

"क्यों?"

"क्योंकि जो परिणाम की चिन्ता करते हैं, वे डरते हैं और डरने वाला सच नहीं बोल सकता।"

"तुम किसी से भी नहीं डरते।"

"तुम्हें छोड़कर।"

"क्या मतलब?"

"तुम मेरा पहला और अंतिम प्यार हो। मैं तुम्हारे लिए कुछ भी कर सकता हूँ।"

"झूठ भी बोल सकते हो क्या?"

"प्यार कभी झूठ नहीं बोलता और न किसी से झूठ बुलवाता है।"

"तुमसे मैं बातों में नहीं जीत सकती, जबकि चपड़-चपड़ करने में शायद मेरा जैसा कोई दूसरा नहीं है।" बदली मुस्करा जाती।

"अब कहो, क्या फैसला किया?"

"किसका?"

"मेरा?"

"तुम्हारा।"

"हाँ, मेरा, बदली।"

"मुझे बड़ी ज़ोर से भूख लगी है।"

"मुझे भी।" अचानक गोविन्द गिरि के मुँह से निकल गया।

"तब, तो तुम्हें मेरे मामा की ही शरण में चलना होगा।"

"चलो।"

"पर ख़्याल रहे...?"

"क्या?"

"यही कि चुप रहोगे।"

"नाम गाँव पूछे तो भी।"

"नहीं, पर जहाँ तुम्हारा सत्य आपे से बाहर होने लगे वहाँ। नहीं तो बना बनाया काम बिगड़ जाएगा।"

"कौन सा बना बनाया काम?"

"तुम्हें टिकाने का...।"

"वरना।"

"माथा पच्ची तुम भी खूब कर लेते हो।" बदली ने तनिक परेशान होकर कहा।

"बरग़लाने में तुम्हारा जवाब नहीं है।" गोविन्द गिरि सहज ढंग से कह जाता।

"मैंने तुम्हें क्या बरग़लाया?"

"कुछ नहीं"

"तो फिर यह तोहमत क्यों?"

"तुम क्या चाहती हो?"

"बिखरों मत। अभी तक तो तुम ही अपनी चाहत का बखान करते रहे हो।"

"मैं मानता हूँ।"

"तो अब चुपचाप चलते चलो नाक की सीध में।" बदली इतना कहकर आगे बढ़ जाती। गोविन्द गिरि उसके पीछे-पीछे चलने लगता। वह रुककर कहती, "साथ चलने में डर लगता है क्या?"

"नहीं।...गोविन्द गिरि बदली के साथ-साथ चलने लगा। प्यार कितना पगला बना देता है।" कुछ होश ही नहीं रहता।

गोविन्द गिरि यादों के झरोखों में खोये जा रहा था कि भागता-भागता कूरीया आ गया।

"क्या बात है, कूरीया?"

"थे चलो, गुरुजी।"

"कहाँ?"

"यहाँ एक औरत के साँप ने काट खाया है।"

"तो?"

"उसका जहर उतारा जा रहा है।"

"कैसे?"

"ये बातें रास्ते में हो लेंगी, पहले चलो।"

गोविन्द गिरि कूरीया के साथ चल पड़ता है। वह सोचता चलता है कि कितनी बार इन्हें समझाया मंत्र-तंत्रों के चक्कर में मत पड़ो, परन्तु कोई मानने के लिए तैयार ही नहीं। जब कुएँ में ही भाँग पड़ी हो तब...। गोविन्द गिरि कहने लगा, "कूरीया, म्हा तो पद यात्रा करता-करता थक गया पर इन लोगों की यह समझ में नहीं आया कि सर्पदंश का इलाज मंत्र-तंत्र से नहीं हो सकता।"

"पर कई जन तो मंत्र-तंत्र से बच जाते देखे गए हैं।" कूरीया कहता होता, "आज मुखिया ने खुद तुम्हारे को बुलाने भेजा है ताकि थे मंत्र तंत्र के परभाव को जान सको।"

"जाना है रे, कूरीया।...इन्हीं ढकोसलों के कारण हमारा समाज उठ नहीं पा रहा है।"

"यदि वह औरत बच गयी तब?"

"तब क्या, कूरीया। उसकी वजह है कि हर साँप जहरीला नहीं होता। पर किस-किस कूँ समझाऊँ! कौन समझे? सब लीक के फकीर हैं। बाबा आदम के अज्ञान ध्यान को ढोए चले आ रहे हैं।"

कूरीया चुप बना रहा।

"यदि वह औरत बच गयी तो निश्चित ही जहरीला साँप नहीं होगा।"

वह वहाँ पहुँच गया, जहाँ मृतप्राय औरत को लेटाया हुआ था। काफ़ी भीड़ थी। लोग बाग घर बाहर के सारे काम छोड़-छोड़कर वहाँ इकट्ठे होते जा रहे थे।

"आओ, गुरुजी, यहाँ बैठो। अपनी आँख से देखो—जादू मंतर-तंतर।"

गोविन्द गिरि शान्त भाव से बैठ जाता। वह देखता होता कि सर्प दंश से पीड़ित औरत को कुछ आदमी एक पेड़ से बाँधकर खड़ा कर चुके हैं। उसके पास का स्थान गोबर से लीप दिया गया है। एक औरत ने वहाँ कुंभ कलश रखा है। साँप का जहर उतारने वाला सामने खड़ा है। नीम की टहनी से बार-बार कुछ कर रहा है। वह एक जोर की आवाज़ करता है और ताली बजाता है।

"ठहरो!" लाल फेंटा कन्धे पर डाले, बिना पगरखी (जूता) पहने एक दूसरा व्यक्ति वहाँ आ खड़ा होता है। उसके साथ एक और व्यक्ति है। उस व्यक्ति के हाथ में झाडू है।

"क्या बात है?"

तभी मुखिया उठकर उधर जा पहुँचता है। पहला व्यक्ति कहता है, "म्हारे कूँ गुरु गोरखनाथ की आन है कि जहाँ भी सुनो कि किसी जन को साँप ने काटा है, वहाँ पहुँचो और पीड़ित जन को साँप के जहर से मुक्ति दिलाओ। उसे भला चंगा करो।"

"म्हारे को भी यही आन है। मैं तो इसी गाँव का हूँ। हमारे बाप-दादा, पड़दादा, पड़दादा के दादा तब से यह काम करते आ रहे हैं, जब ये गाँव बसा भी नहीं था। कायदे से इस बच्चर को हमारे थान पर लाना था।"

"लाते तो अवश्य महाराज परन्तु जे गुरु गोरखनाथ के चेले इधर आ गए।... इनका भी काफी नाम है। म्हारे पंच इनसे परिचित हैं। वे इनका कमाल देख चुके हैं कि मुरदे को लाए और उसे जीवित दौड़ाता हुआ ले गए।...क्यों पंचजी आगे थे कहो।"

"जे सच है, महाराज। मैंने अपनी आँखों से देखा है।"

"म्हारा सच क्या झूठा है। जा गाँव की कब से सेवा कर रहा हूँ। कितनों की जिंदगी बचायी है।"

"एकदम सच महाराज, एकदम सच। पर अब?" मुखिया आगे नहीं बोल सका।

"जा दिन के लिए तो जा गाँव में पड़ा हूँ वरना म्हारे लिए अन्य गाँव की क्या कमी है!"

"थे नाराज न हों, महाराज।"

"पुरखों के मान-सम्मान का प्रश्न है। वे देखते होंगे। उन्होंने शाप दे डाला तो म्हारे पास उसका कोई उपाय नहीं है—उसका कोई तोड़ नहीं है।...फिर थे जानो, थारा गाँव जाने।"

पंच और मुखिया चक्कर में पड़ गए कि अब करें तो क्या करें? बात तो गाँव के जीने-मरने की है। गोरखनाथ के चेले का क्या...आज यहाँ तो कल वहाँ। फिर...।

"किस सोच विचार में पड़ गए, मुखिया जी, पंच जी। जे बाबा तो हवा-पानी है। किसी के रोके-टोके से क्या हवा-पानी रुका है! रही शाध देने और उससे मुक्ति दिलाने की बात तो जे बाबा वचन देता है कि जा गाँव का बाल बाँका नहीं होगा।"

"ए, गुरु गोरखनाथ के चेले, थारा क्या! तू जे गया या वह। गाँव को एक नहीं हजारों-हजार हारी-बीमारी है। ये रोजमर्रा की बातें हैं। उनका क्या होगा?"

"जे गाँव चाहेगा तो मैं...।"

"आगे एक लब्ज नहीं। तू क्यों बाबा गोरखनाथ की शान में बट्टा लगाने पर उतारु है।...वो बहुत बड़े बाबा हुए हैं। आज भी उनके नाम की तूती बोलती है।...थे

जरा से लालच में अपने बाबा की मान-शान की बखिया उधेड़ने पर क्यों उतारु है। जा अपना काम कर, किसी और जगह अपना जादू मंतर दिखा।...क्यों गाँव वालों, थारे क्या विचार हैं।...मैं जाऊँ या वो।"

अब मुखिया और पंच की अक्ल के बारह बज गए। गाँव वालों की श्रद्धा भक्ति तो अपने महाराज पर है। मुखिया और पंच दोनों एकमत हो जाएँ तो वे जो चाहें निर्णय कर सकते हैं। सारा गाँव चाहे एक तरफ हो जाए तो भी वह उनका कुछ नहीं बिगाड़ सकता। उनका गाँव वाले कोई चुनाव तो करते नहीं हैं। वे तो परम्परा से चले आ रहे हैं। उन्हें कोई हटा भी नहीं सकता। वे पद उनकी पैतृक सम्पदा हैं।

मुखिया और पंच गोविन्द गिरि के पास आए और कहने लगे, "गुरुजी, आप इस समस्या का निबटारा कीजिए।"

"कितना समय व्यर्थ की समस्या खड़ी करके खो दिया। यदि आप में किसी के परिवार का सदस्य जिंदगी और मौत से इस तरह जूझ रहा होता तो आप क्या करते? ...उस औरत का पति कौन है?"

"वह सामने खड़ा है।"

"तुम बताओ, भाई, इनमें से किससे अपनी पत्नी का इलाज करवाना चाहते हो? तुरन्त बोलो।"

"पहले वाले से...।"

"बाबा गोरखनाथ के शिष्य तुम उस औरत का इलाज शुरू कर दो।"

वह चला गया, तब गोविन्द गिरि ने उस आदमी से पूछा जो उस औरत का पति था, "अब आगे बताओ, तुम क्या कहना चाह रहे हो?"

"गुरुजी, हमने अपने यहाँ के बाबा के पास अपना आदमी भेजा था, परन्तु आप उसके साथ नहीं आए। कहा, तुम पहुँचो मैं आता हूँ।...और आए तो इतनी देर से कि मैं अपनी औरत को यहाँ, जहाँ गोरखनाथ बाबा ने कहा था, ले आया।..."

"आगे कुछ नहीं, अब तुम जा सकते हो।" वह चलने लगा तो उसके साथ उस गाँव का बाबा भी चलने को हुआ। गोविन्द गिरि ने कहा, "आप रुकें...क्या नाम है...।" कोई बता देता है कि बाबा जातरी।"

बाबा जातरी रुक जाता है। गोविन्द गिरि कहता है, "बाबा जातरी, आप नाराज न होएँ, परदेशी घुमक्कड़ बाबा इलाज कर रहा है। आप, सम्भव हो तो उसकी सहायता करें। व्यक्ति के सीखने और जानने की उम्र कभी खतम नहीं होती। आप भी देखें। हो सकता है कि कुछ मिल जाए। न भी मिले तो, वह घुमक्कड़ बाबा है, बाबा गोरखनाथ की परम्परा से है। वह जहाँ भी जाएगा, वहाँ अपने गाँव की प्रशंसा करते नहीं अघाएगा। वह अतिथि है—अतिथि अपने यहाँ देवता के समान होता है। जाओ और उसका सहयोग करो।"

जातरी चला गया। उसे देखने लगा।

समय बीता परन्तु वह औरत होश में नहीं आयी। वह बाबा एक बार नहीं, अनेक बार मंत्र पढ़ता रहा–

कारो हांथ (हाथ) गोरो हांथ रोतो हांथ,
उतरे तो उतरूँ
नीं उतरे तो मारूँ
करूँ गुरु गोरखनाथनी दुबाई लगाडूं
मारूँ मंतर
जाप करूं धरिणी माता रा
सांद (चांद) हूरज ने
धोक लगाडूं।[1]

कुछ नहीं हो पा रहा था। उसने फिर से ही उस महिला की ओर ध्यान से देखा और फिर वही, मंत्र पढ़ा।...वह पसीने-पसीने हो गया परन्तु उसका कोई असर नज़र नहीं आया।

सब हैरान-से देख रहे थे।

"क्या कहते हो, गोरखनाथ बाबा के सर्प झाड़ा बाबा!" जातरी ने धीरे से कहा।

"अब तुम भी कोशिश कर देखो, भाई।" कहकर वह दूर हट गया।

जातरी बाबा आगे आया। सर्प दंश के स्थान पर मंत्र पढ़कर पानी के छींटे मारे। फिर वह नीचे बैठ गया और मुँह से सर्प का विष चूसकर थूकने लगा। चूसता रहा।

फिर जातरी बाबा को भी चक्कर आने लगे। उसने उस औरत के चारों ओर घूमकर मंत्र पढ़े। पानी के छींटे मारे। काफी देर तक यह क्रम चलता रहा।

गोविन्द गिरि चुपचाप देखता रहा।

आखिर जातरी बाबा ने हाथ खड़े कर दिए और कहा, "देर कर दी।"

उस औरत को पेड़ से खोला गया। उसका परिवार उसे उठा ले गया।

गोविन्द गिरि ने उन दोनों से प्रश्न किए, "क्या हर साँप जहरीला होता है?"

"नहीं।" दोनों ने एक साथ कहा।

"क्या वास्तव में जहरीले साँप के काटे से मनुष्य को बचाया जा सकता है?"

"यदि समय पर पीड़ित व्यक्ति को बाबाजी के थान पर ले जाया जाए।" जातरी ने कहा।

"क्या वास्तव में आपने जो मंत्र पढ़ा, उससे सर्प दंश से पीड़ित को बचाया जा सकता है या जिनको बचाया जा सका, वे ऐसे साँप थे जिनके काटने से जहर नहीं चढ़ता। केवल वह पीड़ित व्यक्ति भय से बेहोश हो जाता है और मंत्र-तंत्र से उस

---

1. यानी काला सर्प, गोरा सर्प, लाल सर्प का विष उतरे तो उतारूँ। न उतरे तो सर्प को मारुँ। गुरु गोरखनाथ की दुहाई करूँ, धरती माता का जाप करूँ। मंत्र मारुँ। चाँद-सूर्य को नमन करूँ।

व्यक्ति में धीरे-धीरे विश्वास लौटता है और होश में आ जाता है। जो कुछ कहो वह ईश्वर को साक्षी मानकर कहना। कहीं उसे अपनी प्रतिष्ठा से मत जोड़ लेना। वास्तव में हमें आम जन को वास्तविकता से परिचय करवाना है।" गोविन्द गिरि ने उनके सामने एक नयी परिस्थिति पैदा कर दी। वह जानता था कि सत्य बोलने और स्वीकार करने के लिए साहस चाहिए।

दोनों चुप। कुछ क्षण वे एक दूसरे की ओर देखते रहे। वे संकट में पड़ गए। जातरी के लिए तो वही मान-सम्मान और रोटी से जुड़ा प्रश्न था। वह, उसकी पैठ उठ जाए, ऐसा कोई काम नहीं कर सकता था। गोविन्द गिरि का क्या! वह आज यहाँ और कल वहाँ! उसके अनुसार दुनिया चलने लगे तो चल ली दुनिया। दुनिया तो सच झूठ से चल रही है और चलती रहेगी। जातरी ने कहा, "मंत्र में बहुत बड़ी शक्ति है। फिर मैं तो सर्प का विष चूसकर व्यक्ति के शरीर से निकालकर थूकता हूँ। मंत्र से शरीर में फैले जहर को एक जगह एकत्र कर चूसता और थूकता जाता हूँ। मंत्र के बिना व्यक्ति के शरीर मे फैला जहर एक जगह नहीं रुकता।...यह सब लम्बी साधना का परिणाम है—कठोर साधना का।"

अब गोरखनाथ बाबा के चेले की बारी थी। उसमें मन्थन चल रहा था। उसे क्या वहाँ टिकना था! वह चाह रहा था कि जातरी का प्रभाव जाता रहे। वह कहने लगा, "सच तो यही है कि जादू मन्तर के लिए हमने कठोर साधना की थी और आज तक कर रहा हूँ, वह भी जनता के हित के लिए। परन्तु यह भी सच है कि विषैले साँप के जहर को व्यक्ति के शरीर से निकालना शायद सम्भव नहीं है। काले विषैले सर्प से व्यक्ति तब बच जाता है जब उस सर्प ने अपना जहर पहले कहीं और दे मारा हो। वह पत्थर पर अपना फन पटकता है। उसका जहर पहले उस पत्थर पर निकल जाता है।"

"तो आप मानते हैं कि जहरीले सर्प के दंश के जहर को व्यक्ति के शरीर से निकालना मंत्र के वश में नहीं है।"

"हाँ, कुछ तो है ही।...हमारे गुरु महाराज ने हमें बताया था कि कुछ जड़ी बूटियाँ ऐसी हैं जिनसे इसके भयानक विष से बचाया जा सकता है।"

सब सुन रहे थे।

गोविन्द गिरि ने मुखिया, पंच और वहाँ खड़े व्यक्तियों की ओर देखा। सब मौन बने चित्रलिखित से खड़े थे। इस सत्य को जानकर उनमें उथल पुथल चलने लगा था कि मंत्र-तंत्र शक्तियाँ भी प्रश्न के घेरे में हैं।

जैसे ही गोविन्द गिरि उठा सब उठे। वे अब आपस में बात नहीं कर रहे थे। वे धीरे-धीरे अपनी दिशा में आगे बढ़ रहे थे।

गोविन्द गिरि का मन उचाट होने लगा था। उसे रह-रहकर अपनी पत्नी का ख़याल आ रहा था। उसने पहली बार उससे कहा था, "मुझे भी साथ ले जाया करो।"

"तुम वहाँ क्या करोगी।"

"बहुत कुछ वही जो आप कर रहे हो।"

"तनिक थम जा। पहले थे जा गाँव को रास्ते पर लाने का प्रयास कर। थे थोड़ा बहुत पढ़ी-लिखी है। थे यहाँ लड़कियों और औरतों को पढ़ाया कर।"

"ये काम मैं आपके साथ रहकर भी कर सकती हूँ।"

"तभी तो कहता हूँ कि थोड़ा थे यहाँ अभ्यास कर ले। जान ले। अनुभव ले ले ताकि तुझे आगे काम करने में दिक्कत न हो। फिर थे मेरे साथ चलना और उन औरतों को प्रशिक्षित करना जो थोड़ा-बहुत पढ़ना-लिखना जान गयी हैं।"

"थे पढ़ाई-लिखाई पर इतना ज़ोर क्यों दे रहे हो?"

"यही एकमात्र रास्ता है जिससे व्यक्ति अन्धकार से प्रकाश की ओर बढ़ सकता है बशर्ते वह समाज को उन्नत बनाने के लिए तत्पर हो।"

"परन्तु...।" कहकर वह चुप हो जाती और गोविन्द गिरि उसके साथ-साथ हो लेते। उसमें अपने पहले प्यार की खुशबू महकने लगती। वह अपने स्वर्णिम अतीत की डगर पर चल पड़ता।

"अरे तू, बदली, सुबह से कहाँ थी?"

"कहीं नहीं...यहीं थी–माता के देवरे पर।"

"बताकर तो जाती।" कहकर उनका ध्यान उस युवा पर गया जो उसके साथ बगल में खड़ा था।

"गोविन्द, चरण छुओ। वे म्हारे मामा हैं–इस गाँव के मालिक।"

गोविन्द गिरि हिचकिचाने लगता। वह कैसे पाँव स्पर्श करे।

"गोविन्द हमारे पास के गाँव का है, मामाजी! बड़ा खुद्दार है और परसेवी भी। चलो, गोविन्द...।" बदली ने इशारे से उसे पैर छूने के लिए कहा।

गोविन्द गिरि जैसे ही उसके मामा के चरणों की ओर झुकने लगा वैसे ही वह चमककर कहने लगे, "बेटे अच्छा हुआ जो तुम्हें बदली यहाँ ले आयी।...आजकल यहाँ भीड़ ज्यादा है। दूर-दूर से भगत आए चले जा रहे हैं।...तुम यहाँ जितने दिन चाहो ठहरो।"

"जी...।" कहकर गोविन्द गिरि चुप रह जाता।

"बदली, तू गोविन्द को घर ले जा। मैं आकर सारी व्यवस्था कर दूँगा।...तूने भी अभी तक खाना नहीं खाया। तेरी मामी चिंतित हो रही है।...जाओ, गोविन्द।"

गोविन्द गिरि आश्चर्यचकित होता हुआ उसके साथ चल दिया। उसके मामा तो...। बदली ने तो अपने मामा को तो कितना खतरना और निर्मम इनसान बताया था। वह सब क्यों? उसने कनखियों से बदली की ओर देखा और पाया कि वह, अपने में मस्त और डूबी हुई शान से चली जा रही है। उसके गोरे, लावण्ययुक्त गुलाबी चेहरे पर तनिक सी भी चिन्ता की रेखा नहीं है। उसके लिए जैसे मामा का सामना पड़ना और उनसे हुई बातचीत का कोई अर्थ नहीं था। कहीं उसके कई मामा न हों। उसने जिस मामा का जिक्र किया हो, वह कोई दूसरा मामा हो। परन्तु...।

"गोविन्द, मामा का घर आ रहा है।" बदली का स्वर सचेत करता हुआ था।

गोविन्द कुछ नहीं बोला।

बदली ने पुनः कहा, "बस, यों ही गूँगे बने रहना। चपड़चपड़ और खुसामद मामी को कतई पसन्द नहीं है। वह थोड़ी सनकी और शक्की खयालात की हैं। तुनुक मिजाज भी हैं और कम सुनती हैं। फिर भी वह तेज़ बोलना पसन्द नहीं करती।...। समझ रहे हो, गोविन्द।"

"जी, बदली जी।"

"मुझे भी चापलूस आदमी पसन्द नहीं है।" बदली की आँखों में सुरुर मचल रहा था और उसके एकदम सुर्ख कपोलों पर तरुणाई की मादकता सुरभि सी महक रही थी। उसकी मस्तानी चाल में साक्षात् सुरांगना की छवि उतर आयी थी।

"यह चापलूसी क्या होती है, बदली?" गोविन्द गिरि ने साहस दिखलाया।

"तुमने कभी सुहेल को शान्त और स्वच्छ आकाश में देखा है।"

"यह सुहेल क्या होता है?"

बदली खिलखिला पड़ी और अपनी सुलोचनी छवि को तनिक त्रियक कर तनिक धीरे से ऐसे बोली मानों कोई अत्यंत गोपनीय बात हो, जिसे कोई अन्य न सुन पाए। वह बोली, "म्हारे मामा, ज्योतिषी भी हैं। मरों की धन सम्पदा पता करने में भी माहिर हैं। वह हर व्यक्ति के आगे-पीछे की अन्तर्कथा को ऐसे पढ़ लेते हैं जैसे कोई लिखे कागज को भी नहीं बाँच सके।...सुहेल यानी वह तारा जिसे आज तक किसी ने आसमान में नहीं देखा, उसे मेरे मामा ने देखा है। कुछ समझे।"

"नहीं।"

"क्या कहा! एक बार फिर से तो कहना।" उसकी आँखों में बिजली सी कौंध गयी।

"नहीं, बदली, हम अपना कण्ठ छूकर कहते हैं। हमने आज तक कोई चमत्कार होता ही नहीं देखा, जैसा आज देख रहे हैं। और ताज्जुब तो यह है कि हम देख रहे हैं और बहुत कुछ अनुभव भी कर रहे हैं। फिर भी न हम देख पा रहे हैं और न सुन पा रहे हैं।" गोविन्द गिरि में उसका बलखाता अप्रतिम सौंदर्य समाता जा रहा था। उसने इससे पहले ऐसी कोई, चंचल रूप की रानी, स्वप्न परी और निर्दोष सौंदर्य की

मलिका को नहीं देखा था।

बदली तनिक रुकी। उसने गोविन्द गिरि को बंकिम नयनों से देखा। उसका साँचे में ढला बदन तनिक टूटने सा लगा। वह बोली, "ये तुम क्या बेसिर पैर की बातें कर उठे हो। क्या तुम्हारे खानदान में...मेरा मतलब है...फिर भी...मतलब तो मतलब है। चाहे वह छोटा मतलब हो या बड़ा। जैसे सुहेल का।...तुमने उसे नहीं देखा। हमने भी नही देखा, पर हमारे मामा ने देखा। वह सब तारों से तेज चमकता है। वह तारों में सबसे बड़ा है। वह हमारे सबसे नज़दीक़ है। फिर भी बहुत दूर है।"

"बदली, ये तू किससे बतिया रही है। जब देखो तब तुझे पागलपन का दौरा पड़ने लगता है। तनिक अपने को सँभाल।"

गोविन्द गिरि ने देखा कि उसके आसपास कोई नहीं था। फिर...?

"चुप कर।"

तभी सामने से उसकी उम्र की एक लड़की आ गयी। शायद वह पास वाले मकान से निकली थी। वह पूछने लगी, "ये आज फिर किसी लबड़ धोंधों को पकड़ लायी। कौन है ये लबलहका सूधो पर लाबाड़िया।"

"चुप भी कर। तुझसे किसने कहा कि तू उसकी जन्मपत्री बाँच।"

"का नाम है जा लल्लू का?"

"गोविन्द।"

"वह क्या गूँगा है?"

"तुझे कैसे मालूम।"

"क्या सचमुच तू आज किसी गूँगे को पकड़ लायी है?...साक्षात लवारा। थारा ललचौहाँ मन किसी शीरमाँल से कम थोड़ी है।"

"थे जा, अपना काम कर। मुझे कतर-कतर करने वालों से सख्त परहेज है।"

वह मुस्कराती चली गयी।

"बदली, तुमने तो थोड़ी देर पहले कहा था कि मामा का घर आ गया है। लेकिन...।"

"लेकिन क्या हमने झूठ कहा था?"

"नहीं हमारा मतलब यह नहीं है।"

"तो थारा मतलब क्या है?"

"बस यों ही याद दिलाना।"

"तो यह याद पहले क्यों नहीं दिलायी।"

गोविन्द गिरि चमककर चुप रह गया। उसकी भूख रफू चक्कर हो गयी और उसके दिमाग में रहँटा की ध्वनि गूँजने लगी। वह धीरे से पीछे हट गया।

"अब दिलायी तो...?"

"कुछ हो गया क्या?"

"कुछ नहीं बहुत कुछ। म्हारे पेट में चूहे कबड्डी खेलने लगे हैं और थारे...?"

"म्हारे पेट में बिल्ली का प्रवेश हो गया है।"

"थे बिल्ली और लोमड़ी में भेद कर सकते हो क्या?..." उसे चुप पाकर बदली ने कहा, "जा गाँव में बिल्ली नहीं, लोमड़ी जरूर रहती है।...कभी तुमने लोयांजन लगाया है क्या?"

"ये क्या होता है?"

"थे यह भी नहीं जानते क्या?"

"नहीं।"

"म्हारा मामा लगाते हैं।"

"तो?"

"तो क्या...यदि अपने साथ चलते होते तो आनन-फानन में गायब हो जाते।"

"हैं।"

"हैं क्या! सचमुच। फिर वह गायब होकर हमें देख रहे होते।"

"तब क्या?"

"बच्चू को नानी-दादी याद आने लगती।...बच्चू के गाल लाल हो उठते।"

"वो क्यों?"

"अरे बिना गिने वे ताबड़तोड़ तमाचे पड़ेंगे कि भागते नजर आओगे। समझे कि नहीं।"

"पर क्यों?"

"तुम मारने वाले को देख नहीं सकते।"

"फिर?"

"म्हारा सिर।...तुम्हें तो सिर चाटने की बुरी लत है। क्या तुम्हारे खानदान में... बुरा नहीं मानना...खानदान तो खानदान ठहरा। वा में किसी की क्या दखलन्दाजी।... है न।"

"हम लौट रहे हैं।" गोविन्द गिरि ने घबराकर कहा। सुन्दर होना अलग बात है, लेकिन कोई जरूरी नहीं है कि वा में सुन्दर दिमाग भी हो। भगवान भी क्या-क्या करता है। एक तरफ सुन्दरता और दूसरी ओर दिमाग़ की कंगाली। उसे अब और समय जाया नहीं करना चाहिए।

"तो इसमें ताज्जुब की क्या बात है, जब आगे आ गए हैं और घर पीछे रह गया है तो लौटने के अलावा दूसरा चारा क्या है!"

"हाँ, वो तो ठीक है। पर...।"

"आओ, अन्दर आओ। मामा का यही घर है।" फिर वह कुछ तेज़ आवाज़ में बोली, "माडमी, देख तो कौन आया है?"

अन्दर से कोई उत्तर नहीं आता। बदली कहती, "थे यहाँ बैठो, मैं अभी आती

हूँ।”

वह वहाँ कहाँ बैठे? वहाँ बैठने के लिए कुछ था ही नहीं। वहाँ खड़ा रहा।

“सुबह की गयी तू अब लौटी है। न खाने की सुध और न अपने मामा-मामी की।...पगली, थारी माँ तुझे, मुझे सौंप कर गयी थी। कहती गयी थी, “अब थे ही जा का सब कुछ हो।...जे फूल सी है, प्यार से पाली है।...अब भगवान की मरजी, वरेकण माता की मरजी है।...” कहती-कहती वह चल बसी थी। थारे मामा तुझे यहाँ ले आए।...अपना भी कौन है? तू आ गयी तो जी सोरा होने लगा।...तू बिना माँ की लड़की नहीं है। मैं तेरी मामी नहीं माँ भी हूँ।” उसकी मामी का स्वर द्रवीभूत होने लगा था।

बदली अपने में नहीं रही। उसके पिता ने उसकी माँ के स्वर्ग सिधार जाने पर अपनी दूसरी पत्नी के साथ झोंपड़ें में रहने लगा। वह उसे बेचना चाहता था। उसकी कीमत भी अच्छी मिलने की सम्भावना बन रही थी। उसे जैसे ही यह भनक लगी कि उसकी सौतेली माँ और उसके पिता ने एक जगह उसका रिश्ता तै करने की ठान ली है। वह दो पत्नियाँ पहले से ही रखे था। तब वह भागकर अपने मामा के घर आ गयी और सारी बातें मालूम पड़ने पर मामा ने उसे अपने पास रख लिया। पंचायत ने भी उसके पक्ष में फैसला सुना दिया। उसका मामा दमखम वाला था और टके पैसे में भी अपने समाज में सबसे आगे था। उसका रोब रुआब भी जबर्दस्त था। इस कारण उसका पिता हाथ पाँव नहीं फेंक सका। फेंकता भी कैसे उसने उसके पिता को पंचायत के सामने खासी रकम दे दी थी।

बदली के मन में यह भय बैठ गया था कि पति अच्छे नहीं होते क्योंकि उसने अपने पिता को अपनी माँ की ठुकाई करते हुए देखा था बेदर्दी से। अपने आस-पास भी उसने अनेक दर्दीले दृश्य देखे सुने थे। पर शादी नहीं करेगी तो रहेगी कैसे? उसके मामा-मामी भी काफी उम्र के हो चले हैं। यह बात उसकी मामी उसे खूब समझाती रहती थी। वह भी समझ चुकी थी कि शादी करे बिना उसकी गुजर नहीं है। मामी ने समझाते हुए कहा था, “बदली बेटी, मैं और तेरे मामा, अपने सामने तेरे पीले हाथ करना चाहते हैं। इसे तू यों मत समझ लेना कि हम तुझ से उकता गए हैं, तुझे बोझ समझते हैं। कतई नहीं। तेरी माँ को मरते समय हमने जो वचन दिया था, उसे निभाना चाहते हैं।”

बदली छुईमुई सी खड़ी सुनती यह भूल गयी कि बाहर वह गोविन्द को खड़ा रहने-बैठने की कहकर अन्दर आयी है। उसे ठीक से कुछ याद नहीं है कि वह उसे अपने साथ यहाँ तक क्यों लायी है?

उसे रह-रहकर यह याद आ रहा है कि उसकी मामी ने उससे कहा था, “बदली बेटी, तेरे मामा ने कहा है कि हम अपनी बहिन की निशानी को भरपूर सुभीता देंगे, स्वतंत्रता देंगे। तू जिसको पसन्द करेगी, तेरी शादी उसी से करेंगे। शादी का एवज में

वर पक्ष से कुछ नहीं लेंगे, उलटे देंगे परन्तु जो भी देंगे, वह तेरे नाम से।...तू जरा सा भी संकोच मत करना। अपनी पसन्द हमें बतला देना।...अवश्य बदला देना। तेरी माँ के साथ ज्यादती हुई थी। उसका उन्हें हमेशा दुःख रहा।"

"चल अब खाना खा ले।"

"माँ मेरे साथ गोविन्द गिरि आया है।"

"कौन गोविन्द गिरि?"

"तू खुद देख ले, मामी।...मैं तो एक बार उसे बाहर छोड़कर अन्दर ऐसी आयी कि भूल ही गयी कि मैं अपने साथ किसी को लायी हूँ। पता नहीं वह वहाँ होगा भी या नहीं।"

"क्यों नही होगा? जरूर होगा।"

"न मामी, मैंने उसे बहुत परेशान किया था। उसके साथ पागलों-सा व्यवहार किया था।"

"तू जा उसे बुला ला।"

"तू मामी उसे बुला ले। मुझे अपने किए पर पछतावा हो रहा है।"

"वह तुझे क्या पसन्द आ गया है?"

"पता नहीं।"

"और उसे...।"

"अब नहीं कह सकती कि उसने मेरे बारे में क्या धारणा बनायी है।"

"तूने ऐसा क्यों किया, बदली?"

"यह जानने के लिए कि क्या ऐसी लड़की का वह साथ निभाने का निर्णय ले सकता है? वह कितना सच्चा है?"

"तू यहीं रह, मैं जाती हूँ।" कहकर मामी बाहर चली गयी।

गोविन्द गिरि लौट रहा था कि उसने अन्दर चल रही वार्त्ता को ध्यान से सुना। सुनकर वह जहाँ का तहाँ खड़ा रह गया। एक बारगी उसका विश्वास डगमगा गया था। उसके मन पर से सौंदर्य के बादल छँट गए थे।

"गोविन्द...तुम ही हो।"

"जी, मामी।"

"मामी!" साश्चर्य! मामी ने ऐसे अन्दर ही अन्दर दोहराया कि दूसरा कोई सुन नहीं सके। वह उसे कैसे जानता है? जैसे वह...।

"अन्दर आओ।"

वह अन्दर चला आया। अन्दर कहीं उसे बदली नजर नहीं आयी। वह खाना खा चुका था। चारपाई पर लेटा हुआ झोंपड़ी की कच्ची पक्की दीवार पर चलती छिपकली को देख रहा था। वह छिपकली कभी ठहरती, कभी तेज होकर अपने शिकार पर

लपकती और फिर साँस रोककर यथावत् रह जाती। तभी उसको नींद आ गयी। उसे कुछ होश नहीं रहा।

नहीं अब कुछ भी। कितना कुछ भोगना पड़ जाए परन्तु लौटना ही होगा। कौन होता है कोई हवा-पानी, रोशनी को रोकने वाला। किसी के रोके क्या वे रुक सके हैं। अब तक सम्य सभा और भगत पंथ गुजरात में अपनी पहचान बना चुका था। मेले-ठेलों भजन-कीर्तनों आदि में उसकी केंद्रिय भूमिका रहने लगी थी। अभिशाप ग्रस्त, उपेक्षित, लकीर से पीछे ढकेल दिए जीवन में अपने प्रति चौकन्ना बने रहने की बात घर करती गयी थी। अनिश्चय की घटा छितरो लगी थी। फिर तो...। गोविन्द गिरि की आधी रात को नींद खुल गयी थी। वह सपनों का राह पकड़कर चलने लगा।

यह कैसी समाज की व्यवस्था है—एक तरफ सुभीता भोगी, अधिकार सम्पन्न, धन-धान्य पूर्ण, ठिकानेदार, महारावल, राजा महाराजा आदि हैं और दूसरी ओर दरिद्रनारायण, अधिकार वंचित झुग्गी-झोंपड़ी में रहने वाले, दीन-हीन, जंगल में राह खोजते, पीड़ित और शापित हैं। इतना अन्तर क्यों? किसने खींची ऐसी रेखा। फिर अच्छा समाज कैसे बने? षड्यंत्र! दुरणिभसंधि। धोखा। छल-प्रपंच। पर क्यों? किसलिए? किसने किया?

गोविन्द गिरि उठा। उसने गडुए से पानी भर कर पीने का मन बनाया, पर वह पी नहीं सका। उसने गडुए में भरा पानी मटकी में उडेल दिया।

दीये की लौ डगमगाने लगी थी। दरवाज़े के नाम पर चौखट थी। हवा डरी हुई सी कहीं जा सिमटी थी। बाहर घना अन्धेरा था। झींगुरों का झीं-झीं स्वर सुनाई पड़ रहा था।

वह बाँसियां (बेडसा) लौट जाना चाहता था। पूंजा धीरा, गोविन्द गिरि का पटु शिष्य, ने खबर भिजवायी थी कि वह अभी नहीं लौटें। गुजरात और मालवे में ही अपनी गतिविधियाँ जारी रखें। डूंगरपुर, बांसवाड़ा, उदयपुर, ईडर आदि जगहों पर उनके विरुद्ध वातावरण बन चुका है।

क्यों न बने?...अपनी पंचायतें बनने लगी थीं। अदालतों में मुकद्दमे नहीं आते थे। विदेशी वस्त्रों और चीजों का बहिष्कार शुरू हो गया था। गाँव-गाँव पाठशालाएँ खुल गयी थीं। किसी का अन्याय मत सह। अन्याय अत्याचार का मुकावला करो। शोषण को सहन मत करो। बेगारी मत करों। स्वदेशी वस्तुओं को उपयोग में लाओ। इन सबसे राजा महारावल, ठिकानेदार आदि सब नाराज हो गए थे।

अंग्रेजों के कान खड़े हो गए थे। अदालत सूनी-सी लगने लगी थी। वे मान रहे थे कि इस तरह समानान्तर राज्य की स्थापना के प्रयत्न शुरू हो गए थे। स्वावलम्बन

की लहर सक्रिय हो उठी थी।

पूंजा धीरा ने गोविन्द गिरि के पास अपने विश्वसनीय साथी को भेजकर सारी स्थिति को बतलाया था।

इससे इसाई धर्म के प्रचार को गहरा धक्का लगा था। धर्म परिवर्तन रुक सा गया था।

गोविन्द गिरि का मन विचलित हो रहा था क्योंकि उसके पीछे षड्यंत्र रचे जा रहे थे।

परन्तु गोविन्द गिरि का मन उड़कर अपने गाँव पहुँच जाना चाहता था। उसकी पत्नी गर्भवती थी। अब नवाँ महीना शुरू होने वाला था। वह क्या सोचती होगी। उसने चलते हुए कहा, “जा तो रहे हो, स्वामी, पर लौट आना। यहाँ में अकेली हूँ।”

“चिंता नहीं करना।” कहकर गोविन्द गिरि ने उसके गले में अपनी रुद्राक्ष की माला डाल दी थी।

इस समय वह सुंथरामपुर रियासत की सरहद पर था। इससे आगे बांसवाड़ा था। सुंथरामपुर गुजरात में था।

कूरीया गुरुजी की भावना को समझकर कहने लगा, “एक तरकीब हो सकती है।”

“क्या कूरीया?”

“मैं होकर आता हूँ।”

“उधर तो सम्य सभा के सदस्य का जाना खतरे से खाली नहीं है।”

“मैं यह ख़तरा उठा सकता हूँ।”

“और मैं क्यों नहीं?”

“आपके कारण ही तो सारी गतिविधियाँ चल पड़ी हैं। रजवाड़ों से लेकर अंग्रेज रेजीडेंट आपसे बहुत नाराज हैं।” कूरीया ने कहा।

“तो क्या हुआ, कूरीया?”

“पूंजा धीरा की भी यही राय है कि राजा-रजवाड़े और राज्य में अंग्रेज हुकूमत का यह मानना है कि आपसे उनको खतरा है। वे सब मिलकर आपको गिरफ्तार करना चाहते हैं।” कूरीया धीरे-धीरे कहता जाता।

“जो होना है, वह होकर रहेगा। डरने से क्या लाभ? कैप्टेन स्टोकले होकर गए हैं। वह वहाँ की स्थितियों का मुआयना करके गए हैं। उनके इरादे ठीक नहीं हैं। इस समाचार से मुझ पर कोई असर नहीं हुआ।” गोविन्द गिरि ने तत्काल कह दिया।

“आप यह भी समझने का प्रयास कीजिए कि आपके गिरफ़्तार होने पर क्या होगा?”

“क्या होगा?...कोई आन्दोलन एक व्यक्ति के कारण नहीं होता। न उससे कोई आन्दोलन चलता।”

"यह अधूरा सच है। आपसे पहले ऐसा कोई आन्दोलन नहीं उठा था।"

"यह आन्दोलन नहीं है, कूरीया, भगत पंथ है। पता नहीं किसने इसे आन्दोलन करार कर दिया। यही कारण है कि आध्यात्मिक और सामाजिक क्षेत्र में होने वाला प्रयास आन्दोलन करार कर राजनीति से जोड़ दिया गया। काश! हम लोग सतर्क रहते तो...। खैर अब पछताने का समय नहीं है। जो होगा, देखा जाएगा।" गोविन्द गिरि ने सहज भाव से समझाते हुए आगे कहा, "कूरीया, हम कोई ग़लत काम नहीं कर रहे हैं। अपने पिछड़ेपन, गरीबी और शोषित होते रहने के कारणों को पहचानकर, उनका निराकरण करने की दिशा में प्रयत्न कर रहे हैं। इससे उनको तो अवश्य तकलीफ होगी, जिनको उनका शोषण करने की लत है। सदियों की पीड़ा पल भर में तो दूर नहीं होगी। बहुत कष्ट झेलने पड़ेंगे, कुर्बानी देनी होगी और न जाने क्या-क्या करना पड़ सकता है, जिसके बारे में अभी हम कुछ नहीं जानते।"

"अभी अपना समाज खड़ा होने लगा है। उसे बदलती परिस्थितियों का आभास नहीं है।"

"वही कराना है।"

"परन्तु...।"

"परन्तु-वरन्तु कुछ नहीं, कूरीया। अब इन्तजार करते रहने का समय नहीं रहा है। अंग्रेजों ने कब इन्तजार किया था! उनसे पूर्व हमारे दादा पड़दादा आदि से राज्य छीनने में इन राजा, महाराजा, महारावलों ने क्या कुछ ज्यादती नहीं की थी। सब हुआ है।"

"बगावत।"

"अभी कुछ नहीं, कूरीया। पहले हमें धार्मिक, सामाजिक और आर्थिक आजादी की दिशा में कुछ-कुछ सफलता मिलने लगे ताकि उसका अनुभव हो सके। हम जान सकें कि आजादी क्या होती है?"

"तो क्या भील राज्य।"

अंग्रेज रेजीमेन्ट के हमारे राजा महाराजा, महारावल-जागीरदार आदि के गुलाम हैं। हम गुलामों के गुलाम हैं। वास्तव में हमारे महाराजा अपने को झूठी शान, ऐशो आराम आदि के नाम पर गिरवी रख चुके हैं।...याद रहे शोषणकर्ता कायर होता है। कायर कभी राजा नहीं हो सकता। गोविन्द गिरि का शान्त चेहरा तनिक आक्रोश मे आता नज़र आया।

कूरीया कुछ सोच नहीं सका। वह यह जान तो सका कि गुरुजी असाधारण व्यक्ति हैं—भक्ति उनका उद्देश्य नहीं है। वह क्रांतिकारी हैं। फिर भी कूरीया यह पूछे बिना नहीं रह सका, "क्या यह सब हम में से कोई समझता है।"

"इरादे व्यक्ति को समझाने लगते हैं।"

"इरादे हों तो।"

"होंगे, कूरीया।"

"कैसे?"

"हम जब आमने-सामने होंगे।"

"युद्ध।"

"यदि उसके पीछे ठोस विचार हो और अटूट इच्छा शक्ति हो तो...।"

"तो क्या होगा?"

इसीलिए तो मैं लौटना चाहता हूँ। उन परिस्थितियों का सामना करके अपने समाज में हौसला पैदा करना चाहता हूँ और एक दो नहीं बल्कि हर आदिवासी गोविन्द गिरि हो। फिर देखते हैं कि ये हमारा क्या बिगाड़ पाते हैं या...। कहते-कहते गोविंद गिरि रुक गया।

"यह सब...।"

"यह सब क्या है?"

"आपकी उपस्थिति के बिना नहीं हो सकता।"

"हमारा एक-सा आचरण होगा, विचार होगा और व्यवहार होगा।"

"और उनका...।"

"अत्याचार को उठा हाथ! वे पगला जाएंगे। पगला आदमी हिंसा का रास्ता चुनता है। हिंसा दिमागी शक्ति को गड़बड़ा देती है और हृदय तो पहले से ही टूटकर चकनाचूर हो चुका होता है।" गोविन्द गिरि ने कहा।

"इस सबके लिए आपकी जरूरत है, गुरुजी।" कूरीया ने विनम्रता से कहा। वह उनके साथ रहकर यह जानने लगा था कि सत्य का अनुसरण करने के लिए कितना बड़ा दिल चाहिए और कितना साहस। वह भी कईर्ण बार डगमगा चुका था।

"कूरीया, मैं सदा से अपने अन्दर के आदेश पर चलता रहा हूँ। मुझे कभी यह पछतावा नहीं रहा है कि ऐसा क्यों हुआ? एक न एक दिन आगे-पीछे जो आया है, वह जाएगा। मृत्यु होनी है। उससे बचा नहीं जा सकता।...तुमने मृत्यु के स्मारक देखे हैं न—चौंकती बनते हैं स्त्री के मृत्यु स्मारक काले पत्थर पर और पुरुष के सफेद पत्थर पर। उन पर कुछ न कुछ बना-उकेरा भी होता है। क्या उनके देखने से नहीं लगता कि मनुष्य के काम याद किए जाते हैं। मृत्यु के स्मारक भी बनते और बिगड़ते रहते हैं। उनकी भी एक उम्र होती है। कम से कम मनुष्य की यह कोशिश जरूर रहनी चाहिए कि वह अपने और अपने समाज के प्रति ऐसा कुछ कर जाए ताकि समाज आगे बढ़ता दिखलायी दे, उसको सुख-शानति मिले, पर कब?" कहकर गोविन्द गिरि रुक गया। वह चाहता था कि भावुकता के स्थान पर बुद्धि से निर्णय लिए जाएं और निर्णय लेते समय संशय को स्थान न मिले।

"आप का कथन पूरी तरह सत्य है, गुरुजी गुरुजी।...जब से आपने लौटने का मन बनाया है, तब मुझे तीन-तीन अपशकुन हुए हैं—तीन दिन पहले रास्ते में ताजा

रक्त पड़ा मिला। उससे अगले दिन राजा पक्षी के बोल सुनने को मिले।"

"और आज कल में काला नाग भी दीखा होगा, कूरीया। है न।" गोविन्द गिरि ने तपाक से कह डाला।

"हाँ, वह भी दीखा था।"

"अच्छा एक बात बता कि श्रीराम का राजतिलक होने वाला था। उस समय के जाने माने ऋषि, ज्योतिषियों आदि ने बहुत सोच-समझकर दिन और घड़ी तै की थी। फिर उन्हें राजगद्दी के स्थान पर उस दिन और उस पवित्र घड़ी में वनवास क्यों मिला? वनवास भी चौदह वर्ष का। उस वनवास में उनकी पत्नी सीता का अपहरण क्यों हुआ? तू सोच सकता है कि उन शकुन निकालने वालों ने कितनी माथा पच्ची की होगी। क्या कोई कसर छोड़ी होगी?"

"नहीं।"

"फिर भी वह सब हुआ जो किसी ने कल्पना में नहीं सोचा था। इससे यह क्यों नहीं समझा जाता कि होनहार को स्वयं ईश्वर भी मनुष्य के रूप में जन्म लेकर नहीं टाल सकता, वह भी तो होकर रहती है।...इस कारण हमें चिन्ता नहीं करनी चाहिए कि गोविन्द गिरि पकड़ा गया, मारा गया तो अपने समाज का क्या होगा, कूरीया।" गोविन्द गिरि ने सहज भाव से कहा।

"भील डरपोक नहीं है।"

"यह सच है। सच यह भी है कि वह अल्पतोषी भी हैं, लोक विश्वासी हैं और संघर्षशील भी हैं।...पर इतना सब होते हुए उसने क्या पाया? क्या वह उन्नत हो पाया? क्या वह शोषण मुक्त हो सका? क्या वह पढ़-लिखकर जीवन जगत को समझ पाया? आखिर क्यों? हमें इस पर सोचना है। सोचकर कुछ करना है। योजना बनाकर करना है। फूँक-फूँक कर कदम कदम उठाना है। ज़रा-सी गलती सारे किए कराए पर पानी फेर सकती है।" इतना कहकर गोविन्द गिरि सोचने लगा।

कूरीया चुप बना रहा।

"मुझे जोती महाराज ने भील जीवन की एक घटना सुनायी थी, उसे मैं तुम्हें सुनाना चाहूँगा। तुम ध्यान से सुनना, समझना और फिर अपना निर्णय सुनाना।"

"मैं इस योग्य कहाँ हूँ?"

"काश, ऐसा ही वानर जाति श्रीराम से कह देती तो लंका दहन कौन करता? यह बात समझने की है। अब वह घटना सुनो जो मुझे जोती महाराज ने सुनायी थी—

केवल्या के पास बारह गायें थीं। उन गायों को चराने उसकी पत्नी जंगल में जाया करती थी।

केवल्या की पत्नी जवान थी, सुन्दर थी और सचरित्र थी। उस पर कई जनों की निगाह थी। उनमें दूसरे गाँव के छैला भी थे।

एक दोपहर जब वह गाय चरा कर जंगल से लौट रही थी तो अन्य गाँव के पंच

के लड़के ने अपने कुछ साथियों की सहायता से उसका अपहरण कर लिया।

खोज हुई। मालूम पड़ा। केवल्या ने अपने गाँव की प्रतिष्ठा को सामने रखकर सबको इकट्ठा किया। गाँव में जोश उमड़ा। लाठी, छुरे, तीर कमान, तलवार निकले और आधी रात को उस गाँव पर आक्रमण कर दिया।

दोनों तरफ से लोग खेत रहे। घायल भी हुए। चारों ओर त्राहिमा-त्राहिमा मच गयी।

केवल्या दुश्मन के हाथ लग गया। तलवार से उसका काम तमाम कर दिया।

इस पर केवल्या के गाँव के लोग आपे से बाहर हो गए। फिर क्या था कि उन्होंने सारा गाँव जला डाला। वहाँ के पंच का घर और ठाकुर की हवेली भी जलाकर राख कर दी।

हालांकि उस भयानक अग्निकांड में केवल्या की पत्नी जल मरी परन्तु युद्ध घमासान हुआ और केवल्या की पत्नी को अपहृत करने वाले मारे गए।

यहाँ कहानी समाप्त हो गयी। अब तुम बताओ कि इस घटना या कहानी से क्या नतीजा निकालते हो?

कूरीया सोच में पड़ गया। उससे कुछ कहते नहीं बना। तब गोविन्द गिरि ने उससे कई प्रश्न किए। वह पूछने लगा, "केवल्या की पत्नी के अपहरण करने वालों के गाँव पर बिना किसी चेतावनी के आक्रमण करना ठीक था?"

"था भी, नहीं भी।"

"क्या उनसे बात नहीं की जा सकती थी?"

"की जा सकती थी।"

"उस गाँव से क्या उनकी पुश्तैनी दुश्मनी थी?"

"ऐसा इस कहानी से पता नहीं चलता है।"

"यह तो पता चलता है कि केवल्या की पत्नी पर कुछ लोगों की कुदृष्टि थी।"

"हाँ, यह पता चलता है।"

"इससे साफ है कि उन दोनों गाँवों में आपस में मन मुटाव और दुश्मनी नहीं थी।"

कुछ सोचकर कूरीया ने कहा, "परन्तु केवल्या की पत्नी का अपहरण होना सम्पूर्ण गाँव के लिए लज्जा-शर्म की बात थी।"

"यदि अपहरण करने वाला उसी गाँव का होता तब?"

"तब अपने समाज में कठोर दण्ड और आर्थिक जुर्माने की व्यवस्था है।...न्यावटा सुलटाना क्या है!...अपने यहाँ पंचों को बहुत अधिकार है। उनकी बिना आज्ञा के पत्ता नहीं हिल सकता।"

"तो इस अपहरण का फैसला पंचों ने क्यों नहीं किया? दोनों गाँव के पंच मिलकर फैसला कर सकते थे या नहीं?"

"हाँ। पर ऐसा नहीं हुआ।"

"पर क्यों?" यदि ऐसा हो जाता तो दोनों गाँव के बीच मार-काट नहीं मचती। अशान्ति पैदा नहीं होती। जानते हो ऐसा क्यों नहीं हो सका, क्योंकि इस समस्या का हल तलाश करने की दिशा में नहीं सोचा जा सका।...ऐसा समाज आपस में लड़-भिड़कर अपने को कमजोर तो कर सकता है, परन्तु वह अपने को शक्ति सम्पन्न बनाने की दिशा में काम नहीं कर सकता, क्योंकि उसके मन में हिंसा की आँधी शीघ्र ही उठ जाती है।...कूरीया, मैं यह कहना चाहता हूँ कि सामूहिक हित के लिए एक ओर हमें नैतिक तथा आध्यात्मिक तौर पर सशक्त होना चाहिए और दूसरी तरफ हमें एकजुट होकर अहिंसात्मक तरीके से शोषण, अन्याय, अत्याचार आदि को बर्दाश्त नहीं करने की दिशा में प्रयत्न करना चाहिए।

"जी गुरुजी।" बिना ठीक से सोचे कूरीया ने कह दिया।

गोविन्द गिरि को लगा कि कोई उसे पुकार रहा है। वह करवट लेकर उठ बैठा। आँखे मीड़कर वह उठ खड़ा हुआ। वह अद्भुत स्वप्न से जगा था। वहाँ कहीं कोई नहीं था। क्या कोई उसे स्वप्न में पुकार रहा था? क्या वह स्वप्न से जगे हैं? वह चौखट से बाहर आया। अभी अँधेरा अपनी चौकियों पर तैनात था। कहीं कोई शोर नहीं था। हलकी सी हवा चल रही थी। टहनियाँ हिल रही थीं। पक्षियों का दल मौन था पर उठने की कोशिश में था। यह कैसा स्वप्न। पर क्यों? क्या कहता है, यह स्वप्न।

गोविन्द गिरि ने दूर-दूर तक दृष्टि डाली। सूरज निकलने से पहले का उजाला सामने आने की तैयारी कर रहा था।

पूंजा धीरा चला आ रहा था। उसी दिन गोविन्द गिरि ने डूगरपुर पर जाने की तैयारी की थी। कूरीया को वहीं छोड़ा था। उसे वहाँ रहकर आदिवासी जन को उस दिशा में आगे ले चलना था, जिसका स्वप्न गोविन्द गिरि ने उन्हें दिखाया था। उसके साथ सुरति था और कुछ अन्य वहाँ के आदिवासी जिनकी रिश्तेदारी डूंगरपुर तथा उसके आस-पास थी।

"अच्छा हुआ, धीरा, तू स्वयं चला आया। अब मैं निश्चिन्त हूँ।" गोविन्द गिरि ने सहज ढंग से कहा।

पूंजा धीरा ने उसके पाँव छूकर कहा, "गुरुजी, मुझे आना ही पड़ा। न आता तो...।"

"तो ठीक नहीं होता।"

"क्यों?"

"वही बताने आया हूँ।" कहकर वह गोविन्द गिरि के चरणों में बैठ गया। कुछ सोचकर वह कहने लगा।

"डूंगरपुर के महारावल विजयसिंह ने मुझे बुलवा भेजा था। मैं वहाँ पहुँचा तो वहाँ उनका पूरा मंत्रिमण्डल बैठा हुआ था। विजयसिंह बीच में विराजमान थे। राजमाता भी वहीं थीं। उनके नीचे दायीं बायीं ओर नाहरसिंह और जयसिंह थे। नाहरसिंह ने बताया था, "पूंजा धीरा तुम्हें यहाँ इसलिए बुलवाया गया है कि महारावल और राजमाता गोविन्द गिरि से मिलना चाहती हैं क्योंकि राज्य पर संकट है।

"कैसा संकट महामंत्री।"

"वह तुम्हें नहीं बतलाया जा सकता।"

"फिर?"

"अपने गुरुदेव गोविन्द गिरि को तुम यहाँ लेकर आओ।"

"वह गुजरात में हैं।"

"तो तुम जाओ, उन्हें लेकर आओ।"

"कह नहीं सकता कि वे आएंगे या नहीं।"

"तुम जाओगे और महारावल तथा राजमाता का यह संदेश उन्हें दोगे कि राज्य संकट में है तो वह अवश्य जा जाएंगे।"

"जी, मैं जाऊँगा।"

"कब?"

"दो चार दिन में।"

"नहीं, अभी।"

"इसी समय।"

"इसी समय।...हमने तुम्हारे वहाँ पहुँचने की व्यवस्था कर दी है। ताकि उधर से तुम अपने गुरुजी और उनके दो चार भगतों को लेकर तुरन्त आ सको यह व्यवस्था भी कर दी है।"

"एक बार मैं घर हो आऊँ।"

"यह वक्त घर जाने में जाया करने का नहीं है। जो तुमसे कहा गया हो, वो करो।"

इतना कहकर पूंजा धीरा ने चारों ओर देखा। उसे बताया गया– "बाहर यानी यहाँ से पहले मोड़ के पास घुड़सवार मौजूद हैं।"

"कितने घुड़सवार हैं?"

"कोई आठ।"

"तब?"

"मुझे महारावल के इरादे नेक नहीं लगते।"

"मुझे भी ऐसा ही लगता है पर....।"

"उन घुड़सवारों की चिंता छोड़िए। यहाँ से निकलने के रास्ते मुझे मालूम हैं।"

"नहीं, हम भागेंगे नहीं।"

"तब?"

"राजमाता और महारावल पर विश्वास करेंगे।" गोविन्द गिरि ने कहा, "हम जाएंगे। यों भी हम जा रहे थे।"

"परन्तु......।"

"कोई परन्तु-वरन्तु नहीं, पूंजा धीरा। विश्वास के मन में हम ज़हर नहीं घुलने देंगे।"

लीवां भगत, जोती महाराज, गवरी भाई रास्ते में मिलने आए और उन्होंने स्पष्ट कहा कि गुरुजी को अभी नहीं लाना है।

गोविन्द गिरि ने गहरी साँस भरी और कहा, "पूंजा धीरा, संशय कमज़ोर करता है और विश्वास की पीठ पर छुरा घोंपता है। हमें ऐसा कोई काम नहीं करना है जिससे हमारा मन कमज़ोर पड़ने लगे। सच जीने का सम्बल है। तुम्हारे गुरुजी ने अपने भगतों को हौसले से सत्य पर डटे रहने की सीख दी है चाहे उनके प्राण पर क्यों न बन आए। डर जिन्दा मौत है। फिर जरा सोचिए कि उनका गुरुजी कहलवाने वाला गोविन्द गिरि उन उसूलों से कैसे पीछे हट सकता है, जिस पर उसने अपने भगतों को चलने के लिए तैयार किया है। इस कारण मुझे जाना ही पड़ेगा।...कतई किन्तु परन्तु नहीं।...सुरति अब तुम भी यहीं रहोगे। मेरे साथ पूंजा धीरा है। और सब भी यही रहेंगे।...यह मेरा आदेश है।...चलो, उठो, पूंजा।"

यह ख़बर जंगल में आग की तरह फैल गयी। भगतों की भीड़ इकट्ठी होने लगी। वे गेरुवा वस्त्र धारण किए थे। उनके सिर पर जटा थी। उनकी पंचकेशी दाढ़ी थी। उनके हाथों में नेजे थे। वे एक स्वर से 'गुरु महाराज की जय' बोलकर कहते थे "गुरुजी हमें छोड़कर कहीं नहीं जाएंगे। हमारे साथ रहेंगे।"

गोविन्द गिरि वहीं एक टीले पर खड़ा हो गया। उसने भीड़ को आने दिया। यह क्या हो रहा है? कैसे हो रहा है? क्या गुरु महाराज उनके बीच से चुपचाप चले जा रहे हैं? क्यों भला? यह खुसुर-फुसुर होने लगी।

कुछ समय जड़वत बीता।

पूंजा धीरा आश्चर्य चकित रह गया।

कूरीया की समझ में कुछ नहीं आया।

सुरति बैठे का बैठा रह गया। अब क्या होगा? एक तरफ घुड़सवार खड़े थे सशस्त्र।

गोविन्द गिरि शान्त बना रहा था। एकदम निश्चिन्त। एकदम सहज। एकदम निर्विकार।

"अब?"

अचानक गोविन्द गिरि ने कहा, "प्रिय भगतों, बैठ जाइए।"

सब बैठ गए।

"मेरे हृदय हो तुम सब। मैं तुम्हारे पाँव से चलता हूँ। मैं तुम्हारे हाथ से काम करता हूँ। मैं तुम्हारी आँखों से देखता हूँ। तुम्हारे कानों से सुनता हूँ। तुम्हारे मुख से बोलता हूँ। सब कुछ तुम मेरे हो। मेरे होने का कारण भी तुम ही हो। इस कारण तुम्हें ही यह भी निर्णय लेना है। तुम नहीं आते तो मैं तुम्हारे पास आता।" इतना कहकर गोविन्द गिरि ने सबकी ओर देखा।

सब चकित-से थे।

गोविन्द गिरि ने कहा, "आप लोग घबराएँ नहीं। मुझे लेने के लिए राजमाता ने ये घुड़सवार भेजे हैं।"

"हमें तो कुछ और ही नज़र आ रहा है। हम आपको इनके साथ जाने नहीं देंगे।"

"तो मैं नहीं जाऊँगा।"

इतनी सहजता से गोविन्द गिरि कैसे कह गए! सबको अचरज हो रहा था। कूरीया को विश्वास नहीं हो रहा था और पूंजा धीरा को भी। फिर भी, वे चुप थे।

घुड़सवार अपने को संकट में पा रहे थे। थोड़ी देर बाद भील तलवार, तीर-कमान और लट्ठ लिये भी आने लगे। भीलों के अचूक तीर प्राणलेवा होते हैं। वे घोड़े के अगले पाँवों पर ऐसा वार करते हैं कि घोड़े के साथ सवार भी मुँह के बल गिरता है। जब तक वह उठने की कोशिश करता है तब तक विष भुजा तीर उसके प्राण बाहर खींच लेता है।

गोविन्द गिरि भीलों की प्रकृति अच्छी तरह से जानता था। एक दफे ये अपनी पर आ जाएँ तो पीछे हटने वाले नहीं हैं। उन घुड़सवारों में पाँच घुड़सवार बन्दूक धारी थे। महारावल के इरादों का भण्डाफोड़ यहाँ से होता है। उनको सशस्त्र घुड़सवार नहीं भेजने चाहिए थे।

पूंजा धीरा को भी यह आशंका तब हुई जब उसने अपने साथ सशस्त्र घुड़सवार भी देखे। उसने पूछा भी, "ऐसा क्यों?...इससे तो गुरुजी का मन बिगड़ सकता है।"

"नहीं पूंजा, नहीं। यह तो रास्ते की सुरक्षा के लिए हैं। तुम्हारे गुरुजी का चारों ओर इतना नाम है कि महारावल का भी उतना नाम नहीं है। जिसकी ख्याति हवा के साथ फैलने लगती है, उसके दुश्मनों का अकाल नहीं पड़ता।...हमारी राजमाता यह कतई नहीं चाहतीं कि अपने भगत पर आँच आए।...राजनीति अलग होती है, पूंजा धीरा, आम नीति से।"

"वह मैं नहीं जानता, परन्तु... ।"

"तुम पूंजा धीरा, यह समझने का प्रयास करो कि एक तरफ तीन साल से अकाल की छाया मँडरा रही है। कितने ही गाँववासी अपने ढोर डंगर के साथ गाँव छोड़ कर जा चुके हैं और कितने ही जाने की तैयारी कर रहे हैं। वो तो अपने महारावल ने तत्काल मदद की और उन सबको यह विश्वास दिलाया कि महारावल अपनी प्रजा को भूख से मरने नहीं देंगे। उनके अनाज गोदाम जन के लिए हर वक्त खुले हैं।...तुम तो

जानते हो, पूंजा धीरा, बिगड़ाल अकाल के सामने आप लोग कितने बिगड़ाल हो जाते हो—चोरियाँ थोक के भाव शुरू हो जाती हैं और डकैतियाँ भी आम हो जाती हैं।" रजवाड़े का अधिकारी समझा रहा था।

यह तो ठीक ही था। अकाल का आक्रमण प्राणलेवा बन गया था। मरते क्या नहीं करते। भगत जन थे जो धैर्य से काम ले रहे थे और गाँववासियों को समझा रहे थे कि संकट से घबराओ नहीं, उसका सामना करो।...माना कि प्रायः तीन वर्षों में एक वर्ष सूखा पड़ता है और आठ वर्षों में अकाल।...फिर खेती योग्य भूमि भी कितनी सी है। मक्का, बाजरा और कुछ दालें हो पाती हैं। फसल भी एकमात्र खरीफ की होती है। अकाल में जंगली अनाज जैसे सामा, कोद्दो आदि काम में लिया जाता है। थोड़ी बहुत रबी की फसल होती है। उसमें एकमात्र चना है।...इन सब विषम परिस्थितियों में रहते हुए भील आगे कैसे बढ़ पाता? क्यों नहीं अपने कस्बा को शहर बनाकर रह सका? क्यों धाड़ी बनाकर बना रहा अलग-अलग मगरियों पर?"

"मैं यह चाहूँगा कि सशस्त्र घुड़सवार साथ न रहें, वरना मैं नहीं कह सकता कि वह हमारे साथ लौटें या नहीं। मान लो वह लौटने को राजी भी हो जाएं तो क्या वहाँ के भगत उनको इस सूरत में आने देंगे या नहीं।"

"तुम इसकी चिन्ता मत करो, पूंजा धीरा, ऐसा कुछ नहीं होगा क्योंकि राजमाता और महारावल के बीच गहरी समझ है, विश्वास है और अपनत्व है।"

परन्तु अब वही होने जा रहा है, जिसका अन्देशा पूंजा धीरा ने शुरू में ही व्यक्त किया था। अब क्या होगा? यह स्थिति अच्छी नहीं है। इससे तो गलत संदेश जाएगा और जिन लोगों ने भील राज्य की स्थापना भगत पंथ का उद्देश्य बताया है, वे सफल हो जाएंगे। सिद्ध हो जाएगा कि भील सेना भी तैयार की जा रही है। युद्ध की तैयारी गुजरात में रहकर चल रही है।

गोविन्द गिरि ने कहा, "भगतो, मेरी बात ध्यान से सुन लो, फिर आपका निर्णय सिर माथे। उन्होंने सबकी ओर ध्यान से देखा। खुसुर-फुसुर बन्द हो गयी।"

गोविन्द गिरि ने खखारकर कहा, "भगतो, राजमाता की मुझ पर कृपा है। राज महलों में भगत पंथ को सहानुभूति मिली है। सम्य सभा को संरक्षण। महारावल भी अपने यहाँ हमारे भजन कीर्तन करवाते हैं। इस कारण उनसे हमें डर नहीं होना चाहिए। उन्होंने हमें बुलवा भेजा है। ज़रूर कोई खास बात होगी। अंग्रेजी रेजीमेन्ट सम्य सभा और भगत पंथ के प्रति बेहद शंकालु है। उन विदेशियों के मन्सूबे ठीक नहीं हैं। यह तो थोड़ा बहुत आप भी जानते हैं कि हमारे राजा-महाराजा, महारावल आदि उनकी गिरफ्त में आते जा रहे हैं।...पूजनीय महाराणा प्रताप के बाद ऐसा कोई राणा-महाराणा नहीं हुआ, जिसने अपनी मातृभूमि के लिए जी-जान लगा दी हो। डूगरपुर के महारावल भी उनके दबदबे में हैं। पता नहीं, उन पर क्या मुसीबत आ रही हो? कहीं उनके राज्य को ही वे हड़पना चाहते हों। उनको हमारी सहायता की जरूरत

हो। याद है महाराणा प्रताप भी तब ही महाराणा बन कर सिर शान मान से ऊँचा रख सके जब आप लोगों के पुरखों ने उनके लिए आगे चलकर प्राणों की बाजी लगा दी थी।...यदि आज हम महारावल के बुलावे पर नहीं जाएँ तो हमारा सारा किया कराया तथा मातृभूमि के प्रति श्रद्धा-भक्ति का इज़हार व्यर्थ हो जाएगा।...आप लोग सैनिकों को देखकर आशंकित होने लगे। यह नहीं सोचा कि ये सैनिक हमारी सुरक्षा के लिए भेजे गए हैं। सरकार यह खतरा कभी नहीं उठा सकती कि उनका या हमारा कोई शत्रु इस नाजुक समय का लाभ न उठा ले।...मरने से हम में से कोई नहीं डरता। फिर आप लोग मुझे जगत् के सामने कमज़ोर और डरपोक क्यों सिद्ध कराना चाहेंगे। अब निर्णय आपके हाथ में है।" गोविन्द गिरि ने अपने तीनों तरफ देखा। वहाँ हजारों की संख्या में भील थे।

उस अपार भीड़ में अब खुसुर-फुसुर शुरू हो चुकी थी। अलग-अलग सोच-विचार चल रहा था। बूटा भगत बुर्जुग था और उसके प्रति भगत समाज में बड़ी श्रद्धा थी। उसने खड़े होकर कहा, "म्हाने अपने गुरु महाराज की बात सुनी—तमने भी सुनी। उससे यह बात सामने आयी कि हमें अपने शत्रु का भी विश्वास करना चाहिए जिसमें तो वह हमारे महारावल हैं। हमारे गुरु महाराज पर नाथों के नाथ महादेव और वीर हनुमान जी की असीम किरपा है। फिर डर कैसा? आशंका क्यों? हम सबको खुशी-खुशी जाने देना चाहिए और उनके लिए लोकदेवी-देवताओं, लालांफूला, मासीमा, मेलड़ी, शिकोतरी...भूणाभेंद्, राडा, भैरूनाथ, राईका, ओगड़, डेराबीर आदि का मान मनौती करनी चाहिए ताकि अपने गुरु महाराज की जय हो और उसकी प्रसादी अपन सबकूँ मिले। आगे थे सोचो। म्हारे मन में जो आया, वह कह डाला।"

सबकी दृष्टि बूटा भगत पर जा ठहरी थी। सब में यह सोच जोर पकड़ने लगा था—गुरु महाराज को जाने दिया जाए। यदि कुछ ऐसा वैसा हुआ तो ईंट से ईंट बजा देंगे—न महारावल बचेगा और न फिरंगी।

धीरे-धीरे सब एकमत होते गए। जोता भगत ने सबकी राय मिलाकर कहा, "जै गुरु महाराज की। भगत समाज आपकी राय को बेहतर मानता है। मानुख साँप काटने से कम, साँप के भय से ज्यादा मरता है। भय की नाड़ मरोड़ने पर ही भील समाज निडर हुआ है।...फिर सोच-विचार काहे का, क्यों, किसलिए? जै गुरु महाराज। जै भगत पंथ! जै सभ्य सभा। जै सारे देवी देवता!"

पल भर में वातावरण बन गया। खुशी-खुशी गुरु महाराज गोविन्द गिरि घोड़े पर सवार हो गए। उनके पीछे वाले घोड़े पर पूंजा धीरा था। फिर अन्य घुड़सवार। काफी दूर तक भील समाज हाथ में नेजा लिये जै जैकार करता चलता गया। सरहद के पास पहुँचकर गुरु महाराज गोविन्द गिरि की पवित्र वाणी सुनकर वह लौट पड़ा।

राज भवन का सभागार।

बीचों बीच ऊँचे आसन पर महारावल विजय सिंह। उनके पास राजमाता। फिर राज के हौदेदार-मंत्री आदि।

एक तरफ गोविन्द गिरि और उनके पास पूंजा धीरा।

महारावल का स्वर था, "महामंत्री, कार्यवाही शुरू की जाए।"

"महामंत्री नाहरसिंह ने सिर झुकाकर गम्भीर स्वर में कहा, "पूजनीय राजमाता और महारावल की आज्ञा से आज की सभा प्रारम्भ की जाती है।

उप सेनापति देवसिंह की ओर महामंत्री ने इशारा किया। वह खड़े हुए और राजमाता और महारावल का गुणगान करने के बाद वह कहने लगे, "आदरणीय सभासदो, सुरक्षा समिति के सदस्यो, और उपस्थित महानुभावों आप यह जान चुके हैं कि अपना राज्य संकट में है। यह संकट अंग्रेज रेजीमेंट के बढ़ते प्रभाव ने राज्य पर और दबाव बढ़ा दिया है। बहुत कुछ हमारे महारावल नहीं चाहते हैं, उनसे ज़ोर जबर्दस्ती कराया जा रहा है, वह करें और प्रजा महारावल के विरुद्ध होती जाए। फिर फिरंगी प्रजा के असंतोष का लाभ उठाकर राज्य हड़पने की तैयारी कर सकें। ऐसी नाजुक स्थिति में हमें क्या करना चाहिए, यह सभा इसी वास्ते बुलायी है।"

सबकी दृष्टि नीची थी। वे कनखियों से एक दूसरे की ओर देख रहे थे। सब चुप थे। नाहर सिंह ने कहा, "श्रीमान् जयसिंह जी, आप कुछ कहना चाहेंगे, सुरक्षा समिति में आपने कई मुद्दे उठाए थे। कृपया सभा के सामने वे मुद्दे रखकर सबको अपने विचार रखने का अवसर प्रदान कीजिए।"

जयसिंह ने अपनी पगड़ी तनिक ठीक की। वह धीरे-धीरे उठे। वह लम्बे कद के, सुदृढ़ देह के एकदम गोरे चिट्टे रोबदार व्यक्तित्व के धनी हैं। वह कहने लगे, महारावल, राजमाता आदि को ससम्मान सम्बोधित करके, "मान्यवरों, आपके सामने वर्तमान स्थिति का ब्योरा प्रस्तुत किया है।...यहाँ अंग्रेज रेजेन्सी को शिकायत है। राजपूताने में गवर्नर जनरल का ऐजेण्ट कॉल्विन ने भी वायसराय जनरल को अपनी रपट दी थी। कैप्टन स्टाकले ने भी इस ओर संकेत किया है।" इसके बाद वह सभा की ओर देखने लगा।

सभा गम्भीर हो उठी। इस बार उनमें से कुछ की दृष्टि गोविन्द गिरि पर पड़ी।

जयसिंह ने आगे कहा, "आपके सामने स्वामी गोविन्द गिरि हैं। उनको यहाँ इसलिए बुलवाया गया है ताकि उनके मन में कोई बात हो तो वह सभा के सामने रख सकें।...याद रहे कि कभी मेवाड़ और हाडौती साम्राज्य, भीलों के पुरखों का ही था। स्वामी गिरि भीलों के मन में वही सोया हुआ सपना जगा रहे हैं। अंग्रेज सरकार इसे भील संगठन का सत्ता परिवर्तन का प्रयास मान रही है।"

"यह ग़लत है।" नाहर सिंह ने बीच में टोकते हुए कहा।

"मुझे अपनी बात पूरी करने दीजिए।"

"क्या पूरी करने दें श्रीमान जयसिंह आप यहाँ की स्थिति और बिगाड़ना चाहते हैं।"

"नहीं, श्रीमान् मन्ने सिंह जी, ऐसा कतई नहीं है।...कल, ईश्वर न करे, अंग्रेज सरकार हमारी इस कमज़ोरी और अकर्मण्यता का सहारा लेकर...। बांसवाड़ा के महारावल शम्भूसिंह को गद्दी से उतारने का भी यही कारण रहा था। उनकी भी स्वामी गोविन्द गिरि के प्रति सहानुभूति थी।...इस सभा को यह सुनिश्चित करना है कि वह महारावल की गद्दी बरकरार रखना चाहती है या स्वामी गोविन्द गिरि की सहानुभूति बरकरार रखकर यहाँ का शासन ब्रितानिया सरकार के हवाले करना चाहती है।"

इस बार सभा में खलबली मच गयी। कुछेक सभासदों के चेहरों पर भयाशंका की परछाईं साफ नज़र आने लगीं। कुछेक सभासद के चेहरों पर आक्रोश स्पष्ट नज़र आने लगा।

राजमाता के चेहरे पर चिन्ता थी।

राजकुँवर पृथ्वीसिंह के चेहरे पर संतोष था। महारावल विजयसिंह के चेहरे पर घबड़ाहट थी। बासाड़े के राजकुँवर पृथ्वीसिंह डूंगरपुर महारावल की शरण मे आए थे। बांसवाड़ा के महारावल शम्भु सिंह का झगड़ा अपने पुत्र पृथ्वी सिंह से चलता रहा। उनकी सहानुभूति स्वामी गोविन्द गिरि के प्रति बराबर बनी रही।

महारावल यह समझ नहीं पा रहे थे। कि अपने थोथे सम्मान की खातिर क्या वह सच को झुठला दें। उनकी प्रजा उन पर थू-थू कर उठेगी। स्वामी गोविन्द का प्रभाव क्षेत्र बहुत व्यापक है और गहरा है। वह उसके सामने कहीं नहीं टिकते। उसके एक इशारे पर भील कुछ भी कर सकते हैं।

नाहर सिंह ने हस्तक्षेप करते हुए कहा, "महारावल को कुछ नहीं होगा। स्वामी गोविन्द गिरि के प्रति महारावल का आदर भाव दिखावटी नहीं है। स्वामी जी ने सो रही जनता को जगाने की दिशा में महत्त्वपूर्ण काम किया है। श्रीमान् जयसिंह को सब जानते हैं। वह क्या करना चाहते हैं, यह संकेत मिल रहा है। उनकी अंग्रेजों से साँठ-गाँठ कोई नयी नहीं है। वह सदा से जनहित से दूर रहे हैं।"

"राजनीति को समझना टेढ़ी खीर है। महामंत्री क्या खिचड़ी पका रहे हैं। यह किसी से छिपा नहीं है। एक तरफ तो राजमाता और महारावल के शुभचिंतक बने रहकर उनकी आँख में धूल झोंक रहे हैं और दूसरी ओर स्वामी गोविन्द गिरि की अन्दर ही अन्दर सहायता करके उनके प्रभाव को जमाने में मदद कर रहे हैं। ब्रिटिश सरकार को भी अपनी उँगलियों पर नचा रहे हैं। यह एक गहरा षड्यंत्र है, जिसकी ओर मैं आज सारी सभा का ध्यान आकृष्ट कराना चाहता हूँ।" जयसिंह ने तनिक ओज के साथ कहा।

“यह सरासर गलत है।” राजस्व मंत्री जसवंत सिंह ने तेजी से कहा, “श्रीमान जयसिंह, आप सभा को ग़लत दिशा में मत मोड़ो। यह सभा सक्षम है। ब्रिटानिया सरकार के ऐजेंट यहाँ क्या कर रहे हैं, यह किसी से छिपा नहीं है। फिरंगी अपना उल्लू सीधा करना चाहते हैं और वे स्वामी जी के लोक कल्याणकारी कार्यों से घबरा चुके हैं। कोर्ट-कचहरी में मुकदमे घटे हैं, बेगारी के शोषण चक्र से प्रजा मुक्त होती जा रही है। राजस्व भी घटा है क्योंकि प्रजा से उलटा सीधा राजस्व अब वसूल नहीं किया जा रहा है। इससे प्रजा में जागृति आयी है। स्कूल खुले हैं। प्रौढ़ भी पढ़ रहे हैं। यह जागरण स्वामी गोविन्द गिरि जी के प्रयत्नों से हुआ है।”

जयसिंह जानता था कि राज सभा में उसके साथ शायद ही कोई है और जो है भी वे सामने आने का हौसला नहीं रखते हैं। उसने साहस कर कहा, “मैं इतना जानता हूँ कि क्यों स्वामी गोविन्द गिरी का पक्ष लिया जा रहा है? क्यों उन्हें बचाया जा रहा है?”

“क्यों जयसिंह क्यों?” विजयसिंह की कड़कदार आवाज गूँज उठी।

“यहाँ स्वामी गोविन्द गिरि मौजूद हैं। मैं चन्द सवाल उनसे करना चाहता हूँ।”

“नहीं।...उनसे कोई सवाल नहीं किया जा सकता।” नाहरसिंह ने टोक दिया।

“नहीं, जयसिंह को स्वामी जी से सवाल करने की इजाजत नहीं है।”

“वह हमारे अतिथि हैं।”

“परन्तु सवाल उनको लेकर उठ रहा है इसलिए...। हाँ तो जयसिंह, पूछिए।”

जयसिंह ने खखारकर गला साफ किया और सादर विनम्र भाषा में कहा, “मान्यवर स्वामी जी, क्या आप जन-जन में भक्ति भावना का प्रचार कर रहे हैं?”

“हाँ, कर रहा हूँ।”

“आपका उद्देश्य जन-जन की सामाजिक स्थिति सँभारना है।”

“यह भी ठीक है।”

“भीलों को सम्मान से जीना सिखा रहे हैं, इसलिए बेगारी प्रथा को बन्द करवाने के लिए उसका विरोध जन-जन से करवाना शुरू करवाया है।

“हाँ, पर।”

“कृपया सवाल तक बँधे रहें।”

“फिरंगी इस देश को लूट रहे हैं, यह भी जन-जन को आपने समझाया है।”

“यह सच है।”

“यही सच ब्रितानी सरकार महारावल को गद्दी से उतरवा देगा।”

“नहीं।”

“हाँ, क्योंकि अंग्रेजी रेजीडेंसी महारावल पर ध्यान रखे है। अंग्रेजों का दुश्मन महारावल का भी शत्रु है।”

“क्यों?”

“क्योंकि वे दोनों एक राजनीतिक संधि के कारण एक दूसरे के हित की भागीदारी के लिए वचनबद्ध हैं। विश्वास न हो तो महारावल से पूछ कर देखिए। उनका मौन भी मेरा समर्थन करेगा।”

जयसिंह के इतने बड़े हौसले से सभा आश्चर्यचकित रह गयी। सबकी दृष्टि महारावल विजयसिंह पर गयी और तुरन्त लौट आयी।

महारावल विजयसिंह कसमसाकर रह गए। जयसिंह ने अपने को सँभालते हुए कहा, “महामहिम विजयसिंह जी हमारे परम पूज्य हैं। उनके विरुद्ध कुछ पका-पकाया जा रहा हो तो उसका भेद न खोलना गद्दारी होगा। मैं गद्‌दारों में सम्मिलित नहीं होना चाहता, इस कारण तनिक जोर देकर बोले जा रहा हूँ। उसके लिए क्षमा चाहता हूँ और महारावल से प्रार्थना करता हूँ कि उनकी आज्ञा शिरोधार्य है। वे नहीं चाहेंगे तो मैं नहीं बोलूँगा। जबान को मुँह में रख लूँगा।”

महारावल विजयसिंह को राज्य का नया-नया अनुभव हो रहा था। वह किस पर विश्वास करें और किस पर नहीं। उनमें कौन गद्दार है और कौन नहीं? वह जब तब राजमाता की ओर देख लेते। राजमाता एकदम शान्त चित्त और गम्भीर बैठी हुई सुन रही थीं। उनकी दृष्टि में गोविन्द गिरि एक पवित्र और शान्त आत्मा हैं। वह यह जानकर अन्दर ही अन्दर संतोष पा रही थीं कि अंग्रेज रेजिडेंसी के मन में खलबली मची हुई है।

जयसिंह पूछ रहा था, “स्वामी जी, आपका धार्मिक और आध्यात्मिक क्षेत्र है। आपके लिए सब धर्म बराबर हैं।...हैं या नहीं।”

“हैं।” गोविन्द गिरि ने शान्त स्वर में कहा।

“तो फिर आप ईसाई धर्म की धज्जियाँ क्यों उड़ा रहे हैं?”

“ईसाई धर्म कहता है—सृष्टि की प्रथम उत्पत्ति के बारे में?...क्या इससे पहले वह नहीं थी। यदि थी तो फिर प्रथम कैसे हुई?...ईसाई धर्म की पुस्तक बाइबिल यहाँ चुप है।...प्रश्न यह है जब वे (बाइबल) सृष्टि के बारे में नहीं जानते, तब वे ईश्वर के बारे में कैसे जानते हैं?...वे चुप।” गोविन्द गिरि ने कुछ रुककर कहा, “मैंने पूछा, आप आकाश किसको मानते हो?” वे बोले पोल को। “...पोल का जन्म कैसे हुआ?... बाइबल में कहा है इस प्रश्न का उत्तर कि जब आकाश नहीं सृजा तो पोल का जन्म कैसे हुए?...जरा आप सब भी विचार कीजिए। बाइबल मानती है कि ईश्वर ने आदम को अपने स्वरूप से पैदा किया। उसने ही नर नारी बनाया।[1]...प्रश्न है कि ईश्वर अपने स्वरूप ही को जन्माया तब वह अनित्य क्यों नहीं है? बाइबल चुप।”

कुछ रुककर गोविन्द स्वामी सबकी ओर देखते हैं। सभा सन्नाटे में आ जाती है। जयसिंह की कुछ समझ में नहीं आता। वह बीच में बोलने लगता है, “स्वामी जी, सभा

---

1. पर्व 1/आ. /26/27/28

को भ्रम की ओर मत ले जाओ।"

"श्रीमान जयसिंह जी, सभा में अपने समय के और कम से कम अपने राज्य के योग्यतम महानुभाव हैं। स्वयं आदरणीय राजमाता इस क्षेत्र में गहराई रखती हैं।...यदि महारावल और राजमाता की अनुमति हो तो मैं चन्द उदाहरण और सामने रखना चाहूँगा।"

राजमाता ने कहा, "अवश्य, स्वामी जी। आप अपनी बात जारी रखें।" राजमाता स्वामी जी को सुन चुकी थीं। तब वहाँ पादरी भी मौजूद था।

प्रश्न है—"आदम को कहाँ से जन्म मिला?"

उत्तर है—"मिट्टी से।"

प्रश्न है—"मिट्टी कहाँ से आयी?"

उत्तर है—"कुदरत से।"

प्रश्न है—"अर्थात्।"

उत्तर है—"शक्ति—सामर्थ्य से।"

प्रश्न है—"ईश्वर का सामर्थ्य अनादि है अथवा नवीन।"

उत्तर है—"अनादि।"

प्रश्न है—"जब ईश्वर अनादि है तो इस जगत् का कारण सनातन हुआ। तब अभाव से भाव को मानने का कारण।"

उत्तर है—"सृष्टि से पहले ईश्वर के अलावा कोई नहीं था।"

प्रश्न है—"फिर यह जगत् कहाँ से बना?"

उत्तर है—"चुप्पी।"

प्रश्न है—"ईश्वर का सामर्थ्य द्रव्य है या गुण। यदि वह द्रव्य है तो वह ईश्वर से भिन्न है। यानी उसके अलावा दूसरा पदार्थ था। यदि वह गुण है तो गुण से द्रव्य की उत्पत्ति नहीं हो सकती। जैसै रूप से अग्नि और रस से जल की उत्पत्ति नहीं हो सकती। फिर भी यह मानकर चलें कि ईश्वर से जगत् बना है तब जगत् के गुण कर्म और स्वभाव ईश्वर के समान क्यों नहीं है।...इससे यह स्पष्ट है कि जगत् के गुण, कर्म और स्वभाव ईश्वर के समान न होने से वह ईश्वर से नहीं बना।...वह बना परमाणु आदि नाम वाले जड़ से।...वरना आदम भी ईश्वर के समान होना चाहिए, क्योंकि आदम ईश्वर के समान बना है।

प्रश्न है—जब ईश्वर ने आदम को धूलि से बनाया तब आदम का स्वरूप ईश्वर के समान कैसे हुआ! जब आदम के नथुनों में ईश्वर ने श्वास फूँकी तब वह श्वास ईश्वर के बराबर कैसे हुई? तब तौरेत का कथन न उपयुक्त बैठता है और बाइबल ईश्वर कृत सिद्ध होती है।...जब ईश्वर ने पुरुष धूलि से बनाया तब स्त्री को धूलि से क्यों नहीं बनाया?*...ऐसे अनेक स्थान महर्षि दयानन्द सरस्वती ने बताए हैं। फिर

---

* द्रष्टव्य : सत्यार्थ प्रकाश : महर्षि दयानन्द सरस्वती, 452-454

सोचिए, श्रीमान् जयसिंह इस कारण मैंने ईसाई धर्म के मठाधीशों से प्रश्न किए हैं। वे इन प्रश्नों का ठीक से उत्तर नहीं दे सके हैं। यह ईसाई धर्म का विरोध नही हैं बल्कि यह वे प्रश्न हैं जिनसे उनके धर्म की वास्तविकता का पता चल सके कि ईसाई धर्म क्या है? और क्यों भारतीयों की गरीबी का लाभ उठाकर हिंदुओं को ईसाई बना रहे हैं? राज झपटने की योजना के साथ ईसाई धर्म को जोर जबर्दस्ती क्यों फैला रहे हैं। यदि सत्य कहना कोई जुर्म है तो मैं अपराधी हूँ।...और यह अपराध मैं हर जन्म में करता रहूँगा।...मान्यवर, राजमाता, समझती हैं कि यह पाप है और बांसवाड़ा, डूंगरपुर, कुथलगढ़, सिरोही, रियासतें आदि राज की छत्रछाया में चल रही हैं।...भील, ठामोर, गरासिया आदि जन जातियाँ इन धर्म के दूतों का शिकार हो रही हैं।

सभा अवसन्न। एकबारगी जयसिंह के नीचे से धरती खिसकने लगी। परन्तु उसने तत्काल अपने को सँभालने की भरसक कोशिश की और वह कहने लगा, “स्वामी जी, क्या इस राज की नींव खोदकर चैन पाएँगे?...सच यही है कि यहाँ की बागडोर रजेन्सी कौंसिल को सौंपे जाने की तैयारी शुरू हो चुकी है।...कर्नल शटन अपनी रिपोर्ट भेज चुके हैं।”

“हुज़ूर का हुक्म हो तो मैं भी कुछ अर्ज करना चाहूँगा।”

महारावल विजयसिंह ने राजकुँवर पृथ्वीसिंह की ओर देखा। वह अपने पिता को सत्ता से हटाकर यहाँ शरण लेने आया था। विजयसिंह ने अभी तक उसके सम्बन्ध में कोई निर्णय नहीं लिया था। राजमाता ने भी कर्नल शटन की राय लेना इस सम्बन्ध में उचित समझा। अब वह बोलना चाहता है। वह सभासद नहीं हैं। स्वामी गोविन्द गिरि भी सभासद कहाँ हैं? उसने राजमाता का संकेत पाकर कहा, “माननीय महारावल, मैं अपने अनुभव के आधार पर कह सकता हूँ कि हमारे पिताजी की गद्दी आपसी झगड़े से गयी। इस कारण मेरा आप सबसे यह अनुरोध है कि आप लोग आपस में नहीं उलझें। आप लोगों के आपसी मतभेद का लाभ ब्रिटिश सरकार उठाने की प्रतीक्षा करती रहती है। मेरे पिता श्री महारावल बांसवाड़ा अपने शासन प्रशासन की पकड़ पुख्ता करने की अपेक्षा वह मुझसे झगड़ते रहे और मेरे मामूली से बढ़ते प्रभाव को रोकने की हरचंद कोशिश की और ब्रिटिश सरकार का प्रतिनिध जो चाह रहा था, उधर ध्यान नहीं दिया। उसी का कारण है मुझे कुछ समय के लिए शरण खोजने निकलना पड़ा। मेवाड़ प्रदेश पर ही क्यों, हर रियासत पर ब्रिटिश सरकार की पकड़ दिन पर दिन तेज होती जा रही है। उसका इरादा यह है कि हम अपनी प्रजा से दूर होते जायें। हमारी प्रजा हमसे नफ़रत करने लगे। ऐसे सूरतेहाल में हमें खड़ा रहना मुश्किल हो गया है। हम दिन पर दिन कमजोर होते जा रहे हैं।” पृथ्वीसिंह थोड़ी देर के लिए रुके। पानी से भरा गिलास उठाया। गटगट चढ़ा गए। फिर सभा की ओर देखा। सभा में कुछ सभासद उसके सम्बोधन को उचित नहीं मान रहे थे और कुछ तटस्थ थे। उनमें से जो सदस्य रियासत के अस्तित्व की चिंता से ग्रस्त थे, वे

महारावल की रीतिनीति के पक्ष में नहीं थे। उनकी दृष्टि मे राजा महारावल, जागीरदार अपनी जड़ें खुद खोदने लगता है। वह जन विरोधी ऊल-जलूल काम करने में अपने को फँसा लेता है।

पृथ्वीसिंह सभा की निगाहों को पढ़कर, यह जानते हुए कि जब पिता-पुत्र के बीच ठनी हुई थी, तब यहाँ के महारावल और राजमाता तटस्थ बने रहे थे और ऐसा उन्होंने सभा की इच्छा से किया था। आगे कहने लगे, "मान्यवर सभासदा, यह समय पीछे देखने का नहीं है और न आपस में एक दूसरे को नीचे दिखलाने का है। यह समय आपस में उखड़े हुए विश्वास को जमाने का है और एकजुट होकर, आपसी स्वार्थों से ऊपर उठकर अपनी रियासत को सुदृढ़ बनाने का है।"

राजकुँवर की दृष्टि जयसिंह पर पल भर के लिए टिकी और वह फिर उसी क्रम में पहले से कुछ तेज स्वर में कहने लगे, "मेवाड़ों का नाम पूजनीय महाराणा प्रताप के साथ जुड़ा हुआ है। उनके बाद तो निरन्तर मेवाड़ का नाम, उसकी शान और उसका शौर्य, मुझे क्षमा कीजिए, यह कडुवा सच है कि लगातार गिरता गया और हमने उस शीर्ष वाली गरिमा को खो दिया। अपनी प्रजा वह दिन देखना चाहती है, जिनमें वह अपने अस्तित्व के लिए बराबर संघर्ष करती रही है। न शत्रु करो जीतने का जश्न मनाने दिया और न हार को अपने पाँव की जंजीर बनने दिया।...उठो, मेरे मेवाड़, मेरे मेवाड़पति, उठो और फिर से ओज, जोश और शौर्य की पवित्र त्रिवेणी बहने दो।... जय मेवाड़, जय हमारे प्राणों से प्रिय मेवाड़पति।"

राजकुँवर पृथ्वीसिंह का ओजस्वी और प्रेरणापरक सम्बोधन सभा में अनुगूंज उठा। एकबारगी लगा कि सभा सोते हुए से जाग पड़ी है। अब सबकी दाढ़ी मूंछें चमक रही थीं। सबके चेहरे दोपहर का तपस्वी सूर्य जैसे दमक रहा था। सारा वातावरण ही बदल गया था।

जयसिंह उलझन में पड़ गया था। वह नहीं समझ पाया कि राजकुँवर पृथ्वीसिंह के सम्बोधन की दिशा-दृष्टि क्या रही? वह क्या चाहता है? क्यों उसने ऐसे समय पराक्रमी महाराणा प्रताप को याद किया? क्या वास्तव में हम उनकी रीति-नीति, शान-मान, शौर्य-प्रताप आदि की लीक पर चल नहीं पाए? फिर महाराणा प्रताप के नाम से सभा को दलदल से बाहर लाने का बिगुल क्यों बजाया? क्यों मर मिटने का आह्वान किया। क्या आज मेवाड़ और उसके आसपास की रियासतें इस योग्य रह गयी हैं? यह कैसी परीक्षा की घड़ी है?

नाहरसिंह ने सभा की फड़कती बाँहें और म्यान से निकलकर उसकी आँखों में बिजली सी चमकती हुई नंगी तलवारों को एक साथ ऐलान करते देखा। मानों वे कह रही हों—मारेंगे-मरेंगे पर कभी नहीं झुकेंगे।

गोविन्द गिरि ने सबको उलझा हुआ पाकर अत्यन्त शान्त भाव से, गम्भीर स्वर में कहा, "महारावल की अनुमति से मैं निवेदन करना चाहता हूँ।"

सबके प्राणों में प्राण लौट आए। उस समय किसी की कुछ समझ में नहीं आ रहा था कि उबल पड़े ज्वालामुखी का कैसे सामना करें? कैसे म्यान में से निकल उठी तलवार को म्यान में डालने का आग्रह करें? उनके भुजाओं में अब वह शक्ति कहाँ रही है? कहाँ है उनके मन में वह दृढ़ता। चारों ओर आशंका का धुन्ध था, उसे तेजस्वी मध्याह्न के सूर्य ने हटा दिया था। सबकी फड़कती बाँहों में नंगी तलवार की कल्पना का मूंठ थमा रह गया था। पता नहीं कि वह किसके लिए चुनौती थी? तलवार के लिए अथवा मेवाड़ के लिए या वर्तमान के लिए?

गोविन्द गिरि की बड़ी-बड़ी आँखों में तपस्या का बल था, उसका मुखमण्डल चिदाकाश की तरह तेजोमय था और उसका हृदय समुद्र की तरह गम्भीर था। वह अनुमति पाकर कहने लगा, "माननीया राजमाता, सम्माननीय महारावल और कर्मनिष्ठ सभासदो, अभी हम जिस बीते स्वर्णयुग की अन्तर्यात्रा से गुजरे थे, उससे हमारी अन्तःपराजित मानसिकता में हड़बड़ी मच गयी है। बीते कल का गौरव जब हमारी स्मृति में दोपहर के तेजस्वी सूर्य-सा दमकने लगता है, तब उसकी अपूर्व चकाचौंध से मन घबराने लगता है। अभी हम इन्हीं परिस्थितियों में से गुजर रहे हैं। हमेशा जब हम तात्कालिक उत्तेजना से पीड़ित होने लगते हैं तब संयम की बड़ी आवश्यकता होती है। संयम की अन्तदृष्टि चित्त की स्थिरता पर निर्भर है और चित्त की सबलता कर्म के बल पर और उसकी निष्पक्षता पर।...राजकुँवर पृथ्वीसिंह और उनके पिता श्री महारावल के सम्बन्धों में जो चिनगारी उठी थी, वह आत्मबल में उठे संशय का काल्पनिक सैलाब था।...अब हमारे बीच हमारी अन्तरात्मा के तेजस्वी महाराणा प्रताप का अलौकिक अक्षय प्रकाश बादलों की छाया की ओट मे छिप कर रह गया हैं। इस दृष्टि से तात्कालिक अन्तरंगता को कुरेदने से हम उस अक्षय प्रकाश से नहीं जुड़ सकते है, क्योंकि उसके लिए उस उच्च साधना की जरूरत है।...और वह साधना समय और संयम चाहती है। इसका यह अर्थ नहीं है कि हम उस अक्षय प्रकाश की परम्परा से जुड़ नहीं सकते। यही वह संधिकाल है जब चुनौतियों के बीच खड़े होकर बीते समय के अन्तःप्रकाश का आह्वान करते हुए अपने वर्तमान का सामना कर सकते हैं।"

गोविन्द गिरि की वाणी में अहिंसा का बल था, शाश्वत समय का संयम था और चित्त की अन्तर्ध्वनि थी। उसे सुनकर फड़कती भुजाएं थम-सी गयी थीं और सोचने की प्रक्रिया में उठा जलजला थमने-सा लगा था। जोश-होश के साथ चल पड़ा था। कुछ बातें उन्हें अन्दर ही अन्दर कचोटने भी लगी थीं जिनका उनके पास कोई इलाज नहीं था।

गोविन्द गिरि जानते-समझते थे कि मेवाड़ की रियासतों का होता सूर्यास्त ओज-शौर्य की अप्रतिम परम्परा को मात्र प्रतीक के रूप में अपनाए हुए है। उनसे ज्यादे की अपेक्षा करना समय से बिना बल के बग़ावत करने जैसा है।

राजमाता जान रही थीं कि उनमें वह शक्ति क्षय होती गयी है, जिससे रियासत

की रीढ़ की हड्डी कभी तनी रहती थी, उसके माथे पर विषम से विषम परिस्थिति में बल नहीं पड़ते थे और न उसकी आत्मा उससे ओझल होती थी। अन्तरात्मा के बल के बिना अँधेरों से लड़कर ज्योति ब्रह्माण्ड में प्रवेश करना सम्भव नहीं है। उसका पुत्र महारावल की गद्दी पर अवश्य विराजमान है, परन्तु उसमें उस पद के प्रति दायित्व निभाने की योग्यता-क्षमता और आकांक्षा का अभाव है। जो है और जैसा है, उसी को बनाए रख पाने से ज़्यादा उसमें सोचने-करने की शक्ति नहीं है। इस दृष्टि से गोविन्द गिरि का मंत्र सिद्ध समयानुकूल सम्बोधन सर्वथा अनुकूल था।

गोविन्द गिरि आगे कहने लगा, "माननीय सभासदो, इमारत बनाने से पहले उसकी नींव की गहराई, उसका पुख़्तापन और उस पर खड़ी की जाने वाली आकांक्षा का अध्ययन करना जरूरी है। जब तक जमीनी हकीकत से हम अपने को नहीं जोड़ पाएंगे तब तक हमारी योजना खयाली पुलाव से अधिक कुछ नहीं होगी। सबसे पहले अपने इरादों, अपने पावों और अपने हौसलों की पवित्रता, सुदृढ़ता और बाँकेपन को तोल लेना चाहिए। चलने से पहले बटोही को अपने मन की अलिखित भाषा को पढ़कर यह तै कर लेना चाहिए कि उसकी यात्रा जनमत को गौरवान्वित करने की दिशा में कितनी कारगर सिद्ध हो सकेगी। कोई भी यात्रा या अन्तर्यात्रा दृश्य अथवा अदृश्य जनमत के बिना सार्थक नहीं होती। अपने मन्तव्य के साथ यह गीत सुना रहा हूँ। शायद इससे हमारे मन को बल मिल सके और हमारे सोचने को दिशा।" फिर वह नाक से वाद्य का काम लेते हुए धीरे-धीरे गुनगुनाने लगा। पूंजा धीरा को संकेत देकर वह उस गीत को उठाने लगा। उसके साथ पूंजा धीरा का स्वर दो नदियों के संगम की अनुभूति करा उठा। गीत यों रहा :

मारू देश ते रूपालूं रे संकू सरवर।
मारू देश के वाए भील देश सकूँ सरवर।
मारा देश मां ते डुगरा रे मोटा-मोटा रे,
इन डुगरां मां उजाड़े रे बड़ी-बड़ी रे।
इनी डुगरां मां पाखेरू डोल-डोल रे
यां ते पाखेरू पंखवाए, रे बड़ी मोज्या रे।
इनी उजाडूं मां जंगली जनवरा पण रे,
मारू देश तो रूपालूं रे सकूँ सरवर।[1]

सारा वातावरण एकदम संगीतमय हो गया। उसमें पक्षी चहक रहे हैं, जंगली जानवरों के निर्भीक होने का आनन्द स्वर दहाड़ रहा है। हर एक सभासद का दिल जंगल से जुड़ रहा था और अपने देश की गूँजन से गूँज रहा था।

---

1. अर्थात् हमारा देश सुन्दर है—सकूँ सरोवर। हमारा देश भील देश कहलाता है, सकूं सरोवर। हमारे देश में बड़े-बड़े पर्वत हैं। पर्वतों पर घने जंगल हैं। जंगलों की डाली पर पक्षी चहक रहे हैं। पक्षी सुख से आपस में प्यार करते हैं। इन जंगल में रहने वाले जंगली जानवर मेरा देश है।

अब सभासद का मन हलका हो रहा था। गोविन्द गिरि और पूंजा धीरा की रस भरी आवाज सबके दिलो-दिमाग में उतरकर गुनगुना रही थी—जंगलों से भरा जंगली जानवर है।

सबसे अधिक परेशान, हताश और उत्तेजित हो रहा था जयसिंह। अब सभा विसर्जित हो जाएगी। गोविन्द गिरि ने बड़ी चालाकी से राष्ट्रगीत गाकर अप्रत्यक्ष रूप से समापन की घोषण सी कर दी। अब क्या होगा; कितनी मशक्कत, सूझबूझ होशियारी और चालाकी से यह योजना कार्य रूप में परिणित हुई थी और परिणाम वही ढाक के तीन पात। डाटा खरीद लिया गया जबकि दाढ़ी थी ही नहीं।

गोविन्द गिरि का प्रभाव तो और उभरकर सामने आया। सारी माथा-पच्ची एक किनारे रह गयी। ऐसा उसमें क्या है जो उसके सामने किसी की चलने नहीं देता।

इसी वक्त उसके पास एक कागज़ आया। उस कागज़ पर लिखा था कि कर्नल शटन आ पहुँचे हैं। सभा विसर्जित करें। गोविन्द गिरि को उलझाए रखें, शेष को जाने दें। जयसिंह ने वह कागज़ महारावल विजयसिंह तक पहुँचा दिया। विजयसिंह ने वह कागज़ पढ़कर राजमाता की ओर बढ़ा दिया।

राजमाता ने पढ़ा। उसका माथा ठनका। उसके ज़ेहन में आया कि अब?

गहरी साँस भरकर विजयसिंह ने राजमाता की ओर देखा! अब उनके हाथ में क्या रह गया था। उनकी अक़्ल के तोते उड़ गए।

सभा विसर्जित की गयी। राजमाता ने गोविन्द गिरि और पूंजा धीरा को रुकवा लिया। और सब चले गए। जयसिंह सीधे कर्नल शटन के कक्ष में पहुँचा। महामंत्री नाहरसिंह के साथ दो-तीन मंत्री और रुके रहे।

सारा मजा किरकिरा हो गया। वे एक नयी मुसीबत में फँस गए। कहीं उसके गुप्तचारों ने कर्नल शटन को सारी रपट नहीं दे दी हो।

आज अपनी मातृभूमि के प्रेम से भरा गीत सुनकर मन कितना खुश, आनन्दित और पवित्र हो गया था। मन में नए विचार, नए मेघ-से उमड़ने-घुमड़ने लगे थे। सूखे सरोवर, प्यासे खेत-खलिहान, पत्रहीन होते जंगलात और तालाब-पोखर सभी आशा की उमंग पर थिरक उठे थे।

गोविन्द गिरि ने सहज भाव से कहा, "पूंजा धीरा, इस सभा से क्या हुआ? हमें क्या इसीलिए बुलवाया था?"

"मुझे दाल में काला लगता है।"

"नहीं, पूंजा, मनुष्य को कभी प्रतिकूल सोचकर अपने को सजा नहीं देनी चाहिए।"

"सब गए।"

"कुछ हैं।" गोविन्द गिरि ने धैर्य से कहा और वह मन ही मन गुनगुना उठा—गुलामी नी करनी रे। भूरिया (अंग्रेज) भगाया रे। किसी ने नहीं सुना उसे, उसने अवश्य अपने को सुनाया और वह सुनता रहा देर तक, दूर तक।

एक काली कोठरी। उसमें कभी सामान भरा जाता था। उसमें कोई खिड़की नहीं थी। मोटी लकड़ी के दरवाजे थे। उसके दो गेट थे। दोनों पर अलग-अलग दरवाज़े थे। यह चौथी जगह जहाँ गोविन्द गिरि बदला गया। डर पकड़कर काल कोठरी में डालने वालों के मन में था।

गोविन्द गिरि छह मास से बाहर की दुनिया से एकदम कटकर रह गया था अपने आप में।

उसने सुना था कि पूंजा धीरा को भी वहीं कहीं बन्द किया हुआ है।

कितना पहरा। पहरे पर भी पहरा। उन पर सैमशन की गिद्ध आँखों की निगरानी। डर व्यक्ति को कितना कमज़ोर, असहाय, निर्बल और भीरू बना देता है, उसका उदाहरण इससे ताजा और ज्वलंत क्या हो सकता है?

यों तो गोविन्द गिरि दो-तीन बार अज्ञातवास में रह चुका था और एक बार एक तपस्वी के साथ कन्दरा में भी रह चुका था। उस कन्दरा में से वह पंद्रह दिन तक बाहर नहीं आया था। लगभग निराहार रहा था। अन्दर एक मुद्रा में बैठे रहकर, कन्दरा के तिमिर में बिन ज्योति जलाए अन्तः ज्योति की प्रतीक्षा में बना रहकर निःस्वन को स्वर देता रहा था—अलख को लखने की जिज्ञासा में! वह कैसा होगा? पिण्ड से बना होगा या फिर...यह अब उसकी दिव्यता की अलौकिकता अथवा उससे परे की अननुभूति क्षेत्र में प्रवेश कर जाने पर अज्ञात को ज्ञात होगा—असीम का सीमाबद्ध होकर आना, निराकार का ही आकार बनना। क्या वह उस अनन्त तेज पूंज को लखने की शक्ति अपने में जुटा पाएगा। उसमें प्रश्न जन्म ले रहे थे। वह तपस्वी पूर्णतया मौन बना रहा था। वह एक ही मुद्रा में बैठा का बैठा रहा—तनिक भी हिला-डुला नहीं। उसकी आँखें बन्द रहीं। वह एकदम निराहार रहा और अपने से भी अज्ञात रहा। उस तपस्वी को एकांत के भीतर एकान्त की टोह लेने के उपक्रम से प्रभावित होकर गोविन्द गिरि ने श्रद्धा भक्ति से प्रणाम कर पूछा था, "आप यहीं रहते हैं।"

"हाँ।"

"कब से?"

"जब से आँख खुली, अपने होने का अनुभव हुआ और समझ से नाता, जुड़ने लगा।"

"इस घनघोर अँधेरे में बिना कुछ खाये-पिये और बिना प्रतिदिन जंगल गये।"

"हाँ, इसमें ताज्जुब क्यों? तूने पेड़-पौधे फूल-फल को देखा है—वे क्या जंगल जाते हैं।...व्यक्ति की इच्छा शक्ति असीम है, अनन्त है, जब इसे किसी एक पर केन्द्रित कर दे—सिर्फ किसी एक पर अर्थात् उसका कोई विकल्प नहीं रहे तब घनघोर

अन्धकार से जो अदृश्य सूर्य उदित होता है, उससे जैसे यानी सामान्य सूर्य से जैसे हवा, पानी आदि मिल मिलाकर सृष्टि फूटती है, ठीक वैसे ही उस अदृश्य सूर्य के उदित होने के आभास मात्र से एक अलौकिक सृष्टि के स्पन्दन की अनन्त स्वर्णिम अज्ञात अनुभूति होती है। अज्ञात, निराकार, अदृश्य और स्पन्दनशून्य असीम को जब ज्ञात, आकार, दृश्य और स्पन्दन के क्षेत्र में आता पाकर जो कुछ होने लगता है, उसे वाणी व्यक्त नहीं कर सकती–वह गूँगे का गुड़-सा आस्वाद होता है। अव्यक्त की यही व्यक्त समाधि है।"

"मैं कुछ समझा नहीं, तपस्वी।"

"तपस्वी नाम ही समझने से परे का है, जिज्ञासु। जहाँ से जिज्ञासा की यात्रा विराम पाती है, वहाँ से तपस्वी की अनदेखी, अन-अनुभूत यात्रा का प्रारम्भ होता है। ...तू यह भी नहीं समझा ना।"

"हाँ, तपस्वी, यह भी मैं नहीं समझा।"

"समझना चाहता है क्या?"

"मन तो है।"

"विश्वास है या...।"

"यह मैं अभी कुछ नहीं कह सकता।"

तू सच बोलता है, जिज्ञासु।...तू उससे जुड़ तो नहीं पाएगा, परन्तु तेरी जिज्ञासा वृत्ति को अवश्य उससे कुछ न कुछ शमन मिल सकेगा। ठीक जैसे गर्भ में पता नहीं चलता कि कौन पल रहा है? उसका लिंग क्या है? उसका रंग क्या है? उसके अवयव कैसे हैं? क्यों वह उलटा टँगा है उस घनघोर अन्धकार में, जहाँ परमाणु के आकार से कम आकार की ज्योति किरण का आभास नहीं हो सकता। वह पिण्ड है। ब्रह्माण्ड। ये धरती उसी पिण्ड का हेतु है।...अन्धकार से प्रकाश की अक्षय आभा अस्तित्व में कैसे आती है। आती भी है या नहीं। क्या तू उसका ध्यान करना चाहेगा बिना आशा के तो...।"

"तो क्या, तपस्वी?"

"फिर से उस घनघोर अन्धकार में जा। उलटा टँग। पिण्ड बन। निरावयव।... चलता जा। लौटना ही तप है। मैं पन्द्रह दिन के लिए उस घनघोर अन्धकारमयी कन्दरा में अपने अवयवों को बाहर छोड़ कर उतर रहा हूँ एकदम एक ही मुद्रा में, पिण्ड के समान अवस्थित होकर।...हमारी जिज्ञासा का केन्द्र वह है।"

"बैठ लूँगा।"

"डर लगेगा।"

"नहीं डरूँगा।"

"कोई ठिकाना नहीं कि लौटे या न लौटे।"

"मुझे इसकी बिलकुल चिन्ता नहीं।"

“मुद्रा समझता है।”

“आप बता दें।”

“मुद्रा वह होती है, जिसमें तू बैठकर अपने को भूल सके, अपने अवयवों को बाहर ही छोड़कर उस महापिण्ड में उतरने की तैयारी कर सके, जिसके लिए ज्ञात कुछ नही है...और जो है वह अज्ञात है मेरी तेरी तरह।...मैं तुझे नहीं जानता—न तू मुझे जानता। उसके पार चलना है, बटोही तो तू बैठ जा। लगा ले बैठने की मनचाही मुद्रा और छोड़ दे भूत, वर्तमान और भविष्य को। वहाँ इनमें से कुछ नहीं है क्योंकि वह समय नहीं है। संपूर्ण दृशयमान् परिबोध ही समय का सृजन है। इसी से तो है—तू है, मैं हूँ, तू था, मैं था, तू रहेगा, मैं रहूँ। हमें इसके पार जाना है। चल तो। बैठकर चल। बिना हिले-डुले चल। ठीक अपनी धरती की तरह जो निरन्तर घूम रही है बिना पाँव के, बिना साँस लिए, आकार के वस्त्र त्यागकर! जा बैठे।...बैठ जा। मैं भी...मैं छोड़कर...तू भी तू छोड़कर...बैठ जा...बैठता जा, धीरे-धीरे बैठता जा जैसे नदी के तले में पत्थर बैठता है तू बैठ। फिर तू समुद्र के तले में भी बैठने का धैर्य बना सकता है।”

गोविन्द गिरि बैठा। उस घनघोर तिमिराच्छन्न कन्दरा में जिसके प्रवेश द्वारा पर प्रकाश की लघु से लघुतर किरण का प्रवेश वर्जित था।

वह उठा। उसे नहीं मालूम कितने दिनों बाद! वहाँ दिन नहीं...रात नहीं...समय नहीं...समय नहीं तो मरना-जीना नहीं।

वह चौंका! वहाँ वह था, तपस्वी नहीं था। वहाँ घनघोर अन्धकार था। वह यह भी भूल गया था। आज गोविन्द गिरि को याद आ रहा है—वहाँ अन्धकार ही था क्योंकि इतने दिनों से वह यहाँ अन्धकार में है, जिसकी दीवारों पर भी कालिख पुती हुई है।

“तू समाधि ले।”

“समाधि।”

“डरे नहीं।”

“नहीं डरूँ क्या?”

“वहाँ समय नहीं है। जहाँ समय नहीं है, वहाँ जन्म और मृत्यु नहीं है। फिर डरना क्यों? किसलिए? वहाँ जो है, जैसा है, वैसा ही रहेगा। कुछ नहीं बदलेगा। चाहे तू वहाँ बैठा भी रह जाए तो तू वहाँ बैठा ही रहेगा। समयशून्य होकर उतर जा वहाँ, जहाँ धरती, पाताल, आकाश जैसा कुछ नहीं है।”

“अभी तक गोविन्द गिरि यादों की बौछारों से सूखा नहीं था। उसे घनघोर सन्नाटे में, जहाँ स्वर के प्रवेश का पूरी तरह निषेध है, अब वहाँ स्वर सुनाई पड़ रहे थे—तपती प्यासी पपड़ी उपड़ी धरती के मन में मलार के-से वे स्वर थे—”

“राजमाटा, टुम टो समझदार हो। टुम्हारा बेटा नासमझ है। टुम से ऐसा गलती होना कैसे माँगटा।...वो टो महारावल टुम्हारे कारण है। टुम यह कैसे चाहटा है कि उसे

जाने दें जो सारे झगड़े की जड़ है और जिसने मेवाड़ नहीं, गुजरात, मध्यप्रदेश...सब जगह हमारे टुम्हारे खिलाफ झंडा गाड़ दिया है। सरेआम बगावट! हम यानी उनकी भाषा में भूरिया हैं।...हम पहाड़ पहाड़ आ रहा है। छल करता आ रहा है। टुमने सुना ये टोटका। नहीं सुना टो हम सुनाटा है टुम्हें, राजमाटा,।" कहकर वह कुछ क्षण बीत जाने पर सुनाने लगता है धीरे-धीरे गाने की कोशिश करता हुआ–

पाडवां पाडावां (पहाड़-पहाड़) भूरियो...आवे रे। भूरियो साब दमदमाते आवे रे। ...सुना। जे हैं। टुम्हारा भगट, महा मक्कार, गोविन्द गिरि।...किसी लाट साहब से कम नहीं। टुम्हें डराटा है। हमें भगाटा है।...डू यू अण्डर स्टैंड?...ये है पॉलिटिक्स। हिअर इज द पॉलिटिक्स! यू हैब टू लर्न समथिंग।...हाउ टू मैनेज युअरसेल्फ।...ही इज अ मङ्ग्रल (दोगला कुत्ता)...टुम से कुछ कहटा है, जनटा से कुछ और। ...पहना दो उसे मैनकल (हथकड़ी बेड़ी) और डाल दो डैथ सेल (काल कोठरी) में। दिखा दो उसे वास्तविकता कि क्या होता है राजघराने से टकराना। डू, राजमाटा। ...एटवन्स। समय बरबाद मट करो वरना यही समय तुम्हें और तुम्हारे राज को निगलकर डकार भी नहीं मांगेगा।...गो टू हेल (नरक)...एण्ड एन्जाय युअर हेवन (स्वर्ग) पर सँभाल कर? ये टुम्हें एअरलम (पुरखों से मिली संपत्ति) मिला है–गॉड गिफ्ट, राजमाटा।...डोंट मिस द गोल्डन चांस।...अवेल! अवेल!! अवेल (लाभ उठाना)...राजमाटा सुनटा है हमारी बाट कि हम ऑडर दें या खुद हम करें टो फिर टुम कहाँ रहेगा...एण्ड फॉर स्वाट।" कर्नल शटन धमका भी रहा था, मार भी रहा था और रोने भी नहीं दे रहा था। कितना जलील किए जा रहा था और जलील होते हुए भी सूर्यवंशी अपने सूर्यवंशी होने का कोई सबूत नहीं दे पा रहा था।

महारावल की सिट्टी-पिट्टी गुम थी। वाह रे वाह! गजब है...महाराणा प्रताप की आत्मा देखकर आनन्दित हो रही होगी! वाह रे, वाह! आन मान की शान पर मर मिटने के इतिहास के अमर बाँकुरों! वाह-वाह।

गोविन्द गिरि मेवाड़ रियासतों की छीछालेदर होता देखकर तड़प उठा। वह अँधेरी, बदजात, कलमुँही और सीलन भरी काल कोठरी की ओर देखकर सोच रहा था कि रजवाड़े क्यों इतने लुंजपुंज हो गए? क्यों उनमें सत्य का सामना करने की हिम्मत नहीं रही? सन्नाटे बन्द भूखी-प्यासी और विकलांत चहार दीवारी को देखकर उसके नयनों में व्यंग्य तैर गया। क्या यह परम्परा महाराणा प्रताप के न्याय का उदाहरण है? क्या हुआ हमारे देश को? क्यों वह बेइज्जत और नपुंसक होता जा रहा है। किससे पूछे?

कैसे कर्नल शटन राजमाता के यह कहने पर भड़क उठा कि गोविन्द गिरि मात्र भगत है। अहिंसा धर्म में उसकी अटूट आस्था है। उससे कोई ख़तरा नहीं है।

कर्नल शटन का स्वर तेज हो गया और वह कहने लगा, "राजमाटा, लगटा है कि आपको बुढ़ापा सटाने लगा है। क्यों न आपको राजमाटा पद से मुक्ट कर दिया जाए?

क्यों न महारावल की छुट्टी कर दी जाए?"

"कर्नल साहब आप यहाँ की जनता को नहीं समझते हैं। स्वामी गोविन्द गिरि को गिरफ्तार कर अन्दर डालना खतरे से भरा है। यहाँ की धार्मिक जनता बगावत कर सकती है।...तब स्थिति काफी बिगड़ जाएगी?" राजमाता का स्वर विनम्रतापूर्ण था।

"तुम, राजमाटा, कुछ नहीं समझटा। टुम्हारा वह गोविन्द गिरि, टुम्हारी जड़ें खोद चुका है। टब टुम उसको क्यों बाचाना चाहटी हो।"

"ये भील भड़क उठेंगे।"

"यह बाट टुम किटनी बार कहोगी। जो करना चाहिए उससे टुम बचटा रहटा है। यह उसी कारण है, टुम उससे डरता है। हम यहाँ मुट्ठी भर अंग्रेज सारे हिंदुस्तान को सँभाले हुए हैं। इससे पहले मुगल साम्राज्य ने टुमको ठिकाने लगा दिया था। अपनी कमजोरियों को जानो, उनसे सीखो और सीखे को काम में लाओ।... अब टुम बोलो कि गोविन्द गिरि को गिरफ्टार करवाकर उसे सीखंचों के अन्दर करवाएगा या नहीं? हाँ-ना में जवाब दो।" कर्नल शटन का स्वर कठोर और कर्कश था।

फिर मौन पथरा गया।

गोविन्द गिरि यह सोचकर उस अँधेरी काल कोठरी में पड़ा-पड़ा अचानक गा उठा :

अब मोहिं नाचिबौ न अवै।
मेरा मन मंदला[1] न बजावै।।
ऊभर[2] था सो सूभर[3] भरिया चिसनां गागरि फूटी।
काम चोलनां भया पुरानां गया भरम सभ छूटी।।
जे बहु रूप किए ते कीए अब बहु रूप न होई।
थाकी सौंज[4] संग के बिछुरे रांम नांम मसि धाई।
जे थे सचल ह्वै थावेः चूवेः बाद बिबादा।
कहै कबीर मैं पूरा पाया भया रांम परसादा।[5]

इसी समय कोठरी के बाहर पदचाप सुनाई पड़ी। गोविन्द गिरि का ध्यान उन पदचापों पर गया। बाहर कुछ आवाजें भिनभिना रही थीं। अचानक वे आवाजें म्यान से निकली, तलवारें-सी बाहर आयीं, जरा-सी चमकीं और फिर तत्काल म्यान में चली गयी। फिर सन्नाटा सोचने लगा। तन्हाई ने जुम्हाई ली।

गोविन्द गिरि सोचने लगा कि मनुष्य समाज बनाता है। फिर उसमें झूठ-फरेब के रंग भरने लगता है, चालाकी की चालें चलने लगता है और दुःख पहुँचाने के कर्म में जुट जाता है। यह सब वह सत्य, अहिंसा, करुणा, परकातरता आदि का मुखौटा लगाकर करता है ताकि उसके दोनों हाथों में लड्डू रहें।

फिर कतरनों ने करवट ली। फिर आवाज में इरादों की सौगात चमकीं। एक

---

1. मृदंग जैसा वाद्य। 2. रिक्त। 3. अच्छी तरह परिपूर्ण 4. सामग्री 5. अनुग्रह

आवाज थी, "ताला खोलो।"

ताला खोला गया। कुण्डी एक तरफ की। धीरे-धीरे दरवाज़ा अन्दर धकेला। रोशनी तिलमिलायी। उसकी आँखें पर चौंध पड़ने लगी।

एक कड़कदार आवाज़ ने स्वागत किया यह कहकर, "बाहर निकलो।"

गोविन्द गिरि ने धीरे से कहा, "जय गुरु महाराज की।" उत्तर में कई स्वर उठे, "जय गुरु महाराज की।"

"तुम लोग भगत परम्परा को मानते हो, भाई!"

"हाँ।"

"तो चलो, कहाँ चलना है।"

"हमें दुःख है।"

"पर मुझे नहीं।"

"क्षमा करना।"

"चुप बने रहो अन्यथा सज़ा पा सकते हो। तुम्हारे भी घर-परिवार हैं, उनके कच्चे पक्के, आधे-अधूरे सपने हैं, उनको ध्यान में रखो। आगे बढ़ो।"

"जनता बिगड़ चुकी है। उसमें आग है। वह कुछ भी कर सकती है। वह हिंसा पर उतारू है।"

"हमें चुप रहना चाहिए। दीवारों के भी कान होते हैं।" गोविन्द गिरि ने धीरे से कहा।

अब सब मुड़ रहे थे।

"गोविन्द गिरि हाज़िर है।"

दरवाजा खुला। बड़ा कमरा था। वहाँ कर्नल शटन और सैमशन एक तरफ बैठे हुए थे। सामने राजमाता, महारावल विजयसिंह, महामंत्री नाहरसिंह आदि थे।

सब चुप थे।

"स्वामी जी क्या सोचा?" शटन ने पूछा।

"किस पर?" गोविन्द गिरि ने उत्तर दिया।

"जो किया है उस पर।"

"कुछ नहीं किया।"

"कोई पछतावा नहीं।"

"रत्ती भर भी नहीं। क्यों हो, जब कुछ किया ही नहीं।" गोविन्द गिरि ने धीरे से कहा।

"हम सब जानटा है।"

"अच्छी बात है। परन्तु...।"

"परन्टु क्या?"

"जानता है तो अब समझना भी चाहिए।"

"यह क्या कहटा है टुम?"

"वही जो आप सुनता है, कर्नल शटन।"

"क्या टुम्हें अँधेरे से छुटकारा नहीं चाहिए, स्वामी?"

"जिनकी अन्तर्दृष्टि खुली होती है, उन्हें अँधेरा नहीं व्यापता। आप हमारी चिन्ता मत कीजिए।"

"टो जो सम्पूर्ण बांसवाड़ा, डुंगरपुर, पंचमहल, गोधरा, खेड़ा, सूंथरामपुर आदि में हो रहा है, वह क्या है?"

"मुझे नहीं मालूम।"

"हिंसा, आगजनी...मारकाट... ।"

"मुझे नहीं मालूम। मैं तो काल कोठरी में हूँ, जहाँ सूरज की रोशनी नहीं आ सकती।" गोविन्द गिरि ने कहा।

"अब हम तुम्हें आजाद करना चाहते हैं, स्वामी जी।" राजमाता ने हस्तक्षेप किया।

"क्या आप हवा-रोशनी को क़ैद कर सकती हैं, माननीया राजमाता?"

राजमाता चुप रह गयीं।

"हमारी कुछ शर्तें हैं।" महारावल विजयसिंह ने कहा।

"आप महारावल हैं तो होनी भी चाहिए।"

"सुना दो, महामंत्री।"

"कोई जरूरत नहीं है, माननीय महामंत्री।"

"क्यों? क्या तुम मुक्त नहीं होना चाहते?"

"मैं तो मुक्त ही हूँ।"

"क्या बकटा है, टुम, स्वामी।" कर्नल शटन बीच में बोल पड़ा।

"कर्नल जो तुम सुनता है।"

"पछताओगे।"

"कौन?"

"टुम और कौन?"

"सदा से पाप समझ में आने पर पछताता आया हूँ।"

"टो?" शटन का गम्भीर स्वर था।

"डरो मत, कर्नल, मैं कोई हौआ नहीं हूँ—सामान्य भगत हूँ, सारी मानवता के हित की सोचकर करने का प्रयत्न करता हूँ।"

"हम डरेगा, यह टुमने कैसे सोचा?"

"हम अकेला आप इतने लोग, पूरा रजवाड़ा—रेजिडेंसी, पल्टन, कैप्टन—कर्नल।"

"टो?"

"फिर भी डरते हो।"

"क्या बकटे हो।"

"डरते नहीं तो हमें क़ैद क्यों करते?...हर अपराधी डरता है। हर छोटे अपराधी को बड़ा अपराधी डराता है। शासन की यही नीति है। ...डर से शासन-प्रशासन नहीं होता। निडरता अनुशासन के मूल में है। परन्तु तुम यह नहीं जानेगा, कर्नल शटन।" गोविन्द गिरि ने सहज ढंग से कहा।

"स्वामी जी, कुछ ग़लतफहमी हुई थी।" राजमाता ने कहा।

"मुझे कोई शिकायत नहीं है। अन्याय का सामना करो, अत्याचार मत सहो, शोषण अमानवीय है, उसके सामने मत झुको। यह मैंने तब भी आम जन को समझाया था और आज भी मैं वही दोहरा रहा हूँ। अच्छे समाज में ये तीनों बातें नहीं पाई जातीं। समाज अच्छा होगा, निर्भीक होगा और कर्तव्यनिष्ठ होगा तो राज्य स्वतः सुगठित, सुन्दर तथा जनहितकारी होकर सामने आएगा। राज्य से समाज नहीं, समाज से राज्य बनता है। राज्य का संगठन प्रशासन और क्षेत्र सीमित है जबकि समाज का संगठन और प्रशासन बिना फौज के, सुदृढ़, सुगठित और विस्तृत है। समाज मानव का धर्म है, उसकी निष्ठा का कर्म है और संपूर्ण मानवता का उत्सव तथा त्योहार है। राज्य करने वालों को पहले सामाजिक होना चाहिए। उन्हें समाज धर्म और कर्म को मानना चाहिए। यदि राज्य समाज को भयभीत, आतंकित और दबोचने की कोशिश करेगा तो उसका वही हाल होगा जैसा आज के राज्यों का प्रायः हो रहा है।" गोविन्द गिरि के मन में चल रहे राज्य, समाज और व्यक्ति को लेकर अन्तःद्वन्द्व का यह परिणाम था, जो सहज रूप में सामने आ रहा था।

"तो ले जाओ, स्वामी जी।" महारावल विजयसिंह ने कर्नल शटन का संकेत पाकर कहा।

गोविन्द गिरि वहाँ से लौटने लगा—शान्त चित्त होकर, सहज मन से और तटस्थ भाव से वह मन ही मन कीर्तन करता जा रहा था। बीच में अनेक राजवड़े के कर्मचारियों ने उनका 'जय गुरु महाराज की,' से अभिवादन किया और प्रत्युत्तर में उसने भी 'जय मालिक की' कहा। फिर से वह अपनी काल कोठरी की ओर मुड़ने लगे तो उधर आगे बढ़ने से रोकते हुए उनमें से एक व्यक्ति ने हा, "गुरुजी, इधर चलिए।"

"जैसी तुम्हारी इच्छा, इधर चलते हैं। मनुष्य को कभी खाली नहीं बैठना चाहिए। खाली दिमाग शैतान का होता है। उसमें खुराफ़ात पैदा होती है।" इतना कहकर गोविन्द गिरि ने पूछा, "क्या आपमें से कोई भगत जन भी है?"

"हम तीनों हैं, गुरुजी।"

"क्या ग्यारस और पूनम की रात को भजन होते हैं?"

"हाँ, गुरुदेव, होते हैं—रात-रात भर।"

"तुम में से एक भी भगत ने पंचकेशी दाढ़ी और जटा नहीं रखी है।"

वह व्यक्ति अपनी दाहिनी भुजा को खोल कर बताता है, "गुरुजी, यह देखिए

डाम (गर्म लोहे से भुजा पर बनाया गया निशान)।"

"और क्या अब भी भगतों के घरों पर सफेद ध्वजा और हाथ में नेजे (ध्वज) नज़र आते हैं?"

"ज़रूरत से ज़्यादे।"

"क्या मतलब?"

"मतलब यह, गुरुदेव, अब उन लोगों ने भी अपने घरों पर सफेद नेजे फहरा दिए हैं जो भगत नहीं हैं।"

"वो क्यों?"

"वे सब आपके लौटने पर भगत पंथ में कायदे से सम्मिलित होंगे।"

"परन्तु उन्होंने ऐसा किया क्यों?"

"डूंगरपुर रियासत के प्रति अपनी नाराजी जताने के लिए और पादरियों द्वारा धर्म परिवर्तन को टका-सा उत्तर देने के लिए। पादरी भगतों से प्रायः दूर रहते हैं।" उनमें से एक और व्यक्ति ने कहा।

तभी दूसरे व्यक्ति ने कहा, "जो भील भाई लोभ लालच या जोर जबर्दस्ती ईसाई बनाए गए थे, उनमें अनेक भील भाई वापस हिंदू धर्म में लौट आए।"

"किसने किया ऐसा प्रयत्न।"

"जोती महाराज, गवरी भाई, लीवां भगत आदि अनेक आपके शिष्यों ने यह सब कर दिखाया और रेजेडन्सी कोंसिल तक को अपना विरोध दर्ज करवा दिया।...उन्हें यह बता दिया कि गुरुजी को बन्द करने पर भगत आन्दोलन और तेज़ होगा।"

"गुरुदेव, वो पीपिया है—रियासत राजमहल का सबसे पुराना और वफ़ादार सेवक। अब पीपिया यहाँ की गुप्तचरी कर रहा है और यहाँ के समाचार बाहर पहुँचा रहा है। इसी कारण इतने पंचकेशी दाढ़ी और जटा कटवा दी है। इसकी पहुँच सैमशन के माध्यम से कर्नल शटन तक है।"

लीजिए, आपका नया घर आ गया।...इसका कारण भी पीपिया ही है।...कर्नल शटन भी अन्दर ही अन्दर घबरा रहा है।

गोविन्द गिरि ने कुछ नहीं कहा। ताला खुला। दरवाजा खोला गया। वह अन्दर की ओर चल पड़ा। कमरा हवादार था। रोशनी का भी पूरा प्रबन्ध था। वे सब 'जय गुरु महाराज की' कह कर लौट पड़े। गुरु गोविन्द सोचने लगा कि भीलों में चाहे वह राजस्थान का हो या गुजरात अथवा अन्य प्रदेश का एकता, संगठन, आत्म-सम्मान और सक्रिय बने रहने की बात घर कर गयी है। यही तो वह चाहता है कि ईश्वर को मानो और उस जैसे निर्भीकता से आचरण करो।...सबके साथ जीने के लिए किसी से वैर मत रखो। इनसान हो इनसान से प्यारा करो।...इनसान इनसान से नफ़रत क्यों करता है? क्यों धर्म नफ़रत फैलाता है? क्यों एक धर्म दूसरे धर्म को बदनाम करता है? क्या वह पवित्र धर्म है? क्यों नहीं, यह छोटी-सी बात उसकी समझ में आती? क्या

ये सारे संगठन, इसमें राज्य रियासत भी आते हैं, मनुष्य को कष्ट पहुँचाने उसे कारा में डालने और उस पर मनमानी थोपने के लिए हैं?

गोविन्द गिरि यह खबर पाकर कि खड़लाई की पाल गाँव में आदिवासियों को ईसाई बनाया जा रहा है, वहाँ जा पहुँचा।

वहाँ पादरी ऑलिव और अन्य ईसाई मजहब का दल था। उनमें अनेक वे ईसाई भी थे, जिन्हें हाल में ईसाई बनाया गया था। उनमें राकू पंजा भी था जो भील को ईसाई बनवाने में मदद करता था और इस काम के लिए उनसे दलाली भी लेता था।

गोविन्द गिरि को देखकर वे सब घबरा गए। गोविन्द गिरि ने कहा, "ईसाई धर्म गुरु ऑलिव साहब, मैं भी आपकी शरण में आया हूँ।"

राकू पंजा चमका।

पादरी ऑलिव ने ध्यान से देखा और कहा, "मिस्टर गोविन्द गिरि...।"

"हाँ, मिस्टर ऑलिव, आपने ठीक पहचाना।"

"आपका तो अपना पंथ है—भगत पंथ और सम्य सभा भी है।"

"है।"

"फिर?"

"आप इतनी दूर से यहाँ आया—सात समन्दर पार करके आया। वह भी हम आदिवासी समाज का भला करने के लिए...धुर हमारे गाँव तक जा पहुँचा। वहाँ जहाँ कभी हिंदू धर्म का प्रचारक पुजारी नहीं पहुँचा—न कोई आर्य समाजी, किसी ने...क्यों खड़लाई की पाल के भील भाइयो, यह सच है...तुम्हारी ख़ोज ख़बर नहीं ली कि तुम मर रहे हो या सड़ रहे हो अथवा हारी बीमारी के शिकंजे में प्राण गँवा रहे हो।...न किसी ने तुम से आकर यह पूछा कि तुम अकाल की पीड़ा भोगते हुए अधमरे हो गए हो।...है न।"

"हाँ, गुरु महाराज, है।"

"मैंने भी ख़ूब सोचा-विचारा। जब घर के आसपास के अपने धर्म के लोगों की अपनी कोई चिन्ता-फिक्र नहीं है और सात समन्दर पार से मानवता का पुजारी, ईश्वर का असली भगत हमारी-तुम्हारी सुध लेने वहाँ तक जा पहुँचा जहाँ सूर्य देवता की किरण तक नहीं पहुँच पाती। फिर बताओ कि कौन हुआ अपना और कौन हुआ पराया?...म्हाने घना सोचा और भागा-भागा यहाँ चला आया। यह सोचकर आया कि मिस्टर ऑलिव को निवेदन करूँगा कि आप मेरे साथ चलो और हजारों हजार मेरे भगतों को अपने धर्म में दीक्षित कर लो। धर्म हो या आदमी, उसकी पहचान यही है कि वह समय पर काम आए। जो संकट में काम न आए, वह धर्म और आदमी चाहे वह सगा भाई, एक माँ से जना भी ही क्यों न हो अपना नहीं है!...तो तमी बताओ, म्हारे-सगे साथियों,...कि म्हां क्या ग़लत कह रहा हूँ?"

सब हैरत में। सबकी आँखें खुली की खुली रह गईं। पादरी ऑलिव तो

अन्दर-बाहर से आश्चर्य की गंगा में जा डूबा।

"क्यों भाई राकू पंजा, म्हाने कोई ग़लत कहा क्या!" गोविन्द गिरि ने भाषा बदली, मन बदला और पैंतरा बदला।

"राकू पंजा, थे तो जा धरम की दाई-माँ बन चले हो न।" गोविन्द गिरि ने कुछ रुककर आगे कहना जारी रखा, "जे कित्ता आसान है कि इधर धरम बदलो, उधर नरक से सीधे स्वर्ग में—एकदम चमाचम। ठाठबाट। सब कछु टनाटन। फिर काहे ठाढ़ेश्वरी की गैल पकड़ें।...कौन पगला बने, ख़ाक छाने। काम वो जा में टका मिले, शान बढ़े, राज काज में पहुँच सधे।"

इस बार राकू पंजा चमका। ठेठ मेवाड़ी और मारवाड़ी। अपनों के बीच मन रखने की बात। बात में गज़ब का कमाल।...कहीं टोह लेने की तो नहीं है ये कोई चाल। फंदा भी अपना और गला भी अपना। सो फिर कर लो बात।

ऑलिव भी आँखे फाड़े देखता रह गया। उससे कुछ बना नहीं कि वह क्या कहे? आखिर गोविन्द गिरि ने ही मोर्चा सँभाले रखा। वह कहने लगा, "मिस्टर ऑलिव, आप ही यह फैसला करो कि वह दृश्य शानदार होगा या यह! तब हम होंगे और हमारे हजारों हजार भगत भाई। किसन से किशना बन रहे होंगे या जय-किशन से जैक्शन। चोला भी बदला-बदला होगा और सिर भी उठा-उठा। फिर न रजवाड़ों का डर-भय रहेगा और न भूख प्यास की चिन्ता। सब कुछ अपना। ...तब हम हो रहे होंगे ईसाई धर्म के भगत। चारों ओर भगत ही भगत कौन हिंदू फटक सकेगा हमारे पास। जे मुसलिम मजहब से भी ढाई हाथ ऊपर है—चुटिया हो तो चलगी और न हो तो कोई फ़र्क़ नहीं। न रोज़-रोज़ नहाने धोने का टंटा और न छुआछूत का धंधा। सब बराबर—रंक भी, राजा भी।...क्यों ऑलिव साहब वह दृश्य भव्य होगा या ये इस बारह भीलों को अँधेरे में ईसाई बनाना।"

ऑलिव चक्कर खा गया। कहीं, काश ऐसा हो गया तो उसके पौ बारह हैं। पसोपेश में जा डूबा उसका मन। यदि इसमें नहीं हुई पुलपुलाहट तो...। उसमें शंका उठी। पों बजाना भारी भी पड़ सकता है। टिमटिमाहट जारी थी। उसकी सारी प्रकल्पना हिलोरें खा रही थी। उसकी जिंदगी का यह एकदम नया मोड़ था, जब वह दोराहे पर खड़ा यह तै नहीं कर पा रहा था कि किस रास्ते का चयन करे। वह यह बात अच्छी तरह जानता था कि गोविन्द गिरि के नाम का सिक्का वहाँ चलता है। वह सत्यवादी भी है और मानव प्रेमी भी। वह आदिवासियों को धार्मिक, सामाजिक और आर्थिक संकट से उभारकर स्वावलम्बी और कर्मठ जीवन जीने की दिशा में प्रेरित करना चाहता है। उसकी नीयत साफ़ है। यह सब सोच-सोचकर वह पूछता है, "आपने अपने पंथ के माध्यम से भी भील जन में काफी विश्वास पैदा किया है। फिर भी आप यह प्रस्ताव किए हो।"

"हाँ, किए हूँ। जब आँख खुल जाए तब सवेरा।...आपकी सेवा भावना ईसाई

धर्म प्रेरित है। ईसा दीन-दुखियों के मसीहा हैं। गरीब को चाहिए, दो वक्त की रोटी। गरीब का धर्म भी रोटी है, कर्म भी रोटी है और संस्कार भी रोटी है। रोटी देकर आप उसे चाहे जिस दिशा में जोड़ सकते हैं।...मेरी समझ में यह बात नहीं आती है कि इंग्लैड हर दृष्टि से सम्पन्न है, ऐसा वह मानता है और इसी कारण वह इतनी दूर से चलकर यहाँ आया है ताकि यहाँ की गरीबी दूर करने में वह अपनी जीवन्त भूमिका निभा सके।" गोविन्द गिरि ने उसका मन टटोलने का प्रयत्न किया।

"फिर हमें...।" कहकर ऑलिव ने सामने वाले से उत्तर लेना चाहा।

"वही जो आपका हृदय आपको अनुमति प्रदान करे, कीजिए।"

"जैसे...?"

"पूनम या ग्यारस को...या और जो दिन आपको ठीक लगे, एक बड़ा समारोह हो सकता है। और उस समारोह में सर्व सम्मति धर्म-परिवर्तन को भी मौका मिल सकता है। मुझे लगता है कि घास की रोटी खाते इन आदिवासियों को लम्बा समय हो गया है। वे भूख से छुटकारा चाहते हैं। जो उन्हें भूख से छुटकारा दिलवा सके और ससम्मान जीने का रास्ता दिखा सके, वही उनके लिए सब कुछ है।" गोविन्द गिरि उस तह में पहुँचना चाहते थे, जिसकी वजह से वे ईसाई धर्म स्वीकार करने के लिए तैयार हो रहे थे। हालांकि सम्य सभा और भगत पंथ ने भीलों को ईसाई बनने-बनाने से रोकने में बहुत बड़ी सफलता पा ली थी, तथाति जहाँ-जहाँ और जब-तब ईसाई धर्म स्वीकार करने वालों की सूचना मिल जाया करती थी।

गोविन्द गिरि को वहाँ आए काफी समय हो गया था, तब तक आसपास के गाँव के लोग भी वहाँ जमा हो चुके थे।

गोविन्द गिरि ने कहावतों का सहारा लिया। वह कहने लगा, "दन्त्रा कोपे ते कई नी थाय (यानी जगत् नाखुश हो जाए तो क्या? यानी ईश्वर कुपित न हो।)...तोपे राम खबड़ा जेम खाबजे यानी तुझे राम खिलाये, वो खाना।...पगां आड़ी ने जोई ने नी हेंडे तो ठोकर लागे। (यानी जो पाँव को देखकर नहीं चलता उसे ठोकर लगती है।) ..." इतना कहकर गोविन्द गिरि ने सबकी ओर देखा।

सब 'जै गुरु महाराज की' कह उठे—एक बार नहीं अनेक बार। फिर गोविन्द गिरि ऊँचे स्वर में गा उठा :

सुखिया सब संसार है, खाये अरु सोवै।
दुखिया दास कबीर है, जागे अरु रोवै।

गोविन्द गिरि ने और गाया :

तेरे घर के द्वार बहुत हैं
किस में होकर आऊँ मैं।
सब द्वारों पर भीड़ मची है।
कैसे भीतर जाऊँ मैं।

"भगतो, थे जानते हो कि...

पानी बिच मीन पियासी,
मोहि सुन-सुन आवै हांसी।
घर में वस्तु नज़र नहि आवत
बन बन फिरत उदासी।
आतम ज्ञान बिना जग झूठा।
क्या मथुरा क्या कासी।

समझे भगतो, सच यह है कि घर में वस्तु नज़र नहिं आवत।...पता नहीं थारे कूँ आवत हो। जब थे कँ अपने घर में रखी वस्तु नज़र नहीं आवे तब जा उम्र में पराये घर में क्या खाक़ नज़र आएगी।" वह कुछ रुककर कहने लगा, "थारे राम पूछेगा, तुम्हारा शिवालय पूछेगा, थारा चेचलाया का भेरा पूछेगा, तुम्हारा खाखा बावजी पूछेगा, थारी बायड़ी की बायड़ी पूछेगी, तुम्हारी उथरदा की कना पूछेगी कि थाने चोला बदले बिना मन कैसे बदला। महादेव-महादेवी ...शिव-पाखती को पूजते-पूजते, उन पर दूध पानी भर लुटिया फिर कौन डालेगा।

सारे भील पानी-पानी होने लगे। ऑलिव जो कुछ समझ रहा था, वह उसे गड़बड़ लग रहा था। भीलों के चेहरों पर उत्साह उभर आया था। यह उत्साह और उल्लास किसलिए? ये आनन्द-खुशी किसलिए? क्या बात है? वह बराबर गोविन्द गिरि के चेहरे की ओर देख रहा था और उसके मधुर संगीत को सुनकर मन ही मन पछता रहा था।

गोविन्द गिरि की अनगढ़ रसधारा बहे जा रही थी। सब उस रस धारा में बहने लगे थे। वह कहने लगा, "मिस्टर आलिव साहब हमारे लोक गीतों की धारा में यह संवाद बहुत बार सामने आता है। आप भी ध्यान से सुनना। फिर सोचना। सोच कर तै करना कि क्या ठीक है, क्या ठीक नहीं है। आखिर उसके घर जब हम पहुँचेंगे तब वह आपसे भी पूछेगा और मुझसे भी। उनकी दृष्टि में कोई बड़ा-छोटा नहीं है—सब उनके बन्दे हैं। सब बराबर हैं। हमारे यहाँ के पुरुष ही नहीं भीलड़ी भी कद्दावर होती हैं। आत्म ज्ञानी होती हैं। उन्हें भी सच-झूठ का पता होता है। करने या न करने का पता होता है। वे किसी माया में नहीं पड़तीं। वे महाराणा से भी नहीं डरतीं। और न वह माया के जाल में फँसतीं।"

गोविन्द गिरि तनिक रुका। उसने पाया कि सब एक रस हैं। ऑलिव भी मनन कर उठा है। उन्होंने गहरी साँस लेकर आगे कहा, "भगतो, मिस्टर ऑलिव साहिब, एक बार क्या हुआ कि एक महाराणा एक भीलड़ी की सुन्दरता पर लट्टू हो गया। उसे क्या कमीं थी। धन था, महल थे, रुआब-रुतबा था। कौन भीलड़ी ऐसी होगी जो महाराणा का इशारा पाकर धन्य न हो जाए और सब कुछ छोड़छाड़ कर महाराणा के महल में न पहुँच जाए। परन्तु सच्ची भीलड़ी और सच्चे भील किसी माया मोह में नहीं

फँसते। वे भूखे-प्यासे रहकर भी पराई चुपड़ी रोटी, छप्पन प्रकार भोज-भाज, सोने-चाँदी के एक से बढ़कर एक जेवरों की ओर नहीं देखते। न उसके ठाटबाट पर रीझने लगते। यह है एक संवाद महाराणा और भीलड़ी के बीच का। क्या कहता है महाराणा और क्या कहती है भीलड़ी। लो सुनो, भगतो :

महाराणा – ए भीलड़ी, ए भीलड़ी, म्हारा म्हेलां ने देखण आवजे जी राणा।

भीलड़ी – ओ राणा जी, ओ राणा जी, थाणा म्हेलां ने कई देखणाजी राणा अस्यों म्हारे डूंगरिया रो ठाठ सा।

महाराणा – ए भीलड़ी, ऐ भीलड़ी, म्हारा तूंबड़ा देखण आवजेजी राणा।

भीलड़ी – ओ राणाजी, ओ राणाजी थाणां तंबूड़ा ने कई देखणाजी राणा, अस्यो म्हारे घाघरिया रो घेर सा।...थाणां हाथियां ने कई देखणाजी, राणा अस्यो म्हारे भैसें सा। थाणं अश्वां ने कई देखणाजी, राणा, अस्यो म्हारे गायों का ठाठ-सा।

यों अन्त में भीलड़ी यहाँ तक कह देती है कि थारे ने क्या देखना, थारे से तो म्हारा चरवाहे ग्वाले हैं।...अबँ भगतों, थे याद करो कि थारूँ कूँ क्या करना है? भूरिया के धर्म के साथ जाना है या अपना धर्म निभाना है, जिसमें जन्म पाया है और जिसके साथ अब तक सुख-दुःख से जीकर मस्त रहे हो। वहाँ थारी बहिन भी है, भाई भी है, चाचा-ताऊ भी हैं।...जे गाँव हैं, फले हैं, देवरे हैं, चौपाल हैं...और फिर गवरी हैं, उनके कथा सूत्र हैं, गवरी के वाद्य हैं–माँदल और थाली। तीज त्यौहार हैं, मेले-ठेले हैं। गवरी के देव, मानव, दानव, पशु आदि पात्र हैं। उनमें थे भी हो। क्या इस जाने पहचाने, अनुभव में जीते-जागते, काले-पीले, नीले, लाल रंग-रूप सज्जा के कमाल हैं। क्या इनसे मन दूर हो जाएगा? जे थारे ने सोचने की बात है।...अच्छा मिस्टर ऑलिव साहिब, "इतना कहकर गोविन्द गिरि खड़े हो गए। उनके साथ सब उठ गए। वह हाथ जोड़कर बोले," भगतो, हम तो चलते हैं, बाकी सोच विचार आपका है।...अच्छा मि. ऑलिव साहिब चलते हैं। आप भी विचार करना कि भोले-भाले जन को एक धर्म से दूसरे धर्म में लाकर आपको क्या मिलना-मिलाना है? जवाब तो वहाँ जाकर आपको-हमको ही देना है। यहाँ के चक्कर, हानि-लाभ, यश-अपयश आदि वहाँ आपकी क्या सहायता कर पाएंगे? पता नहीं, आपका किस ईसा में विश्वास है? उस ईसा में जो दूसरे के लिए क्रूस पर चढ़े थे या उस ईसा के प्रति जो उस ईसा के नाम पर दुकानें चला रहे हैं, अन्ध विश्वास फैला रहे हैं और लोगों को उनके दिल से दूर ले जा रहे हैं।...जै मालिक की।"

सबने एक स्वर से कहा, "जै गुरु महाराज की।"

वहाँ से गोविन्द गिरि चल पड़ा। उनके पीछे सब-के-सब चलने लगे। गाँव के द्वार पर आकर गोविन्द गिरि रुके और सबसे लौट जाने का आग्रह किया।

एक याद सामने से गुजर गयी गोविन्द गिरि के सामने से। हवा तेज चल पड़ी थी। खिड़की के दरवाजे बजने लगे थे। उसने गहरी साँस ली। फिर आगे बढ़कर

खिड़की बन्द की। पलंग पर आकर वह पुनः बैठ गए। सामने की दीवार के उखड़े प्लास्टर के साथ छिपकली चिपकी हुई थी और साँस रोके वह अपने शिकार पर गिद्ध दृष्टि गड़ाए हुई थी।

गिलगिलिया चिड़िया अपने झुण्ड से बिछुड़कर रास्ता भूल गयी। उसे आसमान समन्दर सा नज़र आ रहा था। वह हैरान-सी इधर-उधर घूम-घाम कर लौट आयी थी। उसे नहीं मालूम था कि वह वहाँ लौटी है या नहीं, जहाँ से चली थी।

आसमान सूखा था।

धरती में खामोशी थी। तेज हवा का उस पर कोई असर नहीं था। उस पर से पपड़ी उखड़ी हुई थी। लगता था कि सालों साल से वहाँ कहीं तिनका भी नहीं जन्मा था। जिधर देखो, उधर ढोर डंगर मरे पड़े थे। कहीं उनके ढाँचे बिखरे पड़े थे।

सन्नाटा बिखरा पड़ा था। कैसा था वह आलम! जहाँ साँस लेने का स्वर सुनाई नहीं पड़ा था।

"मान जाओ, स्वामी।...अकेले जीने की जिद्द छोड़ो। जो हुआ, वह हो चुका। गया हुआ लौटकर नहीं आता। सब्र करना पड़ता है।"

गोविन्द गिरि ने कोई जवाब नहीं दिया। उसके मन पर तो बदली पहरा दे रही थी। कितनी चाह थी। कितना मन था। पगली ने कहा था, "यहाँ हम अकेले हैं। मन कभी-कभी डरपत है। यहाँ से निकलकर तुम्हें कुछ याद नहीं रहता कि पीछे किसी से वादा करके आए हो। वहाँ कोई उनकी याद करती होगी और दरवाज़े पर खड़ी अपनी आँखों को कभी आसमान पर तो रास्ते पर टाँगे देती होगी।"

याद तो आती रही। कभी याद ने रातों की नीद भी छीनी थी। परन्तु...। परन्तु का खुलासा करने बैठा जाए तो...। उसका गुस्सा उचित होगा। ऐसे में उसे तनाव न घेरे, यह दायित्व उसका भी है।

"गोविन्द मैं नहीं जानती कि प्यार क्या है?" क्या सम्मोहन है? क्या रीझते जाना है? आखिर किस लिए मैं अपने आपको नहीं सँभाल पाती? क्यों मैं जानते-बूझते तुम्हें लेकर दूर तक निकल जाती हूँ और ऐसा अनुभव करने लगती हूँ कि तुम्हीं वह पुरूष हो, जिसे महादेव ने मेरे लिए बनाया है और मेरे पास भेजा है। पर मैं नहीं जानती कि सच क्या है।" बदली मगरी के दूसरी ओर जहाँ से जंगल शुरू होता था और जहाँ नाहर, तेंदुए आदि का डर भी बना रहता था, उधर चली आयी थी और गोविन्द गिरि का हाथ थामे बतिया उठी थी।

"जानता मैं भी कुछ नहीं हूँ। तुझे देखकर पहली बार ही मुझे लगा कि...तू मुझ पर बदली बनकर छाती जा रही है और मैं बिना बारिश भीगता जा रहा हूँ। चाहते हुए

मैं किसी कंदरा-गुफा की शरण नहीं ले पा रहा हूँ तन-मन दोनों रिमझिम वर्षा में भीग चुके हैं। बारम्बार होंठों पर पिघल आयी बूँदों को अपनी अँगुलियों से हटाता हूँ और वे बूदें फिर घिर आती हैं। हवा में हिम-सी सिहरन दौड़ पड़ती है। देह में कँपकँपी होने लगती है परन्तु मैं वहाँ से कहीं भागने की नहीं सोच पाता। मानों बचने की मुझे जरूरत नहीं है और तुम्हें अपनी साँसों में घुलता हुआ पाए जा रहा हूँ और तुम गा उठी हो मेरे साथ भीगती हुई, मस्ती में झूमती हुई और बिन नदी के नदी में तैरती हुई–"

सुंरगी रुत आयी म्हारे देस,
भलेरी रुत आयी म्हारे देस,
मोटी-मोटी-छाँटया ओसरयों ऐ बदली
तो छांट घड़े के मान, मेवा मिसरी।
सुंरगी रुत आयी म्हारे देस,
भलेरी रुत आयी म्हारे देस।[1]

"ये थे क्या कहते हो?...बदली उनकी बाँहों में अपने को सिमटा पाकर घबरा जाती और एकान्त में मन की दिशाओं को सम्बोधित कर पूछती," ओ अदृश्य दिशाओं थे म्हारे नू क्यों अपनी बाँहों में कसे जा रही हो और मैं क्यों इतनी विवश हो उठी हूँ कि कोई प्रतिरोध नहीं कर पा रही हूँ। यह मुझे क्या होता जा रहा है कि मैं अपनी गोरी भुजाओं में तुम्हें भरकर अपने में उतार लेना चाहती हूँ और एक तुम हो कि मुझ पर आसमान बने उतरते छाते जा रहे हो। ओ कंदील, तू साक्षी है! तुझे ही साक्षी रहना है कि प्रयाग यहाँ था, प्रयाग यहाँ है, प्रयाग यहाँ रहेगा। तू मेरा साथ कभी मत छोड़ना।

क्यों गोविन्द देह क्यों जल उठी है? सुना है कि जब कोई दीपक राग उठाता है, तब देह जल उठती है, परन्तु यहाँ तो किसी ने दीपक राग नहीं उठाया है। क्या थेने उठाया है।" जंगल से छनकर आती हावाएँ देह गुदगुदा रही होतीं और बदली पूछने की मुद्रा बनाकर उसके जवाब की प्रतीक्षा करती।

"नहीं, म्हाने नहीं उठाया।"

"तो गोविन्द, किसने उठाया?"

"नही मालूम।"

"थारे कूँ यह मालूम है कि थे नदी में तैर रहा है।"

कुछ देर बाद गोविन्द गिरि आँखें झपकाकर कहता, "हाँ, नदी है बदली, और मैं भी उसमें बहे जा रहा हूँ।"

---

1. हमारे देश में सुरंगी ऋतु आयी है। हमारे देश में बहुत भली ऋतु आयी है। ओ बदली, तू काफी मोटी-मोटी वूँदों में बरस पड़ी है। एक-एक बूँद एक घड़े के समान है। मेवा और मिश्री के समान प्यारी ऋतु हमारे देश में आयी है।

"पूरा चाँद भी है।"

"हाँ-हाँ" एकदम पूरा चाँद है—उसकी रिमझिम उतरती चाँदनी भी है।"

"वह लिपटे जा रही है तन-मन से।"

"हाँ...अब आँखें मिच रही है।"

"उन्हें खोले रख, गोविन्दा।"

"यह मुझसे नहीं बनता।"

"थे पानी में है। ऊपर से अमरित चाँदनी बाहर-अन्दर समाती जा रही है, कठ गुलाब की प्यारी-प्यारी गन्ध की तरह। क्या फिर भी तन मन जल रहा है?" बदली के स्वर में कचनार के फूल महकने लगते।

"हाँ...हाँ, बदली, हाँ—तन भी जल रहा है और मन भी।...थारा बदली?"

"म्हा थारे सूँ अलग हूँ क्या? सच झूठ नहीं जानता।"

"प्यार भी।"

"क्या प्यार भी झूठ नहीं जानता?"

"जानता होता तो वह प्यार नहीं होता।"

"प्यार होने का अरथ है, नहीं जानना।"

"जाने हुए को बिलकुल भूल जाना।"

"ये तू क्या कहता है, गोविन्द?"

"जो प्यार कहलवा रहा है। क्या थारे में पपीहा का पी कहाँ, पी कहाँ का अमरत नहीं गूँज रहा है।"

"म्हारे में तो वो पपैया...।" कहते हुए बदली चुप हो जाती।

"कौन-सा पपैया! कहीं वह तो नहीं...।" सिर खुजाता गोविन्द रह जाता।

"वही-वही, गोविन्द वही...।" कहते-कहते बदली का कण्ठ कूहकता रह जाता।

"जो रसाल की गुठली से बनाया जाता है।"

"और जिसे फूँक मारकर बजाया जाता है। बचपन में म्हाने और म्हारी सहेलियों ने जंगल में जाकर, चोरी से आम तोड़े फिर ताल के किनारे बैठकर उन्हें चूसे। ...जब छक उठे तब उनकी गुठली को पानी में धोया। फिर उनसे सीटी बनायी।...एक साथ कई सीटियाँ बज उठीं। जितने हम उतनी सीटियाँ-पपैये बज उठे। मोर नाच उठे। कोयल कूहकने लगी है। हम उछल पड़े और बिना किसी से पूछे-ताछे भाग खड़े हुए। भागते गए। साँसें भर आयीं। हाँफी धौकनी-सी चल पड़ी। चोली के बन्द कस उठे। धौंसा (नगाड़ा) बज उठे बिन धौंसिया के।" बदली गोविन्द के कमर कसते हाथों की रस्सी से छूटकर कहती होती अपनी चोली को आँख के इशारे से डाँटते हुए। उसकी बिजली सी चमकती आँखें पूछती होतीं, "क्या प्यार यही है। क्या प्यार का पलाश यही है। क्या प्यार का रितु यही है। ऋतुराज का आगमन यही है!" तब बदली के हाथ में होता पेहँटा (मक्के के खेत में होने वाली एक लता, जिसके फूल की कचरी और

सब्जी बनती है।) और होंठों पर थिरक रही होती तितली के रंगों की सी बौछार।

"अभी पैंचा (मंगनी) भी नहीं हुई और बिन झूले के पेंग मार उठा मन। लड़ने लगे पेच और खिलने लगे कठ गुलाब। क्यों...क्यों होता है ये सब कुछ?" बदली गोविन्द की बाँहों में झूलते हुए छिटककर दूर जा खड़ी हुई और पूछने लगी, "यही होता है क्या प्यार?"...क्या यही होता है ठगलाडू? क्या यही होता है प्यार का ताप? ...कुछ तो बोलो, गोविन्द, गूंगे मत रह जाया करो इस वक्त। मन म्हारा पूछता है और हम खाली दिशाओं की ओर देखते रह जाते हैं।...थे सच बोलना, थारे कूँ राम जी की सौंह।"

"बदली म्हारे कूँ थारे से ज्यादा कछु पता नहीं, म्हारा विश्वास करना।" गोविन्द गिरि कंठ छूकर कहता होता।

"फिर किससे पूछें?" भौजाई से पूछा तो वह तुनककर बोली, "बखत आने दे लाडो। थारे कूँ सब मालूम पड़ जाएगा।"

"जे बखत कब आएगा?"

"जब थारा दिल बरसाती नदी होकर लहरों-सा उछलने लगेगा।...थे अपने में नहीं रहेगी। पहाड़ी नदी सी दौड़ती-फाँदती कूदकर सारे जग को पार कर लेने को उतावली हो जाएगी।"

"थे तो हुई होगी।"

"थे म्हारी नहीं, अपनी बात कर।"

"थारी क्यों नहीं। थारी तो बाँकी उमरिया भी हम से ज़्यादा है।"

"पर म्हा थारी सी हूर की परी नहीं हूँ कि जो देखे तो देखता रह जाए पागल की तरह। थे जिधर जाए, उधर ही थारे पाछे लट्टुअन की घूमने लगे कतार।"

"ऐसा म्हारे में क्या है?"

"ये तो थारा प्रेमी पागल बतलाएगा या वो जो थारा बीन बनकर घोड़ी पर आएगा और तोरण के तलवार छुआएगा, म्हारी चहकती चिड़िया, बातूनी रसवन्ती।"

गोविन्द गिरि भावुक हो उठता। उसमे वयः संधि वनाग्नि अभी सुलगी नहीं थी। सिर्फ उसके होने का आभास दे रही थी। दरअसल वह सबसे अलग था। उसके लिए जगत् सिर्फ देखने से ज्यादा नहीं था। उसे अपने अन्दर अनुभव का स्वर किसी अज्ञात और गुम हुई नदी सा बहता लगता था। उसमें जन्मते थे अनोखे और अनसोचे प्रश्न, जैसे—

—आसमान का आकाश कहाँ। जिस प्रकार धरती का आसमान ऊपर नज़र आता है। आसमान भी तो अपनी धरती है। क्या हर धरती का एक आसमान होता है? क्या वहाँ भी इस तरह जन मानुख रहते हैं? वे क्या करते हैं? "वही, जो हम।"

ये साधु क्यों है? क्यों जंगल-जंगल की खाक छानते घमते हैं ये? ये कुछ काम क्यों नहीं करते? मानुख मेलजोल से क्यों नहीं रहता? दो जून का खाना उसे क्यों नहीं

मुयस्सर होता? एक तरफ इतने अमीर क्यों हैं और दूसरी ओर इतने गरीब? यह कैसा समाज है—एक तरफ अधिकार से खिले चेहरे मनमानी करते हैं और दूसरी तरफ़ निरीह प्राणी केवल मामूली दिहाड़ी पर अधिकार वंचित होकर काम करते हैं। इस प्रकार के प्रश्नों से जूझते हुए उसे कभी समय ही नहीं मिला कि वह प्रेम के बारे में सोचे। कैसे सोचता क्योंकि कई बार उसके परिवार और उसे महुआ सेककर और फुमाड्या खाकर दिन गुजारने पड़े थे। ठीक से आए दिनों में भी उसने मूड़ा (महुआ) का मधुरस सेवन नहीं किया। जब मेले में से बाहर आने पर वह लड़की मगरी पर उसके पीछे-पीछे भागती आयी और उसकी कलाई पकड़कर बोली, "क्यों रे गोविन्द, क्या कहता है?"

गोविन्द की देह में कलाई पकड़ते ही धूजणी (कँपकँपी) दौड़ गयी।

वह पूछ रही थी, "क्यों क्या कोई और मन में बसा ली है।...थारे कूँ कभी किसी अन्य लड़की के साथ नहीं देखा। फिर भी, थे म्हारी तरह अपनी मरजी का मालिक है।...जहाँ तक म्हारा सम्बन्ध है तो...सुन ले, म्हारे मन के राणा, म्हारे कू थे पसन्द है। म्हाने थारी पसन्द का नाम...। "जे देख...।" उसने अपनी बाँह दिखाते हुआ कहा "गोदड़ो गुदवा लिया है।...धारदार चाकू से जे गूदना निखर आया है। जा में टोंचा दे देकर साँप की चमड़ी जला कर उसकी राख भरवाई है—सरसों का तेल मिला कर।"

गोविन्द गिरि अपनी कलाई छुड़ाकर उसकी ओर देखते हुए चकित रह गया। वह कुछ बोल नहीं सका।

"थारे कू मालूम है, जा मगरी (पहाड़ी) पर म्हारे-थारे कू जाते हुए कई जनों ने देखा है। थारे म्हारे माँ-बाप भी जा रिश्ते से राजी हैं।...थे नहीं चाहता कि विवाह पर लगाया जाने वाला टीली वराड (विवाह के समय का कर) दिया जाए।...न म्हारे माँ-बाप कोई रक़म माँगते हैं।...म्हे भी थारे सूं कांगसी, बिंदी, काँच आदि की इच्छा नहीं रखती हूँ...तब तो थे...। आगे क्या कहूँ। थारी बीननी बनकर म्हारा मन...।" कहते-कहते वह रुक गयी। उसकी आँखों में ललाई छाने लगी और उसकी छाती पर झूलती सांकली (गले का आभूषण) थिरक उठा। उसकी घुटनों से सटी फड़की (साड़ी) और चिपक गयी। उसके माथे पर माँडा गोदना आँख बन गोविन्द गिरि पर जा टिका।

अब तक गोविन्द गिरि ने अपने को संभाल लिया था। इससे पहले उसने एकांत में और इतने नजदीक किसी लड़की से बात नहीं की थी। आज एकांत में उसने जाना कि कुँवारी जवान लड़की में कैसा जादू होता है जो मानुख के मन पर तत्काल छा जाता है। अब उसे लगा कि वह युवती उसे एकांत का अर्थ समझा रही है। एकांत में जब लड़की युवक पर भारी पड़ने लगती है, तब वह युवक कितना दयनीय होने लगता है। यदि वह उसे एकांत में पाकर उस युवती के सामने विवश होने लगता है तो वह लड़की उसे उत्तेजित करने की कोशिश करती है। उसने गोविन्द गिरि को घबराता पाकर कहा, "थारे कूँ घबराने की ज़रूरत नहीं है। मर्द का जिगर रखता है

तो मिमियाता क्यों है।...यदि किसी पर दिल आ जाए तो वह पीछे नहीं हटता और ईश्वर उसका साथ दे तो उसका बढ़ा हुआ कदम सारे फले में मिसाल बन जाता है।"

"कौन मिमियाता है? किसका मिसाल बनने का मन नहीं।"

"झूठल (झूठ) मत बोल।"

"झूठल बोलकर मुझे क्या मिलेगा। सच यह है कि म्हाने आज तक कभी सोचा नहीं।"

"तो अब सोच ले।"

"अभी सम्भव नहीं है।"

"तो कब सम्भव है?"

"यह मैं नहीं जानता।"

"तो तू क्या जानता है?"

"पता नहीं।"

"साधु बनने का मन है क्या?"

गोविन्द गिरि चुप रह जाता।

"साधु भी विवाह रचाते हैं। वे भी अच्छे गिरस्थी बन कर जीते।"

गोविन्द गिरि चुप रह जाता।

तभी ढोल के दमाकों की ऊँच गूंज आसमान सिर पर उठा लेती। गोविन्द गिरि लौटने लगता। आगे वह जा नहीं सकता था क्योंकि उससे आगे घना जंगल था। उधर कोई जाता नहीं था। वह सामने आकर रास्ता रोक लेती और कहती, "थे म्हारी बेइज्जती करके नहीं जा सकता।...समझा कि नहीं।"

"यह थे क्या कहती है?"

"कोई लड़का किसी लड़की को लेकर एकांत मगरी पर चढ़ जाए तो इसका क्या मतलब हुआ?"

"मै थाने लेकर नहीं चला।"

"आगे कौन था—थे या म्हा थी।"

"उससे क्या?...म्हाने तेरी तरफ देखा तक नहीं।"

"म्हाने देखा तो?"

"तो क्या?"

"गले मत पड़।"

इतना तिरस्कार। प्यार का अपमान करने वाले को देवी-देवता नहीं छोड़ते। "तू चावंडा लालां-फूलां, अंबाव-मेलड़ी केशरिया गलालैंग, राइका भूणाभेंद्द...किसी को तो मानता होगा तोहे बाकी सौंह।"

फिर गोविन्द गिरि वहाँ नहीं रुका। वह उसका पीछा नहीं कर सकी। तब का मामूली सा अनुभव बदली को देखते ही अपने को भूल गया और उसकी तरफ खिंचा

चला आया। आज उसे सन्नाटे में अकेले बैठे वह सब याद आ रही थी और उसका हृदय कँपा रही थी।

कैसा भयानक अकाल...गाँव के गाँव या तो खाली हो गए या वहाँ सबके सब—क्या बच्चे, क्या जवान-बूढ़े, क्या ढोर-डंगर अकाल के काल में समा गए। कोई नहीं बचा।

समूचा बागड़ गोविन्द गिरि के विद्रोह पर उतर आया था। छुटपुट घटनाओं ने डूंगरपुर के महारावल विजयसिंह और राजमाता की नींद हराम कर दी थी। आशंका यह बनती जा रही थी कि कभी भी भील उन पर आक्रमण कर सकते हैं। कर्नल शटन को जैसे-तैसे समझाया और बताया कि इस साल भयंकर अकाल पड़ा है। यह अकाल (सन् 1899 में) सारे बागड़ (डूंगरपुर-बांसवाड़ा) प्रदेश को अपनी चपेट में ले चुका है। जैसे-तैसे समझा-बुझाकर कर्नल शटन को मनाया जा सका।

कर्नल शटन भी जान रहा था कि गोविन्द गिरि का प्रभाव समूचे बागड़ से बाहर भी फैलता जा रहा है। उसकी पत्नी तथा माता-पिता अकाल की चपेट में ऐसे आए कि उनमें से कोई नहीं बचा। उनके ढोर-डंगर भी काल कलवित हो गए। कूरीया जी को मध्यस्थ बनाकर यह निर्णय बना कि गोविन्द गिरि को छोड़ दिया जाय। और उसे छोड़ दिया।

वहाँ से सीधे गोविन्द गिरि अपने गाँव पहुँचा। नर पशु कंकाल से अटे पटे रास्तों ने उसे हिलाकर रख दिया। उसकी जवान बीननी, माता-पिता आदि सब-के-सब भूख-प्यास के ऐसे शिकार हुए कि उनके प्राण पखेरू उड़ गए। उसका शिशु जन्म लेने से पहले ही नवें माह के शुरू में बिना प्रसव हुए ही चल बसा।

गोविन्द गिरि का मन हाहाकार कर उठा। उसके सूने मन में अपनी पत्नी बदली की मादक मुस्कान और अपने मृत शिशु की किलकारी गूंज उठी और वह पागल हो उठा।

अब वही वीरान बांगड़ उसकी साँसों में धुएँ-सा उतरकर फैलता जा रहा था। आख़िर वह अपने गाँव बैडसा और बागड़ दोनों को आखिरी बार नमन कर गुजरात के सूंथरामपुर की तरफ होता हुआ अन्त में गोधरा जाकर अपना मुकाम बनाया।

धीरे-धीरे गोधरा में गोविन्द गिरि ने भगत पंथ का प्रचार प्रारम्भ किया और सम्य सभा के उद्देश्यों से सबको परिचित कराना प्रारम्भ किया। परन्तु अभी तक उसके मन पर से बदली की अकाल मृत्यु का असर उतर नहीं रहा था। कभी बदली ने उससे कहा था, "गोविन्द, मेरे मामा ने मुझे समझाया था कि गोविन्द का मन संसार में नहीं रमेगा। इसकी रिश्तेदारी भी नहीं के बराबर है। मेरा मन डरता है। मुझे और तेरी मामी को यह चिंता सताये जा रही है। उसने मरते समय कहा था, "बदली थारे हवाले छोड़े जा रही हूँ। इसको म्हारे जैसा धणी नहीं मिले, इसका ध्यान रखना।" ...उसकी बात म्हारे मन पर घणीं छाया सी छाये हुए है।...म्हारा मन थारी पसन्द को भी नकार नहीं

सकता, क्योंकि तेरी जिंदगी का सवाल है। थे जिसके साथ खुश, वही म्हारे लिए सौगात है।"

"फिर भी थाने मुझे स्वीकार कर लिया।"

"म्हाने नहीं, म्हारे मन ने, म्हारे दिल ने, म्हारी आत्मा ने थारे को धणी मान लिया। म्हारी माँ ने भी हम दोनों को आशीर्वाद दे दिया।"

"थारे पिता?"

"उनको बुलाया ही नहीं। क्यों बुलाते? वो म्हारे कैसे बाप!...ना ना...उनका जिक्र मत कर।...म्हारे कूँ थे के साथ जीना है, थे के साथ मरना है।"

"मरने की बात मत कर, बदली। थारे कूँ म्हारी उम्र लग जाए।"

"थे म्हारे कूँ पाप में क्यों ढकेलते हैं। वो औरत भाग्यशालिनी होती है, जिसकी अरथी को पति का कंधा मिले।..."

"बदली...।"

"नाराज हो गया पण सुहागिन का स्वर्ग यही है, गोविन्द।"

"थे अभी से तो बड़े-बड़े के कान काटने लगी।"

"पर थारे नहीं।" कहकर बदली हँस पड़ी। उसके मोतियों से दाँत दमकने लगे। उसकी चंचल आँखें सुरमई हो गईं।

गोविन्द गिरि कैसे भूले उसे। वह उसका जीवन थी।

गोधरा के गाँवों में गोविन्द गिरि घूम रहा था। भगतों की संगत को जीवन दान दे रहा था।

वह वर्षा की रात थी। बिजली रह-रहकर चमक रही थी। कभी-कभी बादल गरज उठते थे और बिजली कड़क उठती थी।

गोविन्द गिरि के साथ कोई नहीं था। वह अकेला था। उसे थोड़ी दूर तक ही जाना था। सांझ हो रही थी। आकाश साफ था। धूप चमक रही थी। कई भगत साथ चलने को तैयार थे। परन्तु उसने सबको मना कर दिया। उसे पहुँचा कर ही तो उन्हें लौटना था। वह कुछ दूरी की बात कर उन्हें मना कर गया।

अभी वह गाँव से बाहर ही आया था कि मौसम ने पलटा खाया। सब कुछ बदल गया। उसे थोड़ी दूर पर कुछ झोंपड़ी दीखी। वह उधर ही बढ़ गया। बढ़ता गया।

वर्षा ने जोर पकड़ा। मोटी-मोटी बूँदे गिरने लगीं उसने पहली झोंपड़ी को खटखटया और पूछा, "अन्दर कौन है?"

"थे...।" एक युवती बाहर आयी।

"एक मुसाफिर। वर्षा से बचने के लिए...।" कहता हुआ वह रुक गया।

"अन्दर चला आ।"

गोविन्द गिरि अन्दर चला आया! वह भीग चुका था सिर से पाँव तक। ठण्ड भी उसे लगने लगी थी। वह जानता था कि भीलों के फरों में कपड़ों का सदा तोड़ा होता

है। ओढ़ने-बिछाने के लिए भी कपड़े गिनती के होते हैं। जो कपड़े पहने हैं, उन्हें वे ही कपड़े पहने सोना पड़ता है। लेकिन उसके कपड़े तरबतर हो चुके थे। ठण्ड बढ़ चली थी। उसने पूछा, "घर में कोई और है क्या?"

"है क्यों नहीं—माता-पिता हैं और मैं हूँ पर इस वक्त केवल मैं ही हूँ।"

"तो मुझे चलना होगा"

"कहाँ जाएगा।"

"पास ही में।"

"बाहर घणी रात-सी है। हवा तेज़ है। ओले बरस रहे हैं। बीजुरी चमक रही है। ऐसे में कहीं नहीं जाया जा सकता। यहीं ठहरो।"

"तुम्हारे माता-पिता?"

"वे भी आ जाएंगे।"

"वे भी कहीं इसी तरह फँस गए होंगे तो...?"

"हो सकता है।"

"तब मुझे चलना चाहिए।"

"डर लगता है।"

"किससे?"

"अपने से।"

गोविन्द गिरि सोच में पड़ गया। युवती ज्ञानी है। तत्त्व को समझती है।

"तुम्हारे पिता...।"

"मजूरी करते हैं। छोटा-सा खेत है, उसे माँ सँभालती है और मैं भी।"

"और...।"

"और क्या?"

"पूजा-भजन-कीर्तन आदि।"

"वे स्वामी गोविन्द गिरि के भगत पंथ में जाते हैं।"

"तुमने गोविन्द गिरि को देखा है क्या?"

"नहीं।"

"क्यों?"

"मेरा मन पूजा-पाठ में नहीं लगता।"

"क्यों?"

"बस यों ही।"

"फिर भी?"

"किसकी पूजा, किसका पाठ? पाप न करो तो सबसे आजाद। ...फिर न भगवान चाहिए और न धरम-करम। जितना समय उधर दो, उतना कुछ काम क्यों नहीं करो। मेहनत-मजूरी से दो टके अधिक। मन भी शान्त।"

"और?"

"और क्या, समय की बरबादी से छुटकारा।"

"क्या नाम है?"

"म्हारे से थारे कूं क्या?"

"समझदार हो।"

"समझदार तो यहाँ सभी हैं।...पर यह जरूरी नहीं कि हर एक समझदारी के साथ-साथ चले।...समझदारी से हर एक का मतलब आज है—अपना हो फ़ायदा, भाड़ में जाए दुनिया सारी।"

"तुम्हें बहुत ज्ञान है।"

"अनपढ़ हूँ इसलिए।"

"पढ़े-लिखों के कान काट सकती हो।"

"ना बाबा ना। मैं किसी के कान नहीं काटती।"

"मेरे तो काट लिये।"

"क्यों तोहमत लगाता है।"

"चलो नहीं लगाता। अपने शब्द वापस ले लेता हूँ।...अब तो ठीक।"

"कुछ खाओगे।"

"तुमने खा लिया।"

"नहीं।"

"अपने माता पिता को आने दे।"

"उनका आज उपवास है। वे कुछ नहीं खाएंगे।"

"तुम्हें भूख लग रही है।"

"खाने का समय हो गया है। हम लोग सूरज डूबते-डूबते खाना खा लेते हैं।"

"तुम माँसाहारी हो ना।"

"स्वामी गोविन्द गिरि से जुड़कर क्या कोई माँसाहारी रह सकता है। पहले जरूर लाल मुँह के बन्दर, खरगोश, मछली, चिड़िया आदि पकाया करते थे, परन्तु अब उधर देखते तक नहीं।...आज नागली (ज्वार) और मक्का की आटा, मिर्च की चटनी, गुड़, राब है। बस रोटी पटकनी है।...तो...।"

"बना लो...। एक रोटी काफ़ी है।"

"आती हूँ।" कहकर वह उठ गयी।

गोविन्द गिरि को भूख लग आयी थी। वह झोम्पा जैसी झोपड़ी थी। उसके बीच ऊँचा खम्भा था उसी तरफ रसोई बनती थी। खिड़की के नाम पर सिर्फ छोटा सा खुला दरवाजा था।

बारिस कुछ कम पड़ी। गोविन्द गिरि ने दरवाजे के पास जाकर देखा। अँधेरा ही अँधेरा था चारों ओर। बारिश भी हो रही थी। दूर-दूर तक कुछ दिखलाई नहीं पड़ रहा

था।

"कहाँ गया?... खाना तैयार है।"

गोविन्द गिरि ने खाना खाते हुए पूछा, "तुम्हारा नाम क्या है?"

"क्यों क्या खाना पसन्द नहीं आया?"

"खाना अच्छा बना है।"

"सच कहते हो।"

"झूठल क्यों कहूँगा।"

"झूठल बोलना मनुष्य की आदत है। बिना झूठल बोले उसे खाना हजम नहीं होता।"... समझ नहीं पड़ती कि मनुष्य झूठल क्यों बोलता है। साँच बोलने में वह क्यों अपनी बेइज्जती समझता है।...खैर जो है, सो है। "म्हारे कूँ क्या।"

गोविन्द गिरि सोचने लगा कि वह एक ईमानदार, कर्मठ और सीधे-सादे सोच की युवती है। जो सच सोचती है, सच करती है और भय नहीं खाती। उसने उसे याद दिलाया, "तुम्हारा नाम।"

"गनी। जाति से गोबपलिया। कभी बनजारे रहे पर अब नहीं।"

"गनी का मतलब जानती हो।"

"नाम से मतलब का क्या लेना देना। नाम तो नाम है। फिर भी...।"

"गनी–उदार, बहुत बड़ा दाता, धनवान को कहते हैं। सो तुम हो–खाना खिलाया – ना नाम पूछा, ना जाति और न गाँव।"

"क्या पूछना? बारिश में भीगते आने वाले से क्या पूछना?...गब्बर लगे नहीं। कुछ-कुछ गबरू हो। गपोड़िया नहीं हो।..."

"तुम बातें अच्छी कर लेती हो।"

"बुरी तुम भी नहीं करते। नीयत साफ हो तो आदमी जाति सोने में सुहागा बन कर जीती नज़र आए पर...।"

"पर क्या गनी?"

"अब सो जाओ। रात चढ़ चली है।"

"जाऊँगा।"

"पागल मत बनो। घनी अंधी रात है, ऊपर से बरसात का जोर है और हवा मरखने बैल सी मुँह मार रही है। तब तुम्हें क्या पड़ी है कि जबरर्दस्ती सिर ओखली में दो और मूसल की चोट सहो। चुपचाप उस कोने में जा सोओ और सुबह अपना रास्ता पकड़ो।...मुझे भी नींद आ रही है।" गनी ने उठते हुए बरतन उठाए। कुछ रुक कर कहा, "बिछौना तो है नहीं–वो टाट पड़ा है, उसे बिछा लेना।"

गनी चली गयी।

गोविन्द गिरि सोचता रहा कि गनी तेज़ भी है और दो टूक बात कहने करने वाली भी है। भोली भी है और सीधी भी पर अक्ल की पूरी है।

"सुनो, यह थोड़ा-सा गरम दूध है। ये गुड़ की डली। दूध का घूंट लेते हुए गुड़ की डली को कुतर लेना।" गनी कहकर चली गयी। रुकी नहीं। चलते हुए बांस खपच्चियों से बना दरवाजा खींचती गयी और एक तरफ से डोरी से बाँध गयी।

गोविन्द गिरि भीगे कपड़ों को पहने जमीन पर लेट गया। ऊपर से उसने टाट ओढ लिया। थोड़ी देर बाद शरीर कुछ गरम हुआ और वह सो या। उसने पाँव अवश्य मोड़ कर पेट से लगा लिये थे।

सुबह हुई। सूर्य में तेजी थी। रात में हुई वर्षा का पानी काफी निकल चुका था। कहीं-कहीं गड्ढों में भरा रह गया था। धरती अभी तक गीली थी।

गोविन्द गिरि सोया पड़ा था। गनी ने तेज़ स्वर में कहा, "मुसाफिर, दिन चढ़ गया। उठो।"

गोविन्द गिरि ने धीरे-धीरे उठने की कोशिश की। उसकी सारी देह टूट रही थी। उसे कमजोरी-सी अनुभव हो रही थी। वह उठा। बैठ गया। बोला, "ऐसा इससे पहले कभी नहीं हुआ।"

"कैसा?"

"कि सूरज देवता आसमान का मुआयना कर रहे हों और हमारी आँख न खुली हो।"

"अब तो हो गया ना, फिर अफ़सोस या पछतावा किसलिए?"

"आज तक ऐसा नहीं हुआ।"

गनी ने झोपड़ा साफ़ कर लिया था। वह नहा भी ली थी।

गनी को लगा कि उसका तन तप रहा है। शायद ताप है। उसने आगे बढ़कर गोविन्द गिरि का हाथ-माथा छुआ और चौंक कर बोली, "तुम्हें तो तेज ताप है। खड़े क्यों हो, बैठो।"

"जाना है।"

"देह ताप से सुलग रही है और जिद है कि जाना है। तुम क्या शहर कोतवाल हो या जागीदार-राणा।...हमने कहा तो कह दिया, चुपचाप बैठो तो बस बैठो। कोई चू चपड़ नहीं।" गनी का स्वर तेज था, परन्तु अपनत्व से भरा था। उसने ध्यान से देखा कि उसका साँवला रंग बैगनी पर छाई लाली सा है। उसका चेहरा लाल था। देह भरी पूरी पर मज़बूत। उसकी आँखें मछली जैसी थीं, जिज्ञासा की हलकी लालिमा वाली।

गोविन्द गिरि बैठ गया। उसका ध्यान भक-भक पर गया। वह बोल पड़ा, "गनी, भंसा (चौका/रसोई)...।"

"कुछ नहीं है। अभी अपने आप ठीक हो जाएगा।...यहीं लेटे रहो। मैं अभी आती हूँ—कुत्ते-बिल्ली का ध्यान रखना।" गनी इतना कहकर बाहर चली गयी।

गोविन्द गिरि उसके पवित्र हृदय की धड़कन सुन रहा था। उसमें तनिक सा भी खोट नहीं था। न डर-आशंका का रत्ती भर तड़का था। उसने गहरी साँस ली और भीत का सहारा लेकर लेट-सा गया। पता नहीं उसे कैसे नींद आ गयी।

गनी लौटी। गडुए में दूध लिए और दूसरे हाथ में पुड़िया थामे। आते ही बोली, "झपकी लग गयी क्या, परदेशी?"

गोविन्द गिरि की नींद खुल गयी।

"थे संभालो पुड़िया। फाँक जाओ। ऊपर से गरम-गरम दूध चढ़ा जाओ। ताप कम हो जाएगा। तीन-चार पुड़िया में ताप छूमंतर। फिर भले चंगे। एकदम गबरू।... फाँको न।"

गोविन्द गिरि को बदली की याद आ गयी। उसके स्वर में भी आदेश की कड़क होती थी, परन्तु प्यार भरी आत्यीयता के साथ। वह पुड़िया फाँक गया और ऊपर से दूध चढ़ा गया। फिर मुँह पोछने ही वाला था कि गनी ने उसे रोक दिया और कहा, "लो पहले राख की फांकी। दूध पर राख की फांकी दूध को हजम करती है।...अब सो जाओ।"

"मुझे जाना है।"

"तो आए क्यों? किसी ने बुलाया था क्या? ताप उतर जाए तो चले जाना। कोई रोकेगा नहीं, समझे नहीं क्या?" गनी इतना कहकर चली गयी।

फिर गोविन्द गिरि को नींद आ गयी। वह सो गए। अभी तक उनके कपड़े थोड़े बहुत गीले थे। गनी पुनः पलटी और एक कपड़ा फेंककर बोली, "गीले कपड़े उतार फेंको। गजब करते हैं, रात भर गीले कपड़ों में पड़े रहे। ताप नहीं आएगा तो क्या होगा। मुझे तो ख़याल नहीं आया पर तुम्हें तो कह देना था। कहके क्या छोटे हो जाते। खाना भी तो खाया था।...यहीं तो आदमी मारा जाता है। शर्म लज्जा अपनों से कैसी। अतिथि बनकर आए हो, परदेशी तो संकोच कैसा!"

वह गीले कपड़े लेकर चली गयी। दो कपड़े थे। मोटे थे। गोविन्द गिरी ने एक को नीचे बाँधा और दूसरे कपड़े से ऊपर का तन ढका।

गनी काम-काज में लग गयी।

दोपहर को उसके माता-पिता लौटे। गोविन्द गिरि उन कपड़ों मे लिपटा सो रहा था। आते ही गनी के पिता मामदेव ने पूछा कोने में कौन सो रहा है?

गनी ने सारी बात बता दी। मामदेव ने कहा, "तुझे कितनी बार समझाया है कि परदेशी मरद को शरण कभी नहीं देना। ज़रा-सी भी ऊँच-नीच हो जाए तो हम कहीं मुँह दिखलाने लायक नहीं रहेंगे। पर तेरी समझ में नहीं आता। वो है कौन?"

"रात को बारिश थी।"

"तो उसने मदद माँगी।...बारिश में कहाँ घूमता। वो भला मानुख उस ताबड़तोड़ बारिश में भी जाने की जिद किया था।"

"वो तो थेने उसे रोका।...थेरा क्या वह पहचान वाला था क्या?"

"यदि होता तो वह परदेशी या मुसाफिर कैसे होता।" गनी कहती और दूर लेटे परदेशी की ओर देखती जाती। गोविन्द गिरि अभी तक घुटने पेट में दिए सोया हुआ था। उसका मुख दीवार की ओर था।

"उसे उठने दो।" मामदेव ने कहा।

"मैं तो कितनी बार कह चुकी हूँ गनी के पिता कि जल्दी से जल्दी उसके हाथ पीले कर दो। अब वह बच्ची नहीं रही है। बीस की हो रही है। अपने यहाँ इस उम्र तक लड़की कुँवारी नहीं रहती।"

"मैं क्या करूँ। वो कोई लड़का पसन्द तो करे।" मामदेव का स्वर था।

"हमने किया तो...।"

"उसने उसमें एक सौ एक नुक्स निकाल दिए। मामदेव कह रहा था, "थारे से कुछ बनता नहीं है। लड़की की जात है, वह माँ से खुल सकती है। म्हारे से क्या बन सकता है। मामदेव अपनी विवशता जाहिर कर देता।

"म्हा भी क्या करूँ। म्हा वा से पूछ-पूछकर हार गयी। वह गूँगी बन जाती है। लगता है मैं पत्थर की मूर्ति से बात कर रही हूँ। कभी कुछ कहती हूँ तो कहती है—लड़का माँस भक्षी न हो। शराब न पीता हो। बहु पत्नी वाला न हो। नहाता धोता हो। साफ-सफाई के प्रति पूरा ध्यान रखता हो।...माँ तू नहीं देखती, हमारी जाति वालों के शरीर से कैसी बदबू आती है। माह-माह भर वे नहाते नहीं हैं। एक कपड़ा पहने रहते हैं।...ना, माँ, ना, मैं ऐसे किसी लड़के से शादी नहीं करूँगी।"

"गनी लड़की पराया धन है।"

"तू क्या चाहती है माँ।"

"मैं क्या चाहूँगी, गनी, थारा विवाह।"

"तू भी म्हारे से तंग आ गयी है क्या?"

"ना री ना। पर हर माँ-बाप अपनी लड़की का घर बसता देखना चाहता है। यदि...।"

"यदि मुझे अपनी पसन्द का लड़का नहीं मिला तो मैं कुँवारी मर जाऊँगी।"

"पर शादी नहीं करेगी।"

"कदापि नहीं।"

"हमारी नाक कटवाएगी, यही न।"

"वो कैसे?"

"अपने समाज में कुछ ऐसे भी हैं जो...वे शक्तिशाली हैं। हम उनका मुकाबला नहीं कर सकते।...थे ऊपर से सुन्दर अलग है।"

"ना, माँ, ना ऐसा कोई मर्द नहीं जन्मा है जो म्हारी इच्छा के विरुद्ध कुछ ऐसा वैसा कर सके।" गनी ने छुरा निकालकर दिखलाते हुए कहा, "उसे चीरकर रख दूँगी और यदि ऐसा सम्भव नहीं हुआ तो इसे स्वयं के घोप लूँगी। पर कुछ ऐसा वैसा नहीं होने दूँगी। थे चिंता-फिकर छोड़ अपनी बेटी पर भरोसा कर। बा ऊपर वाले ने, यदि वह सचमुच है तो उसने अपने यहाँ से पहले ही जोड़े तै करके हर लड़के-लड़की को जा धरती पर उतारा है।...बा ने म्हारे लिए भी किसी न किसी को भेजा है।...यह सब है, फिर मैं क्या बोलूं उससे। ...जवान लड़की है, ज्यादा पीछे पड़ें तो...डरती हूँ कि...।"

"राम जाने।" मामदेव ने कहा।

"आप लोग म्हारे कूँ लेकर अपना दिमाग़ खराब मत किया करो।...देखते नहीं कि घर में कोई तीसरा आदमी भी है। वो क्या सोचेगा?" गनी इतना कहकर बाहर जाते-जाते रुक गयी और बोली, "माँ, उसे दूसरी पुड़िया देनी है। उसने सुबह से कुछ खाया-पिया नहीं है।...तो उसे दूध और आधी एक रोटी भी देनी है।"

"तू कहाँ जाती है।"

"लकड़ी इकट्ठी कर लाऊँ।"

"बावली हुई गनी, रात जम कर पानी पड़ा है। फिर तोहे सूखी लकड़ी कहाँ मिलेगी?"

"मिल जाएगी।"

"पर कहाँ?"

"म्हाने एक जगह लकड़ी काटकर डाली हुई है।"

"कल चली जाना। परदेशी को तू ही दवा दारू दे। दूध पिला।"

गनी रुक जाती।

गोविन्द गिरि गहरी नींद में होता।

"जगा दूँ, माँ।...समय हो गया है।"

"वो तू जाने।"

"ठीक है।" कहकर गनी थाली उठाती और बजाने लगती।

थोड़ी देर में ही गोविन्द गिरि की नींद खुल गयी। उसने करवट बदली ही थी कि मामदेव आश्चर्यचकित रह गया। उनकी पत्नी का मुँह खुला का खुला रह गया। मामदेव उनके उठते ही पाँव में गिर पड़े और 'जय गुरु महाराज की' बोल पड़े। उनकी पत्नी ने भी 'जय' बोली हाथ जोड़ते हुए और झुककर उनके पास की जमीन छूते लिये।

मामदेव ने कहा, "गनी, तू भी आशीर्वाद ले, बेटी। आप ही स्वामी गोविन्द गिरि हैं, जिनके बारे में तू पूछती थी...।"

"यही। इनमें ऐसा क्या है, जिसके कारण थे वहाँ जाते हो और दो चार घण्टे वहाँ

खराब करते हो। इस समय को किसी काम में लगाओ तो घर की स्थिति भी सुधरे और मन भी सबल हो। काम से बड़ा कोई धर्म नहीं है।"

गनी ने तपाक से कह डाला।

गोविन्द गिरि सहज मुस्काया।

"थे आशीर्वाद तो ले।"

"कोई ज़रूरत नहीं, मामदेव। थारी छोरी स्वयं ही आशीर्वाद है। उसे किसी दूसरे के आशीर्वाद की जरूरत नहीं है।"

"तो आप ये पुड़िया फांको और ऊपर से दूध चढ़ा लो।" गनी ने पुड़िया उसकी ओर बढ़ाते हुए कहा और दूध भरा गड़वा पास में रख दिया।

गोविन्द गिरि ने पुड़िया खोली और दवा फांकी। ऊपर से दूध पीकर कहा, "राख।"

"लाती हूँ।"

"तुम्हें पसन्द आयी।" राख उसकी हथेली पर रखते हुए पूछा।

"बहुत पसन्द आयी।...अब ताप भी कम हुआ है और मन भी अच्छा हुआ है।"

"झूठ।"

"ये थे क्या कहती है?"

"मुँह तो कडुवा है।...है कि नहीं।"

"वो तो है। फिर मन कैसे अच्छा हुआ?" गनी ने तपाक से कह डाला।

"वो तो है।"

"यहाँ झूठल (झूठ) नहीं चलेगा। समझे।" गनी ने लापरवही से कहा।

"गनी, तू क्या पगली हुई है।...जे हमारे गुरु महाराज हैं।"

"होंगे। पर म्हारे तो परदेशी मानुख हैं।...और हैं, ताप से तप रहे मरीज़। क्यों हैं न।"

"हाँ, यही सच है।" गोविन्द गिरि गनी की चंचलता, बेबाक, साफ़गोई, सेवा-टहल और निडरता का अनुभव कर अवाक रह गया। क्या कोई ऐसी लड़की भी हो सकती है जो ईश्वर के इतने नजदीक हो, जितना कोई अन्य नहीं हो सकता। उसमें तो स्वयं ईश्वर बोल रहा है।

गनी गोविन्द गिरि की चर्चा दिन-रात सुनती थी। वो ऐसा है, वो वैसे हैं...साक्षात ईश्वर का अवतार हैं।...वो तो इतना सूघा है जितनी गौ माता। कोई बड़प्पन नहीं। ज़मीन पर सुलाया, चुपचाप गीले कपड़े पहने सो गया। ज़रा भी नाह नूह नहीं की। और जितना खाना दिया, खा लिया। वह कहीं से भी वह नहीं था, जिसकी उसके माँ-बाप चर्चा करते नहीं अघाते। उसका दिल भर आया। क्या कोई पुरुष ऐसा भी हो सकता है! उसने आज से पहले नहीं देखा था। क्या वह जरूरत से ज्यादा उसके प्रति कठोर नहीं हो गयी थी।

दूसरे दिन गोविन्द गिरि का ताप जाता रहा। वह चलने लगा। मामदेव और उनकी पत्नी ने उनके पाँव छुए—पत्नी ने दूर से छुए। गनी देख रही थी। वह क्या करे, क्या नहीं! वह किससे पूछे? वह किससे आज्ञा ले? वह अपने मन को निरुत्तर पा रही था। फिर भी वह सामने आयी और धीरे से कहा, "हो सकता है, म्हारे से कोई गलती हुई हो तो उस पर ध्यान मत देना।...है क्या...मानुख अपने मन से अपने सोच से और अपनी आदत से बँधा हुआ है।...मैं ठीक से यह भी नहीं कह सकती। फिर भी, हम हाथ जोड़ते हैं, क्योंकि आप बड़े हैं, सब आपके प्रति अपार श्रद्धा-भक्ति रखते हैं।" इसके बाद वह वहाँ नहीं रुकी, अन्दर चली गयी।

यह कैसे हुआ?

कौन जाने?

"माँ थे चाहती हो, म्हा शादी करूँ।"

"क्या थाने किसी को पसन्द कर लिया, गनी?"

गनी ने लजाते हुए सिर झुका लिया।

"कौन है वो?"

"कोई भी हो, पहले तू वादा कर।"

"कैसा वादा?"

"वादा कैसा होता? वादा वादा होता है। बोल, माँ, क्या कहती है?"

"क्या कहूँ; बेटी। म्हा तो वही कहूँगी जो तू चाहेगी।...तेरी माँ हूँ। थे म्हारी इकलौती सन्तान है।...थे जिससे कहेगी, उसी से तेरी शादी करवा दूँगी बशर्ते वह भी राजी हो।"

"वो मैं नहीं जानती।"

"क्या थेने उसका मन टटोला है?"

"नहीं, माँ।"

"तो फिर?"

"तुझसे इसलिए वादा चाहा है।"

"वो है कौन?"

"पहले वादा, माँ।"

"किया, वादा।"

"अब बता उसका नाम।"

गनी का मन घबराया। वह बारम्बार सोचकर रह जाती। क्या वह ठीक कर रही है? क्या ऐसा हो सकता?...वह क्या करे? क्या बताये? क्यों न बताये? पहली बार उसे कोई पसन्द आया है। क्या वह उसका नाम न बताये? यह कैसे हो सकता? वह

अन्दर ही अन्दर पानी-पानी होती जा रही थी।

"बोल, बेटी, अब तो बोला।"

"तो सुन, माँ।" कहकर गनी फिर अपने में खो गयी। वही उलझन। वही कसमकस। वही अपने को लेकर लड़ाई। इस लड़ाई को अन्दर ही अन्दर वह तीन महीने से लड़ रही थी। आखिर उसका दिल जबान पर आने को आतुर हो ही गया।

"अरे कुछ कहेगी भी या यों ही नाटक करती रहेगी।"

"तो सुन लो।...वह है...वह है...थे चौंकना नहीं। सच कह रही हूँ, माँ, एकदम सच।...वह है—थारे भगत महाराज—गोविन्द गिरि!"

"गनी।"

"माँ, सब्र से।"

"क्या सब्र से!" कहाँ वह और कहाँ तू। तूने यह सोचा कैसे!

"जैसे हर एक मानुख सोचता है।"

"अरे तू कुछ नहीं जानती।"

"जानती नहीं हूँ तभी तो थारी मदद माँग रही हूँ।"

"यह कभी सम्भव नहीं होगा।"

"ऐसी बात होती तो ऐसा विचार म्हारे मन में कभी नहीं आता। सम्भव तो है पर कैसे, यह मैं नहीं जानती।...था ने वादा किया है। अब थे पाछे हटती है तो थारी मरजी, माँ। फिर मुझे बुरा भला मत कहना।...थारे कूँ बहुत चिन्ता थी न।"

"थी तो परन्तु गनी, कोई आसमान से तारे माँगे तो क्या वह सम्भव है। कौन देगा तारे लाकर उसे। कुछ तो सोच!"

"ठीक है, माँ। म्हे तुझे वादा से मुक्त करती हूँ। अब ठीक।"

"गनी बेटी, क्या ठीक, क्या नहीं ठीक, ये म्हे कुछ नहीं जानती। क्या जानूँ—एक तरफ तू...थे... म्हारी इकलौती बेटी।...थारा भविष्य। ...तो...भगत...कैसे...क्या कहूँ...।"

"तू चिन्ता छोड़, माँ। जो करना होगा, वो मुझे ही माँ।...मैं ही करूँगी।" गनी ने धीरे से कहा। उसे भी लगा कि वह क्या ठान बैठी! क्यों ठान बैठी! उस दिन भक्ति के गीत गाये जा रहे थे। कोई भी गा सकता था। उसके मन में अचानक यह इच्छा जगी कि वह भी जाकर देखे कि वहाँ क्या होता है। वह जाए या न जाए में कुछ तै कर पाती कि वह वहाँ पहुँच गयी।

गोविन्द गिरि का ध्यान उसकी ओर गया। उसने उसे बुलवा लिया। जैसे ही भजन पूरा हुआ, वैसे ही गोविन्द गिरि ने कहा, "गनी, तुम भी एक भजन उठाओ।"

गनी घबरा गयी। कहाँ से लाए वह भजन! कैसा भजन! पर सुनाना तो पड़ेगा ही। ...उसके ध्यान में कालका माता आयी। किलाकोट की माता! क्या उसके बारे वह गा सकेगी? उसने जो गीत सुना था, बहुत कुछ वह उसे याद था। उसने अपने को सँभाला। सोचा। मन ही मन दोहराया। पता नहीं वह उसे पूरा का पूरा याद है या...। वह रत्ती भर

भी नाह नूह किए बिना गुनगुनाते-गुनगुनाते गा उठी :

इंद्रासन सू देवी उतरी
माथे झालरिया टोपी
भाल खाली काना कुंडल जगमग करे
मोत्यां जड़ें जलाड़।
अधर चंदण का बण्या ओवरा
सोना जस्सा बण्या किंवाड़।
मेहनें तो कालिका बिराजे
बाहरे मसाज्या धकिया।[1]

गनी ने गहरे डूबकर गाया। उसकी आँखें बन्द थीं। उसे साक्षात् माता काली दिखलाई पड़ रही थी। उसकी देह को सुध नहीं रही थी। वह पूरी तरह तन्मय थी। उसके अधर पर हलकी सी थिरकन थी। उसके गले की नसें उभर आयी थीं।

सारे भगत तल्लीन हो गए थे। स्वयं गोविन्द गिरि अपने में नहीं रहे थे। गीत-संगीत दोनों उनमें एक साथ बह रहे थे। वह बोले, "गनी, थारी आवाज में साक्षात् देवी गा उठी। थे धन्य है। कोयल सी थारी आवाज में गहरी पकड़ है।"

"अब चलूँ।" गनी ने उठते हुए गोविन्द गिरि के हाथ जोड़े और बिना कुछ कहे सुने, वह लौट पड़ी। उसकी चाल में माता काली की गति थी। उसके मन में माता काली ऐसी आ विराजी थीं कि हटने का नाम ही नहीं ले रही थी। माता काली उससे पूछ रही थीं, "क्यों गनी अब बोल कालिका माता हैं या नहीं।"

"पता नहीं, माते।"

"फिर माते का सम्बोधन क्यों, गनी?"

"सचमुच माते, यह मैं नहीं जानती।"

"तो तू क्या जानती है?"

"सच बोलूँ, माते, तो कुछ भी नहीं। कैसे जानती, आज से पहले मैंने कभी सोचा तक नहीं।"

"पर अब?"

"अब क्या?"

"तूने देखा नहीं क्या।"

"देखा।"

"तुझे मेरा अनुभव हुआ नहीं क्या?"

---

1. इन्द्रासन से देवी उतरी है। उसके शीश पर झालरवाली टोपी है। उसके कानों में कुण्डल चमक रहे हैं। उसके भाल पर मोती जड़े हैं। माता का रहने का ओबरा अगर चंदन का है। स्वर्ण के समान उसका दरवाजा है। उसके अन्दर माता विराजमान है। बाहर श्मशान धधक रहा है।

"वह तो अब मुझे हो रहा है।"

"तू तो अभी भी मानती है कि मैं हूँ ही नहीं। न कोई और ऐसी महाशक्ति है।"

"जे महाशक्ति क्या होती है, माते?"

"जब सब मिलकर एक हो जाते हैं, तब वह महाशक्ति हो जाती है। जैसे पानी की बूँद क्या अर्थ रखती है? क्या एक बूँद से तेरी प्यास बुझ सकती है?"

"नहीं, माते?"

"जब ढेर सारी बूँद मिलती हैं, तब वे बूँदें बूँदें नहीं रहतीं, वे पानी बन जाती हैं और वह पानी गड्ढे से लेकर नदी नाले से होता हुआ विशाल समन्दर में बदल जाता है।"

"हाँ, माते।"

"खेत में कितने हाथ लगते हैं?"

"कई, माते।"

"पेड़ का मोटा कटा पड़ा तना क्या पुरुष उठा सकता है?"

"नहीं, माते।"

"क्या मक्का एक दाना चक्की में पिस सकता है।"

"नहीं, माते।"

"और मान लो, वह पिस भी जाए तो क्या उससे रोटी बन सकती है?"

"नहीं, माते।"

"पर क्यों, गनी?"

गनी चुप रह जाती।

"देखो, बेटे, यह संसार, उसका समाज उसका परिवार...तभी बनता है जब उसमें एक से अधिक हाथ जुड़ते हैं, मुन जुड़ते हैं, और सबके हित में मिलकर सब एक मन से काम करते हैं।"

"जी, माते।"

"तूने सुना होगा कि एक चना भाड़ नहीं फोड़ सकता।...सच यही है कि मैं भी सबसे मिलकर ही महाशक्ति हूँ–अलग से कुछ नहीं। इसी बहाने इतने भगत एकजुट हो जाते हैं, एक दिशा में सोचने लगते हैं और अपने निर्णय को जय माता की कहकर सुना देते हैं। अब तेरी समझ में शक्ति से महाशक्ति बनने का रहस्य आया क्या?"

"हाँ, माते।...परन्तु...।"

"परन्तु क्या?"

"मेरे मन में एक विचार कुलबुलाया है।"

"इच्छा भी हुई है न।"

"हाँ माते, इच्छा भी।"

"क्या, पुत्री?"

"बता दूँ न।"

"यो तू जाने।"

"माँ...मैं जानती हूँ,... यह चींटी से पहाड़ उठवाने का काम।"

"वह भी सम्भव है।"

"क्या कहती हो, माते?"

"सच कहती हूँ पुत्री।"

"कैसे, माते?"

"एक बार देवताओं के मन में यह प्रश्न उठा कि सबसे बड़ा देवता कौन है? सबसे पहले किसकी पूजा करनी चाहिए?"

"किसकी? यह किसने तै किया?"

"और कौन कर्त्ता! वही जिसने यह सृष्टि रची है। सब देवता उनके पास ही पहुँचे। उन्होंने अपनी यही समस्या उनके सामने रख दी। वह बोले, "तुम गलत जगह आ गए हो। तुम्हें महादेव के पास जाना चाहिए। वे सब महादेव के पास आए। महादेव मन ही मन मुस्काये और बोले, "सर्वप्रथम तुम में वह पूज्य होगा जो ब्रह्माण्ड की परिक्रमा सबसे पहले लगाकर आएगा। फिर क्या था कि सब देवताओं ने अपने-अपने वाहन निकाले और तैयार हो गए। जैसे महादेव ने उन्हें दौड़ने का संकेत दिया, वे दौड़ पड़े।"

काली देवी इतना कहकर चुप हो गयीं। गनी ने पूछा, "फिर माते?"

"गणेश का वाहन चूहा था। चूहा उस दौड़ मैं कहाँ भाग ले सकता था। वह सोचने लगे कि क्या करूँ? यह सोचते-सोचते गणेश ने अपने वाहन चूहा पर बैठकर महादेव की परिक्रमा लगा ली और चुपचाप एक कौने में बैठकर देवताओं के लौटने का इन्तजार करने लगा। जब सारे देवता लौट आए, तब सब में यह जिज्ञासा सक्रिय होने लगी कि सबसे पहले कौन आया?"

गनी के मन में भी यही बात उठी। वह बोली, "फिर महादेव ने किसका नाम घोषित किया।"

"पुत्री, गणेश जी का।"

"जिन्होंने सबसे कम दौड़ने वाले को कैसे सर्व प्रथम घोषित कर दिया। गणेश जी उसके पिताजी भी तो महादेव हैं।" गनी ने तपाक से पूछ लिया।

"तो भी, गनी। महादेव को किसी से क्या लेना? वे सर्वमान्य महान् देवता हैं और पूजनीय हैं। उन्होंने देवताओं से कहा," आप लोग ब्रह्माण्ड का चक्कर लगाने दौड पड़े और गणेश ने ब्रह्माण्ड को बनाने वाले के चक्कर लगा कर तपाक से अपनी जगह आ बैठे। जो बुद्धि में सबसे आगे वही देवताओं में भी सबसे आगे मान्य होगा। अब क्या था कि सब देवता अपना सना मुँह लेकर लौट गए।

"माते, म्हाने सुना है कि ब्रह्माण्ड को बनाने वाले ब्रह्मा हैं, उसका पालन करने

वाले विष्णु हैं और उसको नष्ट करने वाले महादेव हैं।"

"हाँ, हैं।"

"फिर महादेव की गणेश ने परिक्रमा लगाकर ब्रह्माण्ड की परिक्रमा कैसे की? वह तो ब्रह्मा की परिक्रमा लगाने से होती, महादेव की परिक्रमा लगाने से कैसे हुई?" गनी ने सुनी सुनाई कथा स्मरण कर प्रश्न किया।

"गनी पुत्री, तुम्हारा प्रश्न अपनी जगह पर ठीक है। तुम बताओ कि तुम्हें जन्म देने वाली कौन हैं!"

"माँ, माते, म्हारी माँ।"

"तुम्हें पालने पोसने वाली कौन है?"

"वह भी माँ।"

यानी तुम्हारी माँ ब्रह्मा भी हैं और विष्णु भी हैं। दोनों हैं, क्योंकि दोनों काम उन्होंने किए हैं। "...हैं न।"

गनी चकित रह गयी। अद्‌भुत।

"ऐसे ही ब्रह्मा, विष्णु और महादेव एक हैं।...कभी तुमने नदी या पोखर के किनारे अपने पाँव पर मिट्टी का घर बनाया है क्या?"

"हाँ, बनाया है। नदी के तट पर।"

"क्या तुमने उसे कभी मिटाया भी है।"

"हाँ, मिटाया है।"

"तुमने अपने आप।"

"हाँ, मैंने ही मिटाया है।"

"तुमने उसे बनाया तो तुम ब्रह्मा हुई और तुम उसके साथ खेली तो तुम विष्णु हुई और तुमने ही उसे मिटाया तो तुम ही महादेव हुई।...है न।"

गनी दूसरी बार चकित रह गयी। वह कह उठी, "एकदम सच।"

"इसी तरह ब्रह्मा, विष्णु और महादेव एक ही हैं। उन्हें जिस भाव-भक्ति से याद करो। उसका फल वही मिलेगा। समझ रही हो, गनी।"

"हाँ...हाँ, माते।...परन्तु...।"

"मैं अब चलती हूँ।"

"ठहरो माते।"

"अब क्या है?"

"आखिरी प्रश्न है, माते।"

"आप हैं, क्या यह सत्य है?"

"तुम मुझे सुन रही हो या नहीं।"

"हाँ, सुन रही हूँ परन्तु देख नहीं पा रही हूँ।"

"हवा को देखा है क्या?"

“नहीं।”

“फिर उसे कैसे पहचानती हो?”

“महसूस करके। उसके चलने पर मुझे महसूस होता है कि यह धीमे चल रही है या तेज़ अथवा ठण्डी चल रही है या गरम।”

“पर उसे देखा तो नहीं है न।”

कुछ सोचकर वह कह देती, “नहीं।”

“ठीक यही बात मेरे सम्बन्ध में है।”

“मैं कैसे महसूस करूँ?”

“जैसे तुम चाहो।”

गनी पल भर सोचती रह जाती। फिर वह कहती, “म्हारे मन में एक बात आयी है, क्या वह बात पूरी हो सकेगी?”

“क्या?”

“पहले आप वादा करो।”

“तुम अपनी बात कहो, पुत्री, संकोच त्यागो। याद रखो, कभी दूसरे को बाँधो मत, खुला रहने दो, हवा की तरह, पानी की तरह। बाँधने से वस्तु हो या और कुछ वह सड़ता है।...वादा भी उसी तरह का बन्धन है। यदि तुम मुक्त या खुला रहना चाहते हो तो दूसरे को भी मुक्त और खुला रखो।...अब बोलो, क्या चाहती हो?”

“माते...।” कहकर गनी सोच में पड़ गयी। उसने अपने चारों ओर देखा। दूर-दूर तक कोई नहीं था। उसने अपने मन को पक्का किया। साहस बटोरा और बहुत धीमे से विनम्र स्वर में कहा, “माता मेरे माँ-बाप बहुत चिन्तित रहते हैं। मैं उनकी इकलौती सन्तान हूँ। मेरा अभी तक विवाह नहीं हुआ। ये तो जानती हो कि हमारे समाज में लड़के लड़की को अपना जीवन-साथी चुनने की स्वतंत्रता है। परन्तु मुझे अभी तक अपना कोई जीवन साथी नहीं मिला। जिसने मेरी ओर हाथ बढ़ाया वह मुझे पसन्द नहीं आया और जैसे-तैसे अब कोई पसन्द आया भी तो उससे मेरा विवाह नहीं हो सकता, क्योंकि वह पहुँचा हुआ सन्त है। हमारे समाज की उस पर अपार श्रद्धा है। ...उसकी पहली पत्नी अकाल के काल में समा चुकी है। अब वह दूजा विवाह क्यों करेगा? और फिर एक पहुँचा सन्त तो कभी नहीं, कदापि नहीं।...अब क्या होगा, माते। यदि थे म्हारी मदद कर सके तो मैं मान जाऊँगी कि थे भी हो और म्हाने थेरे से बात की थी। अब थारी मरजी। अब थे जाने थारा काम। अपनी तो एक बस अरज करनी थी, वो कर दी। जै राम जी की, माते।” गनी ने फिर चारों ओर देखा। वहाँ कहीं कोई नहीं था।

“अच्छा, पुत्री मैं चलती हूँ। तू अपने पर विश्वास रख। विश्वास ही सारी समस्याओं का एकमात्र हल है। फिर चाहे तू अपने में विश्वास संजोये या मेरे में उससे कोई फर्क नहीं पड़ता। तुझे मेरा आशीर्वाद है, गनी।”

संवाद समाप्त।

हवा की गति में से अनुनय-विनय की लय नदारत! फिर धरती धरती, आसमान आसमान, हवा-हवा और सब कुछ पहले जैसा। जो सुना-समझा, उसका कोई साक्षी नहीं। वह भी नहीं। यह सत्य है कि उसके कान नहीं बज रहे थे। उसकी आवाज साफ थी, गहरी असरदार थी, भावपूर्ण थी और एकदम हृदय में उतरती जा रही थी, बेरोक टोक। वह धीमी गति से अपने आप में खोयी हुई थी और यह जानने का प्रयत्न कर रही थी कि माते के आशीर्वाद का क्या अर्थ हो सकता है, वह यह सोचती हुई चलती चली जा रही थी।

दिन सप्ताह में बदले और सप्ताह महीने में, परन्तु कहीं से कोई सुरसराहट नहीं हुई। होती भी कैसे? वह अपनी माँ से कहकर रह गयी थी। माँ ने अपनी विवशता जाहिर कर दी थी। वह माते के आशीर्वाद को अपने मन का वहम समझकर भूलने भी लगी थी। कोई रास्ता नहीं था। जान गयी थी कि कल्पना की बात थी वह। फिर सच्ची क्यों कर होती! उसने मन मसोसकर अपने आपसे मुँह फेरना शुरू कर दिया था।

यों गनी उदास रहने लगी। वह अपने आप में टूटती गयी। वह क्या करे? क्या कोई जादू टोना। उसमें उसका कभी विश्वास नहीं रहा। उसे वह ढोंग मानती रही। और अब अपनी गरज के लिए...ना बाबा, ना...कभी नहीं। वह स्वार्थ में इतनी अन्धी नहीं हो सकती।

उधर गोविन्द गिरि के मन में रह-रहकर उसकी आवाज अनुगूज रही थी। उसके मन में धुकड़-पुकड़ हो रहा था। एक भगत परिवार उसे श्रद्धा भक्ति से हाथ से बुना धुस्सा (ऊन की लोई) देकर गया था। पता नहीं उसके मन में यह भाव क्यों जोर लगा रहा था कि वह उस हलकी गुलाबी धुस्सा को गनी को दे दे, परन्तु कैसे वह वहाँ आती, कहाँ है!

क्यों दे आए? कौन उसमें यह भाव जगा रहा है? क्यों बदली आकर उसके कान में यह फूँक मार रही है कि गोविन्द आना-जाना तो इस संसार में लगा ही रहता है। उसे ध्यान में लाकर अपने आप से सम्बन्ध तोड़ लेना उचित नहीं है। मैं गयी तो क्या हुआ, थे अकेले रह गए, यह चिंता मैं साथ ले गयी। जब म्हारे यहाँ आखिरी गाय ने आँखें मूँदी थीं तब म्हारा कलेजा फट गया था। थे उस भूरी पीली गाय को प्यार भी बहुत करते थे। वो थारे यहाँ ही हुई थी। थाने उसे अपने बच्ची तरह पाला-पोषा था। अपने हाथ से सानी करते, अपने हाथ से उसे खिलाते और उससे कहते, "थे म्हारी सन्तान है। म्हारे प्राण है। ...कष्ट नहीं पाना। म्हारे कूँ अपने मन की बात बता देना। म्हारे कूँ थारे मन की बात समझ में आती है।...म्हे लगता है कि जब तब थे गा रही हो—जिनि गाया बिसवास सूँ, तिन राम रहूया भरपूरि।...वो थारी गाय, थारी सन्तान

भूख प्यास से पगलाकर अंतिम साँस ले पायी थी। वैसे म्हारे पेट के अन्दर पल रहे थारे बच्चे ने भी अंतिम साँस ली थी। बाकी महतारी कूँ भूखे-प्यासे बाईस दिन से ऊपर हो रहे थे। बैठे-बैठे म्हे कूँ चक्कर आते थे। म्हारी आँखें मिच जाती थीं। उन्हें कुछ दीखता नहीं था। और एक दिन म्हारी आँख भी ऐसी मिची कि फिर...। इससे पहले हम सोचते रहे कि म्हारे बाद थारा क्या होगा? कौन सँभालेगा? कैसे? थारे कूँ तो कुछ होश ही नहीं रहता।...पर अब म्हारे कूँ बड़ा चैन मिल रहा है यह जानकर कि म्हारी जगह लेने वाली देवी माँ ने दूसरा साथी भेज दिया। ये बसन्ती बाहे कूँ देकर आ। वही इसकी अब असली हकदार है।...क्या सोचता है?"

"नहीं...नहीं बदली नहीं।"

"क्या नहीं! बदली नहीं। तो कौन-सी नयी बात करते हो। बदली तो अब है ही कहाँ और न वो कभी लौटेगी! बदली गनी में आ गयी है, गोविन्द।"

"नहीं, ऐसा नहीं हो सकता।"

"क्योंकि तू सिद्ध भगत है। थारा नाम पुजने लगा है। दुनिया क्या कहेगी? कहीं नाम...डरपत है। किससे डरपत है? थारे लिए तो डर है ही नहीं, गोविन्द।...म्हारी आतमा की शान्ति के लिए थे इतना भी नहीं कर सकेगा क्या? आगे थारी इच्छा। अब म्हारा थारे पर वश भी कहाँ है। अच्छा चलती हूँ।"

"बदली...बदली...ओ बदली।"

धरती फट गयी। आसमान फट पड़ा। परवत से चट्टानें गिरने लगीं। यह क्या! गोविन्द घबरा उठा। उसकी देह पसीने-पसीने हो उठी।

"गोविन्द, थे यहाँ।"

"कौन?...गनी तुम यहाँ"

"क्यों?...और मुझे कहाँ होना चाहिए था?"

"कहाँ?"

"तुम्हारा शरीर पसीने-पसीने हो रहा है। तुम्हारी आँखें लाल हो रही हैं। क्या बात है? तुम्हारी तबियत तो ठीक है।"

"क्यों हमारी तबियत को क्या हुआ! एकदम ठीक है।"

"ठीक ही रहे।"...गनी ने मुस्कराकर कहा, "वो सामने अपनी झोपड़ी है। चलिए।"

"फिर कभी?"

"अब क्यों नहीं। झोपड़ी के सामने खड़े हो। फिर भी इतना परहेज। आओ...। पहले बीमार आए थे। अनपहचाने। अब पहचान है। स्वस्थ हो।...तो फिर ...। क्या नाराज़ हो।"

"नहीं तो।"

"तो फिर अन्दर आओ।"

गोविन्द अपने को सँभाल नहीं पाया। अन्दर चला आया। बैठ गया।

"और कौन है?"

"कोई नहीं। माता-पिता हाट गए हैं। सांझ ढले लौटेंगे।...मैं दूध लाती हूँ।"

"नहीं, गनी, दूध नहीं।"

"थोड़ा-सा। ज्यादा है भी कहाँ! एक गाय है और दो बकरियाँ।...गरीब के झोपड़े में होता ही क्या है, गोविन्द।"

"ले आ।"

गनी अन्दर गयी। थेपड़ी पर दूध औट रहा था। वह उसमें से दूध लायी और ऊपर से उसने उस पर गुलाबी मलायी डाल दी। साथ गुड़ लिया। वह आकर बोली, "दूध जरा गरम है।"

गोविन्द गिरि ने कुछ नहीं कहा। सिर्फ सोचते रहे कि बदली जैसे नाक नक्श हैं। ठोड़ी जरा तिकोनी है, उसके नीचे गूदना था मछली के आकार का। पर था बारीक। उसमें कुम्कुम भरा था। उसके पाँव में गूदणे थे। उसके हाथ पर गोदड़े गुदे हुए थे। वह लम्बी थी। देह इकहरी थी। चेहरा भी लम्बा था। होठ रक्तिम थे और पतले। चोटी करती थी। सिर के बाल लम्बे रेशम-से काले और चमकदार थे।

प्रायः उनके घर के बाहर ढालिया होता है। परन्तु उसके यहाँ ढालिया घर के बगल में था। वहीं चूल्हा चौका था एक ओर और दूसरी ओर था गाय और बकरी का बाड़ा। घर एकदम साफ़-सुथरा था। कोठे-कोठी मिट्टी के थे। वे भी पुते थे। चक्की थी पीसने की। जरा सी छीजत वहाँ नहीं थी।

"तुम रोज़ की रोज़ अनाज पीसती हो क्या?" गोविन्द गिरि पूछता।

"भूख भी तो रोज़ की रोज़ लगती है। अन्तर इतना-सा है कि भूख सुबह-दोपहर-शाम लगती है और पीसना दिन में एक बार होता है। वह दो-तीन दिन भी चल जाता है। पर मैं क्या करूँ, म्हारे कूँ रोज़ पीसना भाता है। चक्की आवाज़ म्हारे तन मन में उतरती जाती है और लगता है कि कोई अन्य भाषा में संगीत चल रहा है। जब चक्की के मुँह में रुक-रुक कर थोड़ा सा अनाज डालती हूँ, तब एक बार उसकी आवाज थाप देती लगती और फिर अपनी लय में आ जाती है। जे बातें मर्द नहीं जान सकते, क्योंकि उन्हें पीसना नहीं करना पड़ता।"

"क्या तुम व्रत-उपवास भी करती हो?"

"जे क्या म्हारे हाथ में है। जब थारे देवी-देवता चाहते हैं, करा देते हैं।"

"वो कैसे?"

"जा में क्या बात है। जा दिन मेहनत-मजूरी नहीं मिल पाती। गाँठ में कुछ होता नहीं। बरतन भाँड़े साफ मँजे होते हैं। तवा उलटा। वा दिन मँड़ई (झोपड़ी) का म्हारे कूँ साथ देना पड़ता है यानी हम भी उनकी तरह कुछ खाते-पीते नहीं सिर्फ उपवास-व्रत करते हैं। हमारे तन-मन को बा दिन लगता है कि उसकी अच्छी तरह

मँजाई-घिसाई हो रही है। तन हलका, मन हलका और सोने पर मँजार (बिल्ली) के मन में दौड़ता है मूषक का सपना।"

गोविन्द गिरि को उसकी लच्छेदार बात सुनकर हँसी आ जाती। बातों में तो वह बदली के साथ खड़ी लगती है। रंग जरूर साँवला है पर लाली लिये और चमकदार।

"तुमने अपने लिए तो कुछ लिया नहीं।" गोविन्द गिरि पूछते।

"जे खजूर देख रहे हैं। आपके लिए भी जाही खजूर का गुड़ है और अपने लिए सिर्फ खजूर।" गनी का कोमल मन हिरनी के शावक-सा कूद-फाँद कर चुपचाप एक कोने में बैठा हुआ टुकुर-टुकर देखता रहता है।

गोविन्द गिरि कहता, "कुछ याद पड़ता है बा दिन जैसा...जो गाया था कि...।"

"तुम्हें अच्छा लगा क्या?"

"बहुत अच्छा।"

"यदा कदा किसी साधु को गाता सुनती हूँ तो वह मुझे भी याद हो जाता। फिर भुलाये नहीं भूलती उसे।" गनी मिठास भर कह जाती।

"तो सुनाओ ऐसा कुछ।"

"अच्छा तो सुना।...कोई सा भी न।"

"हाँ, कोई सा भी।"

गनी कुछ देर सोचती। फिर मन ही मन गुनगुनाती। फिर बहुत धीरे से गा उठती:-

चल मन हरि चटसाल पढ़ाऊँ।

गुरु की साटि ज्ञान का अच्छर, बिसरै तो सहज समाधि लगाऊँ।
प्रेम की पाटी सुरति की लेखनि, रशै ममौ[1] लिखि आँक लखाऊँ।
येहि बिधि मुक्त भये सनाकादिक, हृदय विचार प्रकास दिखाऊँ।
कागद कँवल मतिमसि करि निर्मल, बिन रसना निसदिन गुन गाऊँ।
कहे रैदास राम भजु भाई, संत साखि दे बाहुरि[2] न आऊँ।

वह गाती रही। चल मन हरि चटसाल पढ़ाऊँ टेक भरती रही।

गोविन्द गिरि का मन ऐसा डूब गया उस चटसाल में कि उसकी आँखों से आँसू झर पड़े। गनी की आँखें यह देख डरप गईं और पूछ बैठी, "रो क्यों रहे हो, गोविन्द। किसी ने कुछ कहा क्या।...आँसू पोंछ लो।...हमने कुछ गलत गा दिया क्या?...सच तो यह है कि हम कछु जानते नहीं। उस साधु ने जरूर गाया था, हमने उसे दोहरा दिया। बस इत्ता सा दोष हमारा है। म्हारे को छिमा करें।"

"फिर म्हारे कूँ कौन छिमा करेगा, गनी?"

"थारे कूँ...काहे। थाने तो ऐसा कछु नहीं किया। फिर थारे...।" गनी सोचते हुए कह गयी।

---

1. रकार तथा मकार अक्षर, जिनसे राम बनता है। 2. दोबारा

"सच सच बताऊँ क्या, गनी?"

"क्या थे झूठ-झूठ भी बताते हो?"

"या मन की बात।...मन हर एक के सामने खोला नहीं जाता न।"

"हाँ, जे तो है।...बताओ, क्या बात है।?" गनी ने ऐसी मुद्रा बनाकर पूछा मानों कोई कान में बताने की बात हो वो।

गोविन्द गिरि सहज भाव से कहने लगे। "थे गा रही थी म्हारे को लग रहा था कि मैं कोई छोटा सा बालक हूँ और म्हारे मन को कोई हरि की पाठशाला ले जा रहा है।...हाथ में प्रेमाधार रूपी पाटी है। उस पाटी पर ररा-ममा का परम, राम लिख रहा हूँ।...थे धन्य, गनी, धन्य। थारे पूरब जन्म के अच्छे फल हैं जो थारे पर बिना राम का नाम लिये उसकी किरपा हो रही है। अमरत बरस रहा है। थारे कण्ठ में संगीत बसा है। थारे मन में राम। तू धन्य है, धन्य।"

गनी कुछ समझ नहीं रही थी। वह सिर्फ सुने जा रही थी और सच्चे मन से गोविन्द गिरि को अपलक देखे जा रही थी। पगली बनी हुई यह सोचे जा रही थी कि वह कितना सुन्दर मन रखते हैं, कितनी सुन्दर बातें करते हैं। एकदम भोले हैं। उनमें कोई खोट नहीं हैं। गदगद होती वाणी। निर्झर सी झरती वाणी! वह बोली, "दूध पीजिए।"

"हाँ।" गोविन्द गिरि ने दूध पिया। गुड़ तोड़ा। मुँह में डाला। आगे कहा, "म्हाने थारा कहना मान लिया ना, गनी।"

"उपकार किया। म्हारी झोपड़ी के भाग्य खुल गए। म्हाने कभी नहीं सोचा था कि थे फिर इस मँड़ई (झोंपड़ी) आओगे। जे ऊपर वाले की किरपा है।"

"तू ऊपर वाले को मानती है क्या?"

"मानती तो नहीं थी पर बाने फिर से मिला दिया तो मानना पड़ रहा है।...गरज अपनी है तो फिर गफ़लत काहे की? और क्यों?" गनी कह गयी दूध में घुली गुड़ की डली सी।

"थारे कूँ गरज, गनी।"

"हाँ...स्वारथ किसी को नहीं छोड़ता। किसी को जल्दी और किसी को देरी से, पर वह खिंचती जरूर है। नारद जैसे ऋषि मुनि के मन में मोह की लकीर खिंची तो खिंची। फिर हम तो मामूली मानुख हैं। जे हम बा दिन थे ही समझ रहे थे और म्हारे कूँ लग भी रहा था कि ऐसा कुछ नहीं है। आखिर ऊँट पहाड़ के नीचे आ ही गया।"

"कैसे ऊँट? किसका ऊँट? और पहाड़ कहाँ?" गोविन्द गिरि ने पूछा।

"थे नहीं समझोगे। जे म्हारी...म्हारे मन की...स्वारथ की भीतर की बात है।"

"बताओगी नहीं।"

"नहीं।"

"इतना पक्का मन।"

"क्यों न हो। वहाँ घिस-पिस नहीं है।...घापल (घायल) ही जाने धापल को दरद।"

"तो हम चलते हैं, गनी।"

"अच्छा तो...।"

"चलें।" कहकर गोविन्द गिरि उठ खड़ा हुआ। चलने लगे। वह बाहर तक आ गया। फिर रुका। सोच कर वह बोला, "गनी, जे धुस्सा हमें कोई दे गया था। अच्छा है न।"

"ख़ूब अच्छा। ख़ूब मलूक।"

"तुझे पसन्द है।"

"ना बाबा ना।"

"क्यों?"

"इत्ता कीमती। थारे कूँ कोई भगत दे गया है। ज़रूर यह उसकी अपार श्रद्धा भक्ति का कारण है।"

"क्या कोई बिना श्रद्धा-भक्ति के भी किसी को कुछ दे सकता है?"

"शायद नहीं।"

"पक्का नहीं है।"

"हमने कभी किसी पर श्रद्धा-भक्ति जाहिर नहीं की है। हमारे पास है ही ऐसा क्या जो किसी को दे सकते। परन्तु यदि होता तो भी बिना श्रद्धा-भक्ति नहीं देते।"

"मैं भी मानता हूँ।"

"सच को न मानने का प्रश्न ही नहीं है। कोई कुछ भी कहे, सूरज पूर्व से निकलता है तो वह पूर्व से ही निकलेगा, पश्चिम या उत्तर-दक्षिण से नहीं।" गनी ने कांचली (कपड़ा) कब्जा ठीक किया।

"गनी, तू मेरी एक बात मानेगी क्या?"

"कहो।"

"तू जरा इधर आ, म्हारे कनै।"

"लो आ गयी।" कहती हुई गनी गोविन्द गिरि के पास आ गयी।

"पता नहीं हमारे मन में यह बात कैसे घर कर गयी है कि...।" कहते-कहते गोविन्द सोचता रह गया—कुछ इस मुद्रा में मानों वह उस बात को याद कर रहा हो।

गनी की देह में कम्पन-सा हुआ। वह गोविन्द गिरि के पास खड़ी होकर कुछ-कुछ लजाने लगी थी। पता नहीं कि लज्जा भाव उसमें कहाँ से उपजा! उसे अपने स्त्री होने का भाव घेरने लगा।

गोविन्द गिरि ने तनिक आगे बढ़कर उसके कन्धे पर वह धुस्सा डालते हुए कहा, "गनी तुझ में मेरी श्रद्धा-भक्ति है। यह धुस्सा इसीलिए तुझे उढ़ाया है। अब तू समझ

सोच लेना कि तुझे मैं पसन्द हूँ या...। यह सब अब तुझ पर निर्भर है।...अच्छा, मैं चलता हूँ।"

गोविन्द गिरि चल दिया। गनी निगाहें नीची किए खड़ी की खड़ी रह गयी। उसमें हिलने-डुलने की शक्ति नहीं रही—एकदम पत्थर की मूरत बनकर वह रह गयी। उसका सोच भी पथरा गया। वह पगली-सी बनी आँखे फाड़े देखती रह गयी। गोविन्द गिरि मुड़ चुका था।

"किस सोच में पड़ गयी, गनी।"

"माते ऽ।"

"तेरा मनचाहा हो रहा है।"

"हाँ, माते हाँ। मैं...कैसे इस उपकार को उतारूँ? पर क्या उतारूँ? थे तो सारे जगत् की माता हो, आज से यह विश्वास म्हारे मन में नदी में पड़े धेला अधेला सा तले में जा चिपका है।...मुझे छिमा करना, माते, म्हाने थारे पर संशय किया।"

कुछ देर बाद गनी ने चारों ओर देखा। कहीं कोई नहीं था। वह धीरे-धीरे मुड़ने लगी, मन को मन में दबाये और सनसनी को हाथ से भींचे।

समय की रफ्तार कभी एक सी नहीं रहती। कभी समय कछुए की चाल से चलने लगता है और कभी काबुली घोड़े की तरह सरपट चलता नज़र आता है। प्रायः वह मध्यम गति से चलकर, कभी धीरे, कभी तेज चलता रहता है। जो लोग समय को पहचानकर उसके साथ व्यवहार करते हैं और जिनमें आँधी के गुजर जाने तक का धैर्य होता है, वे ही संकट पार कर पाते हैं।

गोविन्द गिरि ने गनी से नाता (एक तरह का दूसरा विवाह) कर लिया। अब वह आनन्द से गृहस्थ आश्रम का पालन करते हुए भगत पंथ का प्रचार करने लगा। उसकी पत्नी गनी ने भी प्रचार में हिस्सा लिया और भजन-गीत-कीर्तन का वह भी मुख्य आकर्षण बन गयी।

गोविन्द गिरि को डूंगरपुर छोड़ने का दुःख था। अब तो वहाँ उसका प्रवेश वर्जित था। अंग्रेज रेजिडेंसी कौंसिल ने सख्त हिदायत दे दी थी कि गोविन्द गिरि का प्रवेश उनके राज्य में नहीं हो। ऐसी पाबन्दी बासवाड़ा के महारावल ने भी उन पर लगा दी थी।

गोविन्द गिरि में यही भी उथल-पुथल सक्रिय हो उठी थी कि राजा-महाराजा-महारावल, ठिकानेदार और जागीरदार अग्रेजों के पिट्ठू होते जा रहे हैं। वे हर कीमत पर अपना राज्य बचाने के लिए अपमानजनक समझौते पर हस्ताक्षर करते जा रहे हैं। इन राज्यों में राणा-महाराणा-महारावल की स्थिति कमजोर बताकर अपना उल्लू सीधा करते जा रहे थे।

"क्या मुझे निषेध आज्ञा का उल्लंघन कर डूंगरपुर और बासवाड़ा की सीमा में प्रवेश करना चाहिए।" गोविन्द गिरि की आँखें उस तख्ती पर अटकी रह जाती थीं, जिस पर लिखा हुआ था कि उसे मेवाड़ पुकारने लगा है। कुछ अनहोनी न घट जाए, इसके लिए सावधान रहने की खास जरूरत है। इस ओर ध्यान जाते ही वह भगत मण्डली के कार्यक्रमों में जी-तोड़ हिस्सा लेने लगा था।

सूरांत के कूरीया और पूंजा धीरा पूर्व अनुभव को अनदेखा करने के पक्ष में नहीं थे। यह तो वे जानते थे कि अंग्रेजों के प्रभाव में आकर महारावल-जागीरदार, ठिकानेदार आदि उनसे अलग हो चुके थे। वे भी उस गलती को नहीं दोहराना चाहते थे, जिनसे रजवाड़ों का अस्तित्व ही खतरे में आ जाए।

गोविन्द गिरि डूंगरपुर-बांसवाड़ा के आस पास जाते रहते थे और उस तरफ से हजारों हजार भील उधर आते थे, गोविन्द गिरि उनको उपदेश देते थे। उन्हें समझाते थे। उनसे पूछते, "भगतो, कभी तुमने इस बारे में भी सोचा कि तुम्हारी यह दयनीय स्थिति कैसे हुई?...जैसे आज हमारे यहाँ के रजवाड़े नहीं सोच पा रहे हैं कि दिनोंदिन वे क्यों शक्तिहीन, प्रतिष्ठा वंचित और अंग्रेजी शासन से डरने लगे हैं? वे गिरने को तैयार हैं परन्तु संभलने के लिए तैयार नहीं हैं। ऐसा ही होता है, भगतो, जब कोई शक्ति शक्तिहीन होकर लुंजपुंज होने लगती है। जिस तरह निरन्तर अधिकार वंचित होकर जीने के लिए विवश हो जाते हैं, ठीक उसी तरह यदि उन ग़लतियों से सबक लेकर समय के अनुसार सुधार करने की दिशा में सक्रिय हो जाएँ तो फिर से खोये हुए स्थान को पा सकते हैं।

—उससे भी अच्छी स्थिति में भी आ सकते हैं। यदि तुम लोग ऐसा चाहते हो तो एकजुट हो जाओ, आचरण शुद्ध होते जाओ, आलस्य त्यागो, कर्मठ बनो, अपनी आर्थिक स्थिति सुधारो। और वे सारे बिन्दु कर्म से सामने आने दो, जिनसे सम्य सभा और भगत पंथ का संगठन बना है। पहले स्वयं सबल बनो, सामाजिक सम्पन्नता लाओ, परस्पर जुड़ो, एक दूसरे की सहायता करने के लिए सदा तैयार रहो।"

इस प्रकार गोविन्द गिरि भजन कीर्तन के साथ यह प्रचार कर रहे थे। भीलों का संगठन एक सूत्र में बँधता जा रहा था। धूंणियाँ बनती जा रही थीं। हवन होने लगे थे। भीलों को लगने लगा था कि गोविन्द गिरि देवता के अवतार हैं और उन सबको तारने के लिए इस धरती पर आए हैं। साफ सुथरे रहने से उनमें नया जोश पैदा होने लगा था और वे आगे कदम बढ़ाने के लिए तैयार होने लगे थे।

क्षेत्र बढ़ा डूंगरपुर, बांसवाड़ा के अलावा सिरोही, उदयपुर, कुशलगढ़, सुंथारामपुर, कड़ाण, सूथ, खेड़ापा की गढ़ी आदि में गोविन्द गिरि का प्रभाव स्पष्ट सामने आने लगा। अब धनुष वाण धारी भील और तलवार लटकाए भील नज़र आने लगे थे।

रात ढल रही थी। गोविन्द गिरि की आँख खुल गयी। गनी पूजा की मुद्रा में खड़ी थी। वह चौंका। उसने पूछा, "गनी तू इतनी रात को यह क्या कर रही है?"

"अपने परिवार के लिए प्रार्थना, गोविन्द।" गनी ने सहज ढंग से कह दिया।

"पर किससे?"

"उससे जिससे मुझे तुम मिले।"

"मैं।" साश्चर्य गोविन्द गिरि ने गनी की ओर देखा। उसका मुँह खुला का खुला रह गया।

गनी ने सारी बात संक्षिप्त में समझा दी। गोविन्द गिरि सोचता रहा कि गनी को माँ का आशीर्वाद प्राप्त है। वह पूछने लगा, "तू काली माँ से क्या विनती कर रही थी, गनी?"

"क्या विनती करती, गोविन्द?"

"कुछ तो ज़रूर से ज़रूर कर रही होगी।"

"अपने सुहाग की रक्षा के लिए।"

"क्या कहा उसने?"

"कहने का समय ही कहाँ मिला।"

"क्यों?"

"थेने बीच में बोल दिया।"

"तू चिन्ता मत कर, गनी।"

"क्यों न करूँ, तुम फिर से मेवाड़ जाने की तैयारी जो कर रहे हो?"

"अपने भगतों के कल्याण के लिए।"

"परन्तु रजवाड़े समझ रहे कि तुम उनकी सत्ता पलटने की कोशिश कर रहे हो।"

"चोर की दाढ़ी वाली बात है, गनी। मैं ऐसा कुछ नहीं कर रहा हूँ। मैं तो उन्हें सत्य मार्ग का अनुसरण करने के लिए प्रेरित कर रहा हूँ ताकि वे सम्मान से, शुद्धता से, स्वस्थ रहकर, सामाजिक बनकर जीने में सफल हो जाएँ।" गोविन्द गिरि ने धीरे-धीरे कहा।

"रजवाड़े तो ऐसा नहीं मानते।"

"तो मैं क्या करूँ?"

रजावाड़े भी अपने समाज का ही अंग हैं। गनी कहती।

"तो?" गोविन्द गिरि उसकी ओर देखता रह जाता।

"उनके मन में कोई संशय नहीं जन्मे कि...।"

"संशय उनके मन में आ बैठा है अपने मन के हौए के कारण। आदमी इसी से कमजोर होता है। विश्वास की लहर चली तो संशय सिर पर पाँव रखकर खुद ही! भाग खड़ा होगा।" गोविन्द गिरि कहता।

"विश्वास की लहर कैसे चलेगी? कौन चलाएगा?" गनी गहरी साँस लेती।

"हाँ, काश ऐसा हो पाए।"

"क्यों इसमें कठिनाई क्या है?" गनी पूछती।

“अहम, गनी, घमण्ड, झूठी शान शौकत और मुफ्त का माल हड़पने की मानसिकता आदि इसके मूल में हैं।”

“क्या बिना उनको लिए यह सम्भव है कि ऐसे समाज की कल्पना को साकार किया जा सकेगा जिसको लेकर सम्य सभा और भगत पंथ की स्थापना की है गोविन्द?”

“बात तो ठीक है परन्तु, गनी, हम बहुत छोटे स्तर के लोग हैं। राजा-महारावल पर हमारा क्या जोर? वे अपने मन के मालिक हैं।...वे ऐसी कोई बात सुनना पसन्द नहीं करेंगे, जिनसे उनके अधिकार छिंनते हों। वह व्यक्ति तो उनका सबसे बड़ा दुश्मन होगा।” गोविन्द गिरि में सोच की प्रक्रिया शुरू हुई। वह आगे कहने लगा, “काश! हम अपने समाज को जीने योग्य बना पाएँ, यह मेरे लिए बहुत कुछ है। मैं इससे ज्यादा कुछ नहीं सोचता हूँ।”

“थारे न सोचने से क्या होता है, गोविन्द, अपने समाज के लोग तो यही सोचते हैं।”

“वह गलत है। मेरे पास क्या कोई जादू का डण्डा है कि उसे घूमाते ही सब कुछ ठीक हो जाएगा?”

“थे सोचो या न सोचो पर थारा भगत विरादरी तो यही सोचती है कि तुम जो चाहो कर सकते हो?” गनी धीरे से कह जाती। इतने धीरे से जैसे उसे कान में बात कही हो।

“क्या मैं मुरदे को जिन्दा कर सकता हूँ?”

“क्यों नहीं?”

“यह तुम क्या कहती हो?”

“वही जो सब कहते हैं।”

“क्या सब कहते हैं?”

“यही कि थे उनके भगवान हो। जो चाहे कर सकते हो। मुरदे को भी थे जिन्दा कर सकते हो। उनका थारे में गहरा विश्वास है।”

“मैं इसी अन्ध विश्वास को दूर करने का प्रयत्न करता रहा हूँ लेकिन...।” गोविन्द गिरि स्वयं उलझकर रह गया। बात पते की कही थी गनी ने।

“लेकिन कुछ हो नहीं पाता।”

“कैसे हो, गनी। कोई चाहता ही नहीं। सब टोटकों में विश्वास करते हैं।...सत्य के मार्ग पर चलने में किसी में रुचि नहीं है।” गोविन्द गिरि को धीरे-धीरे यह अनुभव होने लगा था कि साथ चलने वाले अन्दर से साथ नहीं होते। उनमें मतिभ्रम बना रहता है। ...फिर भी प्रयत्न होता रहता है। बहुत पहले से यह होता आ रहा है। आगे भी...। यहाँ आकर वह रुक जाता। उसका सोचना विराम पा जाता।

फिर से चुप्पी आ विराजती उन दोनों के बीच। सोच मानों थकने लगता। किसी

के बीच कुछ नहीं बचता। अवकाश भी ठहर जाता।

गोविन्द गिरि ने जंभाई ली। उसकी आँखों में नींद भरी थी। उसने गनी की ओर देखा।

"सो जाओ, गनी। अभी रात पड़ी है। सुबह सोचेंगे।" गोविन्द गिरि का मन गनी से बात करते हुए उलझन में पड़ गया। वह स्वयं भी नहीं चाहता था कि समाज में असमानता हटे तो किसी को गिरा कर हटे। परन्तु विवशता ने उसे आ घेरा। जैसा सोचा जाता है वैसा हो जाए तो फिर झगड़ा ही क्या? उलझन ही क्या?

यों उथल-पुथल होती रही। भगत बनते चले गए। कूरीया, सूरातां के भगवान महाराज, सावंती, लीवां भगत, कलजी, गवरी भाई आदि इस प्रचार में ऐसे कूदे कि भगत ही भगत चारों ओर दिखलायी देने लगे। राजा-महारावल-जागीरदार आदि अन्दर ही अन्दर भयभीत होने लगे। यघपि उन्होंने आदिवासियों पर अत्याचार बढ़ाए थे, तथापि वे झुके नहीं। 'जय गुरुजी महाराज की' नारा लगाते साहस के साथ अत्याचार का सामना करते रहे।

उन लोगों ने यह तै किया कि स्वामी गोविन्द गिरि को बांगड़-मेवाड़ में लाया जाए। इस हेतु सलाशा (बांसवाड़ा में) को चुना गया। सलाशा के महादेव दूर-दूर तक प्रसिद्ध थे।

कूरीया गोविन्द गिरि के पास भीलों के जत्थे के साथ पहुँचे। जत्थे में ढाई तीन सौ आदिवासी थे। उनके कंधों पर धनुष लटका था और पीठ पर तरकश में बाण। उनके हाथों में सफेद नेजा (ध्वज) थे।

गनी का माथा ठनका। वह बराबर यह समझा रही थी, "घर-घर धूंणी जलायी जा रही है। नेजा भी फहरा उठे हैं। आचार-विचार की भी आँधी उठ चली है, पर कहीं न कहीं लगता है कि यह काम अदबदाकर होने लगा है।"

गोविन्द गिरि चुप रह जाता। आज क्या होगा : कौन जाने? सभा हुई। भजन-कीर्तन के बाद विचार-मंथन शुरू हुआ। एक स्वर से यह प्रार्थना की गयी कि गोविन्द गिरि को बांगड़-मेवाड़ में आना चाहिए। वे सब उन्हें लेने आए हैं।

गनी सुनती रहती। सोचती रही कि भक्ति में शक्ति को महत्त्व दिया जा रहा है।

गोविन्द गिरि ने कहा, "भगतो थारा हुक्म सिर माथे। थे म्हारे में इतनी श्रद्धा-भक्ति रखते हो। म्हारा भी फरज बनता है कि थारे कूँ वही पंथ सुझाऊँ जो महादेव दिखाए। थाने म्हारी बात मानकर अपने को बदला है—थाने तन-मन दोनों महादेव को सौंपे हैं। घर-घर धूंणी रमाई है। सफेग नेजा फहराए हैं, गले में एक रूद्राक्ष या अनेक रूद्राक्ष की कण्ठी डाली है। चोरी-पाटे, लूटमारी, मदिरा-माँस छोड़ी है, ऐसे अनेक काम किए हैं, जिनसे अपना भील समाज ऊपर उठा है। उसमें अच्छा जीवन जीने की इच्छा जागी है। पर भगतो...।"

सन्नाटा गहराया हुआ था। धीरे-धीरे रुक-रुक कर अब हवा थमी थी।

सबकी आँखे गोविन्द गिरि और गनी पर टिकी थीं। गोविन्द गिरि समझ रहा था कि भील भावों के भगत ज्यादा हैं अपेक्षाकृत विचारों के। कूरीया ने याद दिलाया, ये कछु कह रहे थे कि अचानक थम गए। "उनमें से एक ने कहा आगे हुक्म करो, गुरु महाराज।..."

इसी वक्त चारों ओर से गोविन्द गिरि महाराज की जय का घोष होने लगा।

वातावरण में उत्तेजना फैलने लगी। गोविन्द गिरि ने आगे कहा, "पर भगतो, थारी तरह म्हारा भी महादेव है। है वही महादेव जो सबका है वा में और थारे महादेव में कोई भेद नहीं है।...फिर भी वह जो कुछ कहता है उसकी बात अलग-अलग व्यक्ति अलग ढंग से समझता है। म्हारे सूँ महादेव कह कर गये हैं कि सबको साथ लेकर चलो—मित्र को भी, दुश्मन को भी, छोटे को भी, बड़े को भी, राजा-महाराजा को भी उनकी प्रजा को भी। किसी से भी कोई परहेज मत रखो। लेकिन हम यहाँ दो खेमे में बँट गए हैं। साथ ही उनके सामने खेमे गाड़ने में लग गए हैं। क्यों न हम उनसे प्रार्थना करें, उन्हें मनाएँ और उनका भी मन बदलें।"

"नहीं, गुरु महाराज नहीं। पत्थरों के मन नहीं बदलते। याद रहे, जब सन 1899 में बांगड़ (डूंगरपुर-बांसवाड़ा) में भयानक अकाल पड़ा था तब वहाँ के महारावल ने अपने प्रजा के साथ क्या किया। लाखों बांगडवासी अकाल की चपेट में आ गए। मनुष्य और जानवर मरने लगे, परन्तु महारावल अपने महलों में मौज मस्ती करते रहे। उन्होंने अपने मरती प्रजा के प्रति क्या किया। सब स्वाहा। आप उनके मन बदलने की बात कर रहे हैं। यह कभी सम्भव नहीं है।"

"तुम कौन हो भाई?" गोविन्द गिरि ने कहा।

"माना कि मैं भगत नहीं हूँ, फिर भी मैं तो इनसान हूँ।"

"अपना परिचय दो, भाई।"

"मैं महारावल डूंगरपुर के पुजारी का सबसे बड़ा लड़का हूँ। मेरा नाम महेश भट्ट है।"

"तुम यहाँ कैसे आए?"

"तुम्हे यहाँ कौन लाया?"

प्रश्न पर प्रश्न उठने लगे। ज़रूर गुप्तचर है। भेद लेने आया है। जितने मुँह उतनी बातें। सभा में गरमाहट दौड़ गयी। महेश भट्ट शान्त भाव से बैठा रहा। जब भीड़ के तेवर आक्रामक होते नज़र आए, तब उसने खड़े होकर कहा, "गुरु महाराज की आज्ञा हो तो मैं भी कुछ निवेदन करना चाहूँगा।

"नहीं।...नहीं...नहीं।"

"अब और कुछ नहीं।"

"बाहर निकालो इस जासूस को।"

"काला मुँह करो।"

"ठहरो भगतो, वह जो भी कोई हो वह हमारा मेहमान है। बोलो, भाई, तुम्हें क्या कहना है?" गोविन्द गिरि ने अनुभव किया कि अभी आदिवासियों में अपनी भावना को संयम में रखना नहीं आया।

"धन्यवाद, गुरु महाराज, भगतो, आप लोगों ने जो कुछ कहा, वह गलत नहीं हैं। वह संदेह को जन्म देता है। मैं भी आपकी जगह होता तो शायद मैं भी यही कहता जो आपने कहा है।...परन्तु भगतो, अपने गुरु महाराज समता वाला, समाज बनाना चाहते हैं। समता वाले समाज में हम सब एक होंगें मैं भी आपके साथ होऊँगा। आप भी मेरे साथ होंगे। कोई शत्रु पक्ष नहीं रहेगा, परन्तु, मतभेद अवश्य रहेंगे। क्योंकि विचारों में सदा भिन्नता रहती है। मतभेद मानव संगठन की सबसे बड़ी विशेषता है।" महेश भट्ट संस्कृत जानता था। उसने संस्कृत ग्रंथ पढ़े थे। उसे अपनी बात पेश करने की विधि अच्छी तरह से आती है। उसकी दृष्टि सब पर गयी और उसने सबमें पहले की अपेक्षा उतावलापन कम होता पाया। उसे तसल्ली मिली उसने आगे कहा "भगतों यह देखो मैं पहले चौका पाटला करता हूँ। फिर दीपक प्रज्ज्वलित करता हूँ...वह यों। ...महेश भट्ट ने वास्तव में वह सब कर दिया। तत्पश्चात नारियल का होम किया और जेब से रूद्राक्ष की कण्ठी माला निकालकर गरदन में पहन ली।...आओ ठाकुर, (भाई) तुम भी सिर के कुछ बाल काट दो।" देखते ही देखते ठाकुर (नाई) ने उसके कुछ बाल काट दिए। अब महेश भट्ट आगे बढ़कर गुरु महाराज गोविन्द गिरि के पास आकर हाथ जोड़कर कहने लगा, "अब आप हमारे कान में फूँक मार दें—मंत्र दे दें, इतनी कृपा करें।"

यह सब आनन-फानन में हो गया। सब चकित-से देखते रह गए। आगे महेश भट्ट ने कहा, "भगतो यह पंडित भगत हो गया। इससे यह रास्ता साफ हो गया कि भगत पंथ में मात्र आदिवासी ही हैं। कोई पंथ जाति-पाति नहीं पूछता। पंथ सदा सबका होता है। भगतो मैं उच्चजाति में अवश्य जन्मा हूँ जबकि मैं किसी जाति को ऊँचा नीचा नहीं मानता। मेरी प्रार्थना यह है कि सबको बदलने के बहाव में कहीं हम ही जहाँ के तहाँ न रह जाएँ। उनसे, जिनके बदलने की चर्चा उठी है, वे कभी नहीं बदलेंगे बल्कि अवसर मिलते ही, क्षमा कीजिए गुरु महाराज जी, उन लोगों ने आपको सीखचों के अन्दर डाल दिया था। तनिक सी देर नहीं लगाई थी।...अन्धेरी कुटिया में सड़ा डालने का भी प्रयास किया था। वे क्या कभी बदल सकते हैं। अचरज तो यह है कि वे अंग्रेज रजिमेंट की चापलूसी तक करने में शर्म महसूस नहीं करते और अपनी प्रजा पर उनको राजी रखने के लिए अन्याय-अत्याचार करने में ज़रा-सी देर नहीं लगाते।"

सारी सभा अब महेश भट्ट के साथ हो गयी। उसका सारा संशय गधे के सींग की तरह गायब हो गया। उसकी बात एकदम सच थी। अन्त में उसने कहा, "गुरु महाराज, भगत समाज आपको लेने आया है। पहले भी कई जत्थे इसी तरह आ चुके

हैं। आपसे प्रार्थना है कि आप अपने भगतों का मन रखें और गुजरात राजस्थान की सीमा पर स्थित मानगढ़ पहाड़ी पर धूँणी की स्थापना करें और नेजा फहरायें।... मानगढ़ अहमदाबाद की सीमा से आठ-दस मील पर है और बांस बाडा की आनन्दपुरी पंचायत समिति से पंद्रह-बीस मील पर है।...अपने भगत भाइयों को सम्मान और मिलकर जीने का मंत्र सिखलाएँ। इनको उठाएँ। इनकी आर्थिक स्थिति सुहढ़ कराएँ। ऐसा ही आपका लक्ष्य है।"

सारी सभा ने एक स्वर से महेश भट्ट का समर्थन किया।

गोविन्द गिरि घिर गए। उन्होंने एक बार गनी की ओर देखा। वह भी हतप्रभ थी। उसके मन में मीरा का स्वर उठने लगा—मैं बिरहिन बैठी जागूँ। जगत सब सौंवे री आली। फिर कबीर की धुन अनुगूंज उठी—जीवन तैं मरिबौ भलौ। जो मरि जानैं कोई। मरनैं पहले जो मरै तैं कलि, अजरामर होई।...वाह कबीर! वाह! सब कुछ तो कह डाला। वह संत इस दोहे के सम्बन्ध में विचार कर कह रहा था—वास्तव में यदि कोई मरने की कला जान जाए तो वह जान सकेगा कि सांसारिक जीवन से मरना कहीं बेहतर है। विषय वासना से मन हटा नहीं कि वह जन्म-मरण के आगमन से छुटकारा पा जाएगा।...उसे जैसा-तैसा भाव-विचार याद रह गया और अन्त में उस सन्त की यह बात याद रह गयी कि जीना सदा अपने लिए नहीं, दूसरों के लिए हो—वह जीना है।...उसने आगे कुछ नहीं सोचा। सिर्फ उसने धीरे से गरदन हिला दी मंगल हो गया। शंखनाद गूँज उठे। थाली, ढांक, ढपली, टिमकी, माँदल, बाँसुरी आदि की ध्वनि ने सारा वातावरण आनन्दमय बना डाला।

६

गोविन्द गिरि को मानगढ़ में आए कई वर्ष हो गए। अब धूँणी जगमगा उठीं। एक नहीं, अनेक सफ़ेद ध्वजा फहराने लगी। कई ढाणियों से मिलकर भगत आने लगे। उनके हाथ में घी और नारियल होते थे। रंग-बिरंगे उनके कपड़े। सजे-धजे और साफ-सुथरे। उनकी देह चमक मारती हुई और उनकी आँखों में ज्योति नाचती हुई नज़र आ रही थी।

माघ की पूर्णिमा को अब वहाँ विशाल मेला जुड़ने लगा। दूर-दूर तक के गाँव के गाँव आने लगे। गुजरात, राजस्थान, मध्य प्रदेश आदि हर जगह से। यह धार्मिक मेला होता।

गुरु महाराज गोविन्द गिरि के प्रवचन होते। भजन-कीर्तन होते। गनी भी भजन उठा लेती। उसके साथ लड़कियाँ नाचने लगतीं। वाद्य बज उठते। लाखों की संख्या में आदिवासी आने लगे। चारों ओर सफेद नेजों की बहार नज़र आने लगी।

रजवाड़ों में संदेह जन्मा। भीलों से उन्होंने राज्य छीना था। भील यदि शक्तिशाली हो गए तो वे कुछ भी कर सकते हैं। बेगार बन्द हो चुकी थी। अपनी पंचायत बना

डाली थी। प्रायः कचहरियाँ खाली सी रहने लगी थीं, स्वदेशी वस्तुओं का उपयोग करने लगे। पढ़ाई भी होने लगी थी। बड़े बूढ़े भी पढ़ने लगे थे। उनकी संख्या ज़रूर कम थी, परन्तु एक नयी लहर लहरा उठी थी। लोग श्रम का त्योहार मनाने लगे थे।

रजवाडों में आपस में बातें हुईं बांसवाड़ा, डूंगरपुर, उदयपुर, सिरोही, रियासतों ने लिखित में अंग्रेज रेजिमेंट को शिकायत की थी कि आदिवासी संगठन बना चुके हैं। वे विद्रोह पर उतारू हैं। समय रहते चौकन्ने नहीं हुए तो उलट-पुलट भी हो सकती है। उन्होंने इस विद्रोह को कुचलने के लिए अंग्रेज रेजिमेंट से सैनिक सहायता माँगी थी।

उधर सुंथारामपुर (संतारामपुर) राज्य के चारों ओर भगत दिखलायी पड़ने लगे। हालांकि सुंथारामपुर राज्य गुजरात में पड़ता था। मालवा, मध्य प्रदेश में पड़ता था। वहाँ से भगत मानगढ़ आने लगे।

सुंथारामपुर के राजा ने घबराकर अग्रेंज रेजिमेंट को यह सूचना करवा दी कि भील मानगढ़ पर एकत्र हो रहे हैं। वे सुंथारामपुर राज्य पर हमला बोलने की तैयारी कर चुके हैं।

राजा महारावल ने अपने-अपने राज्य में भगत पंथ और सम्यसभा की अनेक गतिविधियों पर रोक लगा दी और जिन्होंने राज्याज्ञा नहीं मानी उन्हें कठारे सजाएँ दीं ताकि कोई और भील उनके आदेश की अवहेलना नहीं कर सके।

अब यह चर्चा मानगढ़ की धूँणी पर भी पहुँचने लगी। उन पर चर्चाएँ भी होने लगीं। महेश भट्ट ने सूचना दी कि सुंथारामपुर राज्य की सीमाएँ राजस्थान से लगी हुई हैं। वहाँ अग्रेंज रेजिमेंट कुछ करने जा रहा है।

गोविन्द गिरि सुनते रहते। इस कान से सुनते और उस कान से निकाल देते। कुरीया ने ध्यान दिलाया "अब थे राज्य प्रजा को– आदिवासियों को सता रहे हैं। कड़ी से कड़ी सजा दे रहे हैं। उनके गले से पड़ी रूद्राक्ष की कण्ठी छीन लेते हैं और उनके सिर मुँड़वा देते हैं। उन्होंने मुनादी फिरवा कर सबको सूचित कर दिया है कि कोई भी धूँणी नहीं देखे। सफ़ेद नेजे नहीं फहराये।

"यह सब उनके मन में बैठा भय है। घृणा को प्यार जीतता है। शत्रु सदा मित्र से हारता है राज्य बौखला उठे हैं। प्रजा को शक्ति से दबाकर राज्य नहीं चलता। उनको कौन समझाये कि सफेद रंग शांति का प्रतीक है, प्रजा पढ़ेगी, कर्मठ बनेगी।

व्यवसाय का विस्तार करेगी, उन्न्त उत्पादन करेगी, कचहरी में मुकदमे कम होंगे, अपनी पंचायत में न्याय के लिए जाएगी...इस सबसे राज्य की तरक्की होगी। राज्य खुशहाल होगा। राज्य का चरित्र राज्य की अक्षय सम्पत्ति है। स्थायी सम्पत्ति है।... इस कारण हमें डरना नहीं चाहिए। करने-करवाने वाला वह है।" गोविन्द गिरि उपर की ओर इशारा करके कहता।

गोविन्द गिरि से तर्क कौन करे। वह तो ईश्वर के प्रति समर्पित हैं और अहिंसा

में अटूट विश्वास रखते हैं। यह सोचकर महेश भट्ट ने गनी से कहा, "माते, यह संकट की घड़ी है। हमें भी सावधान होना चाहिए और युद्ध के लिए तैयार रहना चाहिए।

"युद्ध किससे भट्ट?"

"रजवाड़ों से।"

"क्यों—हम तो ऐसा कोई काम नहीं कर रहे हैं, जिससे राज्यों को हम से खतरा सताने लगे। फिर?"

"माते, राज्य पाशविक शक्ति पर टिके हुए हैं—भय, आतंक, अत्याचार, अन्याय आदि उनके राज्य के सुदृढ़ पाये हैं।"

"यह तुम क्या कहते हो, भट्ट।"

"वही जो मुझे कहना चाहिए और जो राज्य का वास्तविक रूप है।"

"फिर?"

"शक्ति का जवाब शक्ति से।"

"यानी घृणा का जवाब घृणा से।"

"यही शक्ति का सम्मान है।"

"नहीं, भट्ट, यह कायरता है। शक्ति मारने में नहीं, बचाने में है।" गनी ने सहज भाव से कहा।

अब क्या कहा जाए! कोई रास्ता नहीं है। आदिवासियों में अपार जोश है और वे इस बार विशेष तैयारी से आ रहे हैं। कदाचित यह मेला मानगढ़ की ज़िंदगी का सबसे बड़ा मेला होगा।

लीवां भगत आदिवासियों के जत्थे के साथ आया। उस जत्थे में आदिवासी धनुष बाण लिये थे। उनमें कुछ के पास तलवारें भी थीं।

गोविन्द गिरि लीवां भगत को देखता रह गया। उसने पूछा, "यह सब क्या है, लीवां भगत?"

"तैयारी!"

"काहे की?"

"सात दिसंबर, 1908 की।"

"यानी।"

"माघ पूर्णिमा की।"

"यानी मेले की।...मेले का अर्थ खुशी, आनन्द और उमंग का दिन।...वहाँ तलवार, तीर-कमान आदि का क्या काम?" गोविन्द गिरि ने शान्त मन से कहा और सहज मुस्कान बिखेरते हुए लीवां भगत की ओर देखा।

"16 नवम्बर को वायसराय जनरल ने इज़ाज़त दे दी है।"

"क्या?"

"कि मानगढ़ पहाड़ी खाली करायी जाए। चिन्ता नहीं यदि शक्ति का प्रयोग

करना पड़ जाए।"

"वह और कर ही क्या सकता है।"

केप्टिन स्टोकले आ रहा है। उसके साथ हैं राजपूत और जाट रेजिमेंट, मेवाड़ भील कोर, खेड़वाड़ा की कम्पनियाँ।"

"होने दो लीवां भगत।" गनी ने बैठने का रुख बदलकर आगे कहा, "हम धार्मिक कार्य कर रहे हैं।"

"वे नहीं मानते। उनकी दृष्टि में यह आयोजन भील राज्य की स्थापना के लिए विशाल पैमाने पर हो रहा है।"

"समय आने दीजिए, सब स्पष्ट हो जाएगा। हमें धैर्य, साहस और वीरता का परिचय देना है।" गनी ने कहा।

"वीरता का।" लीवां भगत ने सोचकर आगे कहा, "पर कैसे। बिना अस्त्र-शस्त्र के वीरता का क्या अर्थ है?"

"है। बहुत है। पर मारने का नहीं, उसे साहस से सहने का।...सहनशक्ति, धैर्य और संयम ये परमात्मा के वे गुण हैं, जिनसे व्यक्ति को उसके होने की अनुभूति होती है जो अदृश्य है, अलौकिक है और अदमित शक्तिशाली है। परमात्मा ने कहा अब मैं अदृश्य हो रहा हूँ। यह देखो गुड़ है। गुड़ की डली है।...या ये देखो नमक है। मेरे सामने दो गडुए हैं। एक गडुए में पानी भरा है और दूसरे में गरमागरम दूध। अब मैं गुड़ की डली के टुकड़े कर के दूध में डाल रहा हूँ और तीन-चार चुटकी नमक पानी में मिला रहा हूँ।...हाँ तो भगतों, हम फिर से उसके बारे में विचार करें जो है परन्तु नज़र नहीं आता। संसार में बहुत सी चीज़ें हैं जो नज़र नहीं आतीं, परन्तु जिनका अनुभव बराबर होता रहता है जैसे प्यार। चुपचाप आता है किस मंत्र शक्ति सा और आकर रोते शिशु को चुप कर जाता है, जैसे ही माँ उसे गोद में लेती है, छाती से लगाती है और सहलाने लगती है। कभी तुमने अनुभव किया कि जब प्यार मन ही मन उछालें भरने लगता है और दूसरी तरफ़ आकृष्ट होता जाता है तब व्यक्ति को अपनी सुध नहीं रहती और न पराये की क्योंकि थोड़ी देर में वह पराया भी अपना हो जाता है और ऐसे हो जाता है। कहकर गोविन्द गिरि ने दोनों गडुए उठाकर सबको दिखाया और कहा, "दूध में गुड़ मिलकर अदृश्य हो चुका है, परन्तु लो थोड़ा-थोड़ा तुम लोग दूध चखो और बताओ की दूध में मिले गुड़ और पानी में मिले गुड़ में क्या अन्तर है?"

सब चखते हैं।

गोविन्द गिरि पूछते हैं, "हाँ तो तुम बताओ...तुम बताओ...तुम बताओ। ...क्या कहा पानी नमकीन है।...एं...क्या कहा दूध मीठा है। क्या तुम लोग पानी में से अलग करके नमक को दिखला सकते हो?...या क्या तुम, दूध में से गुड़ को अलग करके दिखा सकते हो?"

"नहीं।...नहीं...नहीं।"

"पर क्यों?"

सब चुप।

"ठीक इसी तरह ईश्वर भी इस जगत में अपने को मिलाकर अदृश्य बन चुका है। यदि उसको अनुभव करने की तुम्हें तीव्र इच्छा है तो तुम मात्र उसका अनुभव कर सकते हो जैसे तुम लोगों ने अभी-अभी दूध और पानी को चखकर किया था।"

सबने अचरज से भरी, आँखें खोलीं और दाँतों तले उँगली दबाए वे मौन रह गए, चित्र लिखित-से।

"भगतो, तुमने अस्त्र-शस्त्र की अभी बात चलाई थी।...मैं भी बहुत अच्छा नही तो कम से कम बुरा धनुर्धारी नहीं हूँ। मेरा निशाना अचूक रहा है। तीर सदा निशाने पर बैठा है। मैं नाहर का निशाना लगा रहा हूँ। नाहर शांति से बैठा हुआ। अचानक मेरा पाँव फिसल जाता है और मैं लुढ़कता हुआ नीचे आ गिरता हूँ। मेरा हाथ-पाँव हिल जाते हैं। मेरे घुटने में भयंकर पीड़ा हो रही है। मैं बेचेन होने लगता हूँ। यह घटना मैं अपने गुरुजी को सुनाता हूँ। वे सुनते हैं। सोचते हैं। फिर मुझसे पूछते हैं–गोविन्द, जब तुम्हारा तीर नाहर के लगता तब उसे पीड़ा होती या नहीं।"

"हाँ, होती।"

"तुम्हारा विष बुझा तीर लगते ही उसके प्राण निकल जाते। तुम्हारे तो थोड़ी-सी पीड़ा हो रही है–तुम्हारे तो अंग छिले हैं। तुम मोच जैसा भी अनुभव कर रहे हो क्योंकि तुम्हें चलने में बहुत दिक़्कत हो रही है।...कल्पना करो, उस नाहर के तो प्राण ही जा रहे होंगे तब उसे कितनी पीड़ा हो रही होगी। कैसे वह तड़प रहा होगा।...तुम्हें किस अस्त्र-शस्त्र ने मारा, गोविन्द?"

"मैं चुप। सच में मुझे नहीं मालूम था कि मुझे किस अस्त्र-शस्त्र ने मारा था। गुरुजी कह रहे थे,–ये ही अदृश्य अस्त्र-शस्त्र हैं।...फिर तुम नाहर को क्यों पीड़ा पहुँचाना चाह रहे थे?"

"मैं तब से सोचता चला आ रहा हूँ।...मेरा सोच तब थम गया जब बांगड़ के भयानक अकाल के अदृश्य अस्त्र-शस्त्रों ने मेरी गर्भवती पत्नी बदली को निगल लिया।, वह भूख से मरी। कल्पना कर सकते हो, भूख से मरना कितना पीड़ादायक रहा होगा।...निरीह ढोर-डंगर भी भूख से मरे, और राजा महारावल, अपनी प्रजा को मरता हुआ देखकर रंग महल में रंग रेलियाँ मनाते रहे। क्या वे नहीं जानते? ...जानते हैं तो वे अनुभव नहीं करते...बीमारी भी अदृश्य अस्त्र-शस्त्र है जो प्राण भी ले सकती है। उनकी अदृश्य मारक शक्ति का अनुमान लगाना कठिन है।...और मौत।...जानते हैं किस अदृश्य अस्त्र शस्त्र से हुई है?...यह दर्दनाक हादसे हैं। इनमें मौत स्वाभाविक है। वह हर एक की होनी हैं। इन मगरियों की भी! इन राजमहलों की भी। सबकी। फिर समय से पहले और अपने हाथ से पीड़ा...भार्मिक पीड़ा ...का खेल क्यों? क्या

मिलेगा इससे?...कौन रोकेगा इस नर संहारक क्रीड़ा को?...कौन, भगतो, कौन? मेरे सामने मेरी गर्भवती पत्नी बदली आ खड़ी होती—जो मुझे प्राणों से प्यारी थी। और वह शिशु जो उसके गर्भ में पल रहा था। और दोनों काल का शिकार हो गए।...कितनी पीड़ा सही होगी उन दोनों ने। ऐसे कितनों ने प्राण खोये होंगे। बिना युद्ध किए?... ना...ना...ना भगतो, यह खेल नहीं।...मेरी आत्मा काँप उठती है। मैं सोच नहीं सकता है।...यदि मैं भी तुम्हें उस राह पर धकेलूँ, जिस पर राजा-महारावल चल रहे हैं, तो फिर राजा और संत में क्या अन्तर रह जाता है। फिर मैं साधु कहाँ रहा! ...जो साध को साधे वह साधु!...ना...ना मेरे बच्चो, मेरे प्राण प्रिय भगतो, ना। वह रास्ता नहीं है, शमशान है।...ना लीवां भगत, ना। अस्त्र-शस्त्र का प्रदर्शन नहीं। यही कारण है, उन्हें ग़लत संदेश गया है। याद रखो, जो संशय का मारा होता है, वह कायर होता है और इधर-उधर भागता है। मौत से कौन बचा है? क्या उसे अंग्रेज रजिमेंट द्वारा भेजी फौज़ बचा सकती है?"

"नहीं, गुरु महाराज।" लीवां भगत के मुँह से अचानक निकल गया।

"तो फिर भगतो, अपने को किसी फौज़ की आवश्यकता नहीं है।...फौज़ माने डर! डर माने मौत! क्या हम मौत के पुजारी हैं?... भगतो, यदि अच्छा समाज बनाकर जीना है तो मौत के स्वप्न-ताण्डव का कभी भूलकर सहारा नहीं लेना।...अब जाओ, भगतो। जो कहा, समझाया है, उस पर विचार कर, वैसा ही करो। वही सीधा रास्ता है, जिससे दूध में छिपे गुड़ के मिठास का अनुभव कर सकते हो और जीने की सही डगर पकड़ कर अपने परम लक्ष्य तक पहुँच सकते हो।" इतना कहकर गोविन्द गिरि उठ खड़े हुए और झोंपड़ी की ओर चल पड़े।

गहन गड्ड सभा हुई।

कर्नल शटन के हाथ में सारी बागडोर थी। महारावल दया के पात्र बने निरीह प्राणी से मुँह लटकाए बैठे रहे। उन्हें अपने, झूठे और शर्मनाक राज्य की चिन्ता थी। अंग्रेज जो उनके सिर पर भूत प्रेत की तरह मंडरा रहे हैं, उनको चिन्ता नहीं थी। कायरता जब हँसती है तब मौत के मंजर नज़र आते हैं।

शटन चीख रहा था। महारावलों को लज्जित कर रहा था। वे पानी माँग रहे थे। उनको घनघोर पीड़ा थी। उन्हें अपनी प्रजा से भय सता रहा था। कहीं वह उनके राज्य पर हमला कर उनसे राज्य न छीन लें। राज्य गया तो वे भी मर जाएंगे।

कमज़ोर आदमी को डर मारता है। डर कभी पाया नहीं, अपना होता है। उससे मरने की आहट सुनाई पड़ने लगती है। इससे आदमी धीरे-धीरे ज़िदंगी के हर क्षण को मौत में बदलता जाता है—अर्थात् रिस-रिसकर मरता है। कर्नल शटन महारावल और राजाओं की दयनीय दशा को देख रहा था। वे मुट्ठी भर बाहर से आए अभारतीयों

से उम्मीद कर रहा है कि वे उनकी रक्षा करें। यह है उनका बड़प्पन। उनके तेज़, बल, साहस और शान का जनाज़ा निकल चुका है। कोई उनकी अंदरूनी मैयत को कंधा देने वाला नहीं लगता। कर्नल शटन ने पदाहट सुनी। वह अकेला अपने कमरे में टहल रहा था। उसके सोच को ब्रेक लग गए।

थोड़ी देर में वहाँ कैप्टिन स्टोकले उपस्थित हुआ। उसके साथ पोर्टिअर भी था, राजनीतिक सलाहकार राजपूताने का। उनमें बातें हुईं। कॉल्विन जो गवर्नर जनरल, राजपूताने का एजेण्ट था, वह भी आया था—गवर्नर जनरल का संदेश लेकर। उसने पत्र दिया। पत्र कर्नल शटन के नाम था—उसमें था।

"हो सकता है यह संकट का समय हो। गोविन्द गिरि के बारे में मैंने भी अपने स्तर पर सूचनाएं एकत्र करवाई हैं। उनके साथ हमारा आदमी—महेश भट्ट है। वह विश्वसनीय व्यक्ति है। आप भी उस पर भरोसा कर सकते हैं। उससे पता चला है कि गोविन्द गिरि साधु है। वह सत्य-अहिंसा में विश्वास रखता है। वह अन्याय-अत्याचार का विरोध करता है और अपने अनुयायियों से यह अपेक्षा रखता है कि वे उसका पालन करें। उसका इरादा देसी राज्यों रियासतों को नुकसान पहुँचाने का क़तई नहीं हैं।"

यह सच है कि महारावलों को उसके भय से हमें फायदा हो सकता है। इस कारण उसे इंटरवाइन (लपेटना) करना लाभ का सौदा नहीं है। जैसे भो (सूखी घास का ढेर) में मात्र एक जली हुई तीली फेंकने मात्र से आग धधकने लगती है, वैसे ही आपको कुछ ऐसा करना है, जिससे आदिवासी बैल्ट महारावल के विरुद्ध हो जाएँ और उन दोनों के बीच यह आग बराबर सुलगती रहे। ध्यान रहे, महारावलों की रियासतों पर अपनी पकड़ पहले की अपेक्षा और तेज़ हो सके। वे तो आदिवासियों के प्रति बिनाइटेड (विवेकहीन) व्यवहार कर उठे हैं।

हमने कल्पना में नहीं सोचा था कि जो कौम अपनी वीरता, साहस, शौर्य और वचन के लिए सदा तैयार रहती थी, वह अब ऑस्ट्रिच (शुतुरमुर्ग) हो चुकी है। वह प्रोटैक्शन चाह रहे है। प्रोटैक्शन देने वाले जब अपने लिए प्रौटैक्शन चाहने लगें तब वे आस्था, संस्कृति और आदर्शों के पालन करने में बैंकरप्ट (दिवालिया) हुए लगते हैं। बार्किन किले का बाह्य रक्षा घेरा तिड़क कर टूटता जाता है।

हमें मेअर्ज़ नैस्ट (कल्पित चीज़) के पीछे नहीं दौड़ना है। डर उनके मन में हौवे की तरह घना होता जाए शाम के वक्त लम्बी होती परछाईं की तरह और बिना नाइटशेड (धतूरा) दिए वह न मर सके और जी सके, ऐसी स्थिति हो जाए। जैसे तम्बाकू में निर्कोटीन (विषैला तत्त्व) रहता है वैसे उसके जीवन में भी वह घुले रहना चाहिए। वे नोस्टैल्जिआ (घर घुसे) हो जाए।

गोविन्द गिरि भी हमारे रास्ते की दीवार ही है। ही इज अ रिकैल्सिडेंट्रेंट परसन (आज्ञाकारी व्यक्ति) है। अपने प्रीस्ट (पादरी) ऑलिव़ यहाँ आकर मिले थे। उनके

साथ क्लर्जिमैन क्याँ भी था। उनकी शिकायत है कि उससे क्रिस्टिऐनटि (ईसाई धर्म) फैलाने में गतिरोध पैदा हो गया है। इस कारण गोविन्द गिरि का प्रभाव क्षेत्र सिमटना चाहिए। उसका इक्स्पल्शन। (निष्कासन) हो जाए, हमें उसे इकस्टरमिनेट (पूर्णतः नष्ट) नहीं करना है। साँप भी मर जाए, लाठी भी नहीं टूटे। कैसे भी उसे मरून (अर्थात् निर्जन स्थान या असहाय अवस्था-जनहीन प्रदेश में छोड़ देना) स्थिति में शरण लेने के लिए विवश किया जाए। इसके लिए अलग कागज पर कुछ बिन्दु सुझाए जा रहे हैं, उनको भी ध्यान में रखना वहाँ की परिस्थितियों के अनुसार।"

कर्नल शटन खोज के समन्दर में कुछ देर के लिए खो गया। एक जगह उस पत्र में मैरिअनेट (कठपुतली) का प्रयोग हुआ था। इस समय उसके सामने एक पेपर था, जिस पर वह पेन्सिल से रेखाचित्र बनाने का प्रयत्न कर रहा था। उसने वॉकिटॉकि (सूचना लेने-देने में प्रयुक्त आने वाला रेडियो की तरह का उपकरण) का प्रयोग करना चाहा ही था कि उसका ध्यान सैमशन की इस बात पर जा अटका कि आदिवासियों में से ऐसे लोगो की संख्या कम नहीं है जो इस अपूर्व मेले में धनुष बाण लेकर आना चाहते हैं। यह सुनकर शटन गुमसुम हो गया। वह इस खबर को कैसा माने, यह वह निश्चय नहीं कर पा रहा था। अकेला गोविन्द गिरि क्या कर सकेगा। यदि वे धनुष-बाण, तलवार आदि लेकर इकट्ठे होने लगें तो उन पर गोलियों की वर्षा आसानी से करायी जा सकती है। काश ऐसा हो पाए।

"कैप्टिन स्टोकले, एक गोपनीय ख़बर यह भी है कि कुछ आदिवासी ऐसा करना चाहते हैं जिससे वे अपना खोया हुआ भील राज्य पुनः पा सकें। शायद उनमें उमड़ी इस लहर को गोविन्द गिरि वश में नहीं कर पायें। आदिवासियों का चरित्र कुछ इस प्रकार का है कि ये अपने पर आ जाएं तो वह वो कर सकते हैं जो किसी ने नहीं सोचा।" कर्नल शटन ने प्रसंग छेड़कर उनकी प्रतिक्रिया जाननी चाही।

कॉल्विन ने स्टोकले को सोचता हुआ पाकर कहा, "कर्नल, गोविन्द गिरि को कमतर मत आँको। ऑलिव उससे प्रभावित हैं। उसमें देवी शक्ति कार्य कर रही है। "...वह उसे सुपर नेचरल (लोकोत्तर) मान रहा है। वह सुपरस्टिशन (अन्ध विश्वास) से परे है।"

"परन्तु इस ख़बर से हम लाभ उठा सकते हैं, मि. कोल्विन।...यदि यह खबर ग़लत है तो इस ख़बर को ग़लत होते हुए भी हमें ऐसा वातावरण बनाना चाहिए ताकि ऐसा लगने लगे कि यह ख़बर एकदम सही है—ऐसा होने जा रहा है ताकि महारावलों में चिन्ता बढ़े। उनके हाथ पाँव फूलने लगें। वे घुटने टेक जाएं।...शैमबल्ज़ (अव्यवस्था की स्थिति) हो जाये।"

"यह होगा कैसे?"

"पं. महेश भट्ट और उसके परिवार को इतना पैसा क्यों लुटा रहे हैं और किस दिन के लिए यह काम उसके जरिया होगा। उसने आदिवासियों और गोविन्द गिरि का

विश्वास जीत लिया है।" कर्नल शटन ने कहा।

"तो फिर...करो। परन्तु ध्यान रहे कि महारावल के दिलोदिमाग़ पर भी यह बात छा जानी चाहिए और कोई एक्शन लेना पड़ जाए तो रियासत की फौज़ का इस्तेमाल भी होना चाहिए ताकि आदिवासियों के निशाने पर वे हों, हम नहीं।...स्थिति सिडिशन (राजद्रोह) की भी बने ताकि रियासतों का गुस्सा उन पर बरसे।"...कॉल्विन धीरे-धीरे कहता गया। अन्त में उसने यह भी कहा, "गवर्नर जनरल से भी राय मशविरा हो जाना चाहिए।"

"आप उनको बतला दीजिए। यहाँ की स्थिति को भी समझा दीजिए।"

"ठीक है।"

"कैप्टिन स्टोकले, आप अपना व्यूह चक्र फैला लें। समय बहुत कम है। सावधानी बरतिये।...यह इलाका विचित्र है। यहाँ की आस्थाएँ भी अलग हैं और पेचीदी भी हैं। ऊपर से वे जितनी सहज लगती हैं, अन्दर से वे उतनी ही जटिल हैं।. ..काम्प्लिकेटेड हैं। हर कदम हमें फूँक-फूँक कर उठाना है।"

"ओ.के. कर्नल।"

"7 दिसंबर, 1908 याद रहे—सिर पर है। महायज्ञ! महामेला!..." कर्नल शटन ने कहा, "हमने मगरी मानगढ़ को तत्काल खाली करने की राज्य आदेश प्रसारित करवा दिया है। महारावलों ने ढोलकियों से यह सूचना सब जगह...छोटी से छोटी जगह मानगढ़ पर भी...प्रसारित करवा दी है।...परन्तु उसका कोई असर सामने नहीं आ सका है। आदिवासी भील जिद्दी हैं। अब वे पीछे नहीं हटेंगे।" कर्नल शटन ने इतना कहकर यह जानना चाहा कि उनका क्या सोच है?

कैप्टिन स्टोकले ने कहा, "यह स्थिति तो अपने फ़ेवर में है—प्लस पॉइंट है।"

"परन्तु गोविन्द गिरि बहुत कॉनिसर है। बेहद कॉनशस व्यक्ति है।...वह ऐसा कुछ नहीं होने देगा, जिसका नुक़सान भील समाज को भोगना पड़े।" कर्नल शटन ने चेताया।

"स्टोकले, आप मगरी मानगढ़ की भौगोलिक स्थिति का मुआयना कर चुके हो। कॉल्विन पूछ रहा था।

"बेशक, मि. कॉल्विन। सारा नक़्शा तैयार है।...एक पॉइंट बहुत पक्ष है—सुंथारामपुर रियासत मानगढ़ मगरी का चौथी दिशा है। उसका खँडापा विलिज मगरी मानगढ़ से सैकड़ों फुट गहरी खाई में स्थित है।" स्टोकले ने कहा।

"आदिवासी धूंणी में आहुति देने आएंगे।" कर्नल शटन कह रहे थे, "वे लड़ने नहीं आएंगे।"

"परन्तु वे लाखों की संख्या में होंगे।" स्टोकले ने कहा।

"तो?"

"अनुशासन की टीम उनके पास नहीं है। इस कारण भगदड़ जैसी स्थिति पैदा

की जा सकती है।"

"गोविन्द गिरि ने इसके लिए टीम बनवा दी है।"

"रूमर फैलायी जा सकती है।...रफ़्ल (शांति को बिगड़ाना)...करना...।" स्टोकले कहता।

"जैसे।" कॉल्विन पूछता।

"गोविन्द्र गिरि को देवता का दरजा दिया जा चुका है। यह विचित्र जगह है। यहाँ देवता का दरजा जिसे देते हैं, यह मानकर देते हैं कि वह सब कुछ कर सकता है। मुरदे में भी जान फूँक सकता है। बन्दूक की गोली को फूल में बदल सकता है। बन्दूक का रुख बदल सकता है। इन विचित्र और अलौकिक बातों से भी लाभ उठाया जा सकता।"

"कैसे?"

"इस प्रकार की चर्चाओं को हवा देकर और उन्हें यकीन में बदलकर।" स्टोकले बतलाता।

"कीजिए पर समझ-सोचकर और चतुराई से।" कर्नल शटन इसके साथ ही उठ खड़े होते। स्टोकले और कॉल्विन दोनों भी उठ जाते और वे सब बाहर की ओर चल पड़ते।

सवेरा उठ रहा था।

7 दिसम्बर 1908 का दिन।

गनी छाये हुए बादलों को देख रही थी, हल्का-हल्का कुहरा था। गनी के पीछे गोविन्द गिरि था। वे दोनों नहा-धोकर तैयार हो चुके थे।

मगरी मानगढ़ स्वप्न नगरी लग रही थी। चारों ओर निस्तब्ध, निस्तंद्र और निस्सीम निसर्ग मौन था और वह अपलक दृष्टि से देख रहा था।

प्रकृति मनोरम पारदर्शी चूनर ओढ़े सो रही थी। पक्षीवृंद पंक्तिबद्ध होकर उड़ चले थे, गन्तव्य की ओर।

"गनी, जीवन आकर्षक है, सुन्दर और प्रशान्त है। कहाँ से उठता है अचानक अन्धकार का सैलाब! सब कुछ तहस-नहस।" गोविन्द गिरि कह रहे थे प्रकृति को अपने ज़ेहन में उतारते हुए।

हवा मन्द थी। वह किसी दार्शनिक की तरह सोचती हुई चल रही थी।

एकदम शान्त।।

दल के दल आते जा रहे थे। काफी दल तो नीचे तलहटी में रुक रहे थे।

गनी ने कहा, “काश! ऐसा सवेरा सदा जीवन में बना रहे!”

“हाँ, गनी!”

“कुछ गाऊँ।”

“अकेले में।”

“तुम तो हो।”

“आज के लिए।”

“अवश्य गनी, गाओ।” गोविन्द गिरि ने गद्‌गद् होकर कहा।

गनी ने चऊँ ओर की दृश्य अदृश्य रमणीयता और रम्यता को अपनी आँखों में बन्दकर धीरे-धीरे गुनगुनाना शुरू किया। फिर रुक गयी। बोली, “एक दफ़े एक संत आया था। वह दादूपंथी था। बता रहा था कि दादू, घुमक्कड़ थे। वह अहमदाबाद में पैदा हुए थे। उन्होंने दादू पंथ के उद्‌देश्यों को इस प्रकार प्रस्तुत किया है। इसके बाद गिनी गा उठी

भाई रे, ऐसा पंथ हमारा।
द्वैष रहित पंथनहि पूरा, अयरण एक अधारा।।
वाद विवाद काहू सौं नाहीं, माहीं जग थै न्यारा।
समदृष्टि लुभाई सहज में, आपहिं आप विचारा।।
मैं तेरे मेरी यहु मति नाहीं, निबैंरी निरकारा।
पूरण सबै देपिया आपा पर, निरालंब निरधारा।।
काहू के संग मोह न ममता, संगी सिरजनहारा।
मन ही मन सौ समझि सयाना, आनंद एक अपारा।।
काम कल्पना कहै न कीजै, पूरण ब्रह्म पियारा।
इहि पंथ पहुँचि परगहिं दादू, सोतत सहज सँभारा।।

“तेरे मन में स्थिरता है, गनी। जिसका मन स्थिर वह संपूर्ण प्राणी होता है। उससे आगे कुछ नहीं है। दादू पंथ भी वही है जो अपना पंथ है। सब साधु पंथ लगभग एक से हैं। उनमें कोई अन्तर है तो बाहरी-अन्दर से सब एक हैं।...उनके पंथ में द्वैष को स्थान नहीं है, न बहसबाज़ी है।...यह मन है, तूने साधा है, यही एक सच्चे साधक की पहचान है।”

“आज बहुत बड़ा मेला है।”

“मन का मेला। मन मनाने का मेला। छोड़ने का यज्ञ।” गोविन्द गिरि कहते।

“कितनी दूर से, कब से चले हैं, चलते आ रहे हैं ये लोग।” गनी का मन उन सबके प्रति नत था। उसे अपने जीवन में ऐसी यात्रा करने का अवसर कभी नहीं मिला था। यदाकदा...।” याद करते हुए गनी रुक जाती।

“यह पागलपन है। इस पागलपन में घणी श्रद्धा है। घणी भक्ति है। बिना पागल हुए कुछ भी नहीं होता। यह भगत भगवान के लिए पागल हो उठे हैं। तभी इतने दिनों

से, कष्ट पाते हुए और राज्य आज्ञा निषेध सुनकर भी चले आ रहे हैं। ...महेश भट्ट बताता था कि महारावल भयभीत हैं। पर क्यों?...क्योंकि भील के हाथ में यदि हथियार हों और वह अपनी पर आ जाय तो वह कुछ भी कर सकता है—लास्य की जगह महादेव का ताण्डव भी।"

"तब क्या कहा, गोविन्द?"

"यही कि अपने मन को साधो, भगत। मन में राम रहेगा या संशय। दोनों कदापि नहीं। द्वन्द्व मिटेगा तभी श्रद्धा-भक्ति का दीप जलेगा और भगवत्कृपा बनेगी।...तुझे उसी ने मेरे पास भेजा है, भट्ट, यह अच्छी तरह जान ले। वह तुझे मेरे साथ रखना चाहता है। इस कारण तू यहाँ है। उसने ही तुझे शारीरिक शक्ति और मानसिक बल दिया है, ताकि तू भयानक से भयानक घटनाओं का ऐसे सामना कर सके जैसे तेरे सामने वे घट रही हों और तू उन्हें देखते हुए भी अनुभव नहीं कर पा रहा है, उनसे तेरे मन में डर नहीं व्यापेगा।"

"ऐसे कैसे हो सकता है?"

"ऐसा ही होता है, भट्ट यदि भगवत्कृपा का प्रसाद मन को मिल चुका होता है। ...जब तक तू यह सोचता रहेगा कि तू आत्म प्रयास कर रहा है, तब तक तू अपनी ही परछाईं को पकड़ने में लगा है। क्या तू अपनी परछाईं पकड़ पाएगा, यह सोच और मन उसे दे, जो मन का सबसे बड़ा सौदागर है और उसकी किरणें आने दे, जिससे तुझे दिए मन के स्थान पर उसकी कृपा मिल सके।"

"फिर वह चला गया होगा।"

गोविन्द गिरि ने कहा, "गनी, बहुत कुछ होता है और आगे भी होता रहेगा। कितने महेश भट्ट आएंगे और चले जाएंगे। कितने गोविन्द गिरि आए और चले गए। यह गोविन्द गिरि भी है और एक न एक दिन यह भी चला जाएगा और फिर कोई नया गोविन्द गिरि आएगा।"

"तो?"

"तो यह गनी...कि जीवन नदी के पानी जैसा ही है। वह बराबर बहता रहता है। वह अपने बहाव की चपेट में जो आता है, उसे बहा ले जाता है। रुकता नहीं। रुकना उसकी आदत भी नहीं है। परन्तु हम उसके विपरीत आचरण करते हैं। झूठ को सत्य मानकर अपनाते हैं। बेइमानी और सताने को धर्म मानते हैं। और उसी का कीर्तन करते हैं। उसी के लिए पढ़ाई का स्वांग रचाते हैं। पढ़-लिखकर भी जब बुरा इनसान सामने आता है तब सोचना चाहिए कि पढ़ाई झूठ की है, विनाश की है और बने हुए समाज को बिगाड़ने की है। पढ़ाई सत्य की नहीं है, अहिंसा, प्यार और परोपकार की नहीं है। जो-कोई समाज के लिए कुछ करता भी नज़र आता है, वह गनी, इसलिए कि उसने दूसरों की मेहनत, ईमान, सत्यता, पौरुष और परोपकार की भावना को चुराकर, छीनकर तथा नष्ट करके हथिया लिया है। यों हथियाने वालों की मण्डी एक

तरफ़ है। वे न स्वयं सुख से जी पाते हैं और न दूसरों को जीने देते हैं। उनसे समाज का संतुलन बिगड़ रहा है।...यह यज्ञ हवन, पूजा आदि है। इसे जो कुछ कहो, कह सकते हो। सवाल नाम का नहीं है। सवाल आस्था जगाने का है। यह बताने का सवाल है कि सभी रास्ते उस तरफ़ जाते हैं जिसे भूलाकर समाज और अपने पर ज़्यादती होती है।...याद रहे, सच बोलना बेहतर है परन्तु अहिंसा उससे भी एक क़दम आगे है और ईश्वर के अनुभव कराने में उसकी मुख्य भूमिका है।" गोविन्द गिरि सोचते रह गए कि वह ऐसा क्या करे, जिससे भाव, शब्द और कर्म एकमएक हो जाएँ। क्या उनका यह यज्ञ उसीलिए एक अभ्यास नहीं है! जो यहाँ आ रहा है वह सब कुछ भूलकर और उस पर ध्यान केंद्रित करता आ रहा है, जिसे उसे करना है। यानी भाव से भरा मन शब्द में उतरकर गुनगुनाता मन और तद्नुरूप कर्म करने लगे तो कोई समस्या नहीं रहे। वह भी इस अर्थ में कि आने वाले संकट आते, जाते रहें, परन्तु उसका मन उनसे प्रभावित नहीं हो, वह अपनी पूर्वगति से प्रवाहमान बना रहे—न बहुत धीमा और न तेज़, बल्कि सम गति से। पर कैसे? यहाँ आकर गोविन्द गिरि रुक जाता। आख़िर में वह कहता, "आज गनी, इतना ही संवाद रहे।"

प्रायः प्रतिदिन गोविन्द गिरि और गनी के बीच सुबह इस तरह का ही संवाद होता रहता है।

गनी ने कहा, "आज कुहरा अभी तक छाया हुआ है।"

"हाँ, गनी, कुहरे को अपना काम करने दो। हमारे सोचने का कुहरे पर कोई असर नहीं होगा। प्रयत्न रहे कि दूसरे के काम में जहाँ तक सम्भव हो दखल न दें। सबका परस्पर सम्बन्ध है। वह सम्बन्ध स्वतः ही वे मिलकर तै करते हैं। वही वातावरण है। हम भी उस वातावरण के अंग हैं।...कुहरा नहीं हटा तो भी प्रकृति का कोई काम नहीं रुकेगा।" यही सच है और यही अहिंसा धर्म।"

"कूरीया, लीवां भगत, पूंजा धीरा, थेमा, लाला भगत रोत, थानु भगत आदि ने व्यवस्था संभाल ली होगी।"

"चिन्ता नहीं, गनी। जो तै हुआ है, वही होगा। सब अपनी-अपनी जगह पर कार्य कर रहे होंगे, इसमें शंका नहीं है। यह ईश्वर का काम हो रहा है। इसमें कहीं कोताई नहीं होगी। समर्पण में शंका नही रहती।" गोविन्द गिरि कहता।

"मुझसे लीवां भगत, पूंजा धीरा और महेश भट्ट यह सब कहते हुए चाह रहे थे कि मैं आपके कान में यह बात डाल दूँ, क्योंकि इतना बड़ा...विशाल यज्ञ पहली बार हो रहा है। इसमें लाखों भगत आ रहे हैं। कोई भी फूँक मारकर भगतों में भगदड़ मचवा सकता है और उसका परिणाम बहुत भयंकर भी हो सकता है।...देखा नहीं था, जब दो सांड़ आपस में लड़ते हुए अचानक बिगड़कर भागने लगे तो उससे कितने गाँववासी ज़ख़्मी हुए थे।...इतने विशाल पैमाने पर हो रहा यह यज्ञ किसी दुश्मन की चाल का शिकार न हो जाए।" गिनी सोच-सोचकर कहती होती।

गोविन्द गिरि पूछते, “तुमने उनसे क्या कहा, गिनी?”

“यही कि बड़े-बड़े भंडारे होते हैं तब कुछ नहीं होता और होना हो तो पाँच दस की प्रसादी पर बहुत हो सकता है।...इसकी चिन्ता मत करो।”

“फिर?”

“वे आग्रह करने लगे कि मैं एक बार तुमसे यह सब कह जरूर दूँ ताकि उनके मन में कोई अपराधी भाव नहीं रहे।”

“गनी, वे अपनी जगह ठीक हो सकते हैं, परन्तु मुझे ऐसा कुछ नहीं लगता।”

“यदि आदिवासियों के जत्थों में से अनेक जत्थे तीर कमान, तलवार आदि लेकर आ गए तो...।”

“आना तो नहीं चाहिए। यह यज्ञ पूरी तरह से अहिंसा का आधार लिए है। फिर भी, ऐसा कुछ होता है तो यह माना जाए कि वह करतार की इच्छा है। करतार से ऊपर कोई नहीं है।”

“मैं भी यही मानती हूँ। उसे मानो तो पूरी तरह। कोई किन्तु परन्तु नहीं। एक वही है और कोई दूसरा नहीं है। उसे मानने वाले परिणाम की चिन्ता नहीं करते। चाहे परिणाम उनके अनुकूल न हों, तो भी वे उस पर पहले की तरह श्रद्धा भक्ति बनाए रखेंगे।” गनी ने सहज भाव से कहा, मगरी पर फैली आकाश की परछाइयों की ओर देखा। हवा तेज हुई थी और कुछ-कुछ शीत लहर की याद करा रही थी।

“चलें।” कहकर गोविन्द गिरि मुड़ लिये। तभी उन दोनों ने ढोल-मंजीरे और बाँसुरी के साथ सुना मधुर स्वर। वे सब गा रहे थेः

फालोद में मारी कुंडी है, दाहोद में मारी थाली है
भुरेटिया ने मानु रे ने मानु...
दाहोद में मारी थाली है, गोधरा में मारी दीवो है,
गोधरा में मारी दीवो है, अमदाबाद मारी जाजम है।
अमदाबाद में मारी जाजम है, दिल्ली में मारी कलम है।
दिल्ली में मारी कलम है, बणेश्वर मारो झोंपड़ो है।
बणेश्वर मारो झोंपड़ो है, धूलक में मारो धमको है।
धूलक में मारो धमको है, झांबू में मारी फौजें हैं।
झांबू में मारी फौजें हैं, मानगढ़िये मारी धूणी है।
मानगढ़िए मारी धूणी है, कम्बोई मारो द्वारो है।
कम्बोई में मारो द्वारो है, मानगढ़िये मारो वैरां है।
वैरां रे वारि ने पंचराज थापवुं है, भुरेटिया ने मानु रे ने मानु।
पंचराज थापवुं ई तो कई ग्यो गुरु गोविन्द है।
भूरेटिया मानु रे ने मानु।

उनमें रुक-रुक नाच भी रहे थे युवक युवतियाँ। उनमें अद्भुत उल्लास था,

उत्साह था, उमंग थी और मस्ती थी। वे खरज्या, मूका, गोदल, बड, नीम, खांखरा, कोली, पीपल, हालर, टेमरू, गांगली, बाँस आदि के बीच से निकलते हुए कभी-कभी निचली घाटी में उतरकर अदृश्य हो जाते थे और कभी-कभी ऊँची मगरी के ऊपर होते थे। कुहरे से उनके रूप-रंग, पहनावे-ओढ़ने आदि को कुछ-कुछ छिपा सा दिया था। सफेद नेजे लहरा रहे थे।

गनी ने भी उसी गीत के दो चरण गुनगुनाए और गोविन्द गिरि के साथ धीरे-धीरे चल पड़ी।

कैप्टिन स्टोकले ने तीन तरफ़ से मगरी मानगढ़ को घेर लिया था। सामने से कर्नल शटन को आना था। लैफ्टिनेंट डॉइस से रहा नहीं गया। वह बोला, "कैप्टिन, आदिवासी जत्थे तो निहत्थे आ रहे हैं। किसी के पास कोई हथियार नहीं है।"

"परन्तु हमें सूचना मिली थी।"

"वह काइअर (झूठा) होगा।"

"नहीं वह लीएज़न (संपर्क अधिकारी) था।"

"यह ठीक नहीं है।"

"क्या डॉइस?"

"यही कि हम मशीन गन और बन्दूकधारियों को लेकर यहाँ चले आए।"

"हथगोले भी हैं।"

"पर किसलिए?"

"शान्त रहो। इट इज पॉलिटिक्स।...शासन करने की नीति।

"हम इम्पिअस (अधर्मी) नहीं हैं।"

"हमें यहाँ हर्स (लाश की गाड़ी) लेकर नहीं आना था।...कैसा सुहावना वातावरण है एकदम हेजि (धुंध भरा वातावरण)।...हमें ऐसा कोई काम नहीं करना चाहिए जिससे आपस में ग़लतफहमी पैदा हो और हारमनि (सहमति) में दरार पड़े।...निस्संदेह ये लोग भोले, सरल और फ़ारटिट्यूड (साहसी) हैं।... वी हैव टू वेट।"

"ठहरो। जल्दी नहीं। महेश भट्ट विश्वसनीय व्यक्ति है। ही वुड नेव़र डिसीव मी (वह मुझे कभी धोखा नहीं देगा)।...यू वुड नोट व़िलीव दिस बट इट इज़ ट्रु (तुम्हारा इस पर विश्वास नहीं होगा परन्तु यह सच है।) यह अच्छी दुनिया के बनाने की क़ोशिश नहीं है।"

"यू विल सून गेट यूज्ड टु दिस बैड वर्ल्ड। (तुम्हें जल्दी ही इस बुरी दुनिया की आदत हो जाएगी।)"

"इट इज नॉउ गुड।"

"यू डु नॉट नीड टु वरि। (तुम्हें चिन्ता करने की ज़रूरत नहीं है।)

"औनलि वाइट फ़्लैग आर फ़्लैपिंग (केवल झण्डे फहरा रहे हैं।)...प्लीज रिमेंबर ...दि ट्रुथ विल सर्‌टेंलि कम आउट सुन ऑर लैटर (कभी न कभी सच अवश्य सामने आएगा।)

"डोंट वरि, लेफ्टिनेंट डॉइस।"

कर्नल शटन सोच रहा था। सोचकर वह कैप्टिन स्टोकले से कह रहा था, "राजमाता नहीं चाहती। वह नहीं मानती कि आदिवासी धार्मिक यज्ञ के समय हिंसा पर उतारू हो सकते हैं।"

"फिर?"

"महारावलों को ऐसा कोई मौक़ा नहीं देना चाहिए, जिससे उनका विश्वास आदिवासियों में बढ़े। हमें इस अवसर का पूरा-पूरा लाभ उठाना चाहिए। कॉल्विन अपने गवर्नर जनरल को विश्वास में ले चुका है। संपूर्ण राजपूताने को अपने चंगुल में लेना है। वायसराय से अपना जनरल मगरी मानगढ़ खाली कराने की अनुमति पा चुका है। बाई हुक एण्ड बाई कुक (जैसा भी हो) मगरी मानगढ़ खाली करायी जाए।"

कैप्टिन स्टोकले को वे बातें याद आ रही थीं और एक धर्मनिष्ठ क्रिश्चियन होने के नाते उसे भी परेशान कर रही थीं। परन्तु वह डॉइस को अपनी परेशानी से नहीं जोड़ सकता। वह उसका सीनियर अफ़सर है। डॉइस पहले से ही नर्वस हो रहा है। वह उससे इस सम्बन्ध में क्या बात करे! उसे कर्नल शटन के आने का इन्तजार था। क्या निहत्थे और शांति का दूत बनकर आ रहे आदिवासियों को खदेड़ना और...। नहीं-नहीं...। यह उसका ज़मीर उसे अनुमति नहीं दे रहा था।

ग़जब का अनुशासन! गीत और खुशी का आलम। नाच और ढोल की संगति! कहीं कोई गड़बड़ नहीं।

जगह-जगह भगत पंथ के स्वयंसेवक निर्देश दे रहे थे—"भगतो, कोई हड़बड़ी नहीं। ईश्वर आपकी पूजा से प्रसन्न होना चाहते हैं। पूजा में वह आपके समर्पण, प्यार, श्रद्धा-भक्ति और धैर्य की परीक्षा लेना चाहता है।...धीरे-धीरे चलें। मन में ईश्वर का ध्यान हो।...यह लगने लगे कि आम उसके दरबार में जा रहे हैं। बड़े-बूढ़ों, महिलाओं और बच्चों को पहले जाने दें। और फिर आकर अपनी-अपनी जगह पर बैठ जाएँ।"

कभी-कभी कहा जाता, "गुरु महाराज गोविन्द गिरि आपको आशीर्वाद देंगे।... जिसको जहाँ जगह मिले, वह वहीं बैठे जाए। प्रत्येक गाँव के लोगों के बैठने का स्थान निश्चित है। स्वयंसेवक इस कार्य को अंजाम दे रहे हैं।

बीच-बीच में जय महादेव, "जय गुरु महाराज की' का जयघोष उठने लगता।

"हैं...वह देखो, कैप्टिन स्टोकले, ईश्वर आशीर्वाद दे रहा है।

"किधर?" कैप्टिन स्टोकले चारों ओर देखकर कहता है।

"वो देखो, सूरज निकल रहा है। घाटियों पर से कुहरा हट रहा है। प्रकृति का रहस्य सामने आ रहा है।" लेफ्टिनेंट डॉइस कह रहा होता।

मगरी कुहरा से बाहर आ रही थी। उसका भीगा-भीगा और ओस के मौक्तिक कणों से झिलमिलाता अलौकिक रूप अत्यन्त मनोरम नज़र आ रहा था। वह चित्त में आनन्द की लहर उठा रहा था।

कुछ देर पहले ही कैप्टिन स्टोकले ने उससे कहा था, "लेफ्टिनेंट डाइस नेचर भी हमारा फ़ेवर कर रही है।"

"कैसे, कैप्टिन?"

"नेचर की ओर देखो।"

"क्या है नेचर में वह झिनझिनी ओढ़नी ओढ़े है।...सब कुछ अपने में छिपाए हुए वह सो रही है बेफ़िक्र और घोड़े बेचकर।"

"इसका अर्थ जानते हो, डॉइस।"

"कैसा अर्थ?"

"बैड ऑमिनस (अपशकुन)।"

"व्हाट?"

"आदिवासी समाज इसे बैड ऑमिनस मानेगा। वह मानेगा कि गॉड नाखुश है।"

"देन?"

"देन क्या!" कैप्टिन स्टोकले समझाने के लिए कहता, "स्वामी गोविन्द गिरि को आदिवासी देवता मानने लगे हैं।"

"पर वह अपने को देवता कहाँ मानता है?"

"आपको ग़लत ख़बर है। आदिवासी समाज जिसे देवता मानने लगता है, उससे यह अपेक्षा भी रखता है कि उसमें दैवी शक्ति है। वह बड़ी से बड़ी अनहोनी को टाल सकता है।...नेचर को उसकी आज्ञा का पालन करना होता है। वे मानते हैं कि यदि सन् 1891 के सारे बागड के रोंगटे खड़े करने वाले भीषण अकाल के समय वह वहाँ होते तो वह अकाल का मुँह फेर देते। तब कोई नहीं मरता। प्राकृतिक प्रकोप...आई मीन नैचरल रॉथ...नेचरल रेज का मुँह मोड़ देता।"

"यह ब्लाइंड फेथ है।...ब्लाइंड ट्रस्ट!"

"स्यूपर्टिशन (अंधविश्वास)!

"तो?"

"आदिवासी समाज स्यूपर्टिशन के लिए ही जाना जाता है।...गुरु महाराज गोविन्द गिरि जब कुहरा नहीं हटा सकेंगे तो उनके देवता होने में डाउट (संदेह) क्रिएट होने लगेगा। यह बात हवा में फैल जाएगी किसी बुरी ख़बर सी।"

"तो?"

"अरे ब्रदर तो क्या? सब कुछ। गुरु महाराज गोविन्द गिरि का चढ़ा जादू उतरने

लगेगा।...ऑलिव का भी यही मानना है कि यदि ऐसा कोई अवसर हाथ लग गया कि जिससें गोविन्द गिरि कुछ स्यूपर नेचरल (अलौकिक) कार्य नहीं दिखा सके तो उन पर से उनका छाया जादू उतरने में देर नहीं लगेगी।..."

"ओह! यह बात है। इस कारण फॉग (कुहरा) का बना रहना यानी फॉग का नहीं हट पाना गुरु महाजन गोविन्द गिरि देवता वाली इमेज का गहरा आघात पहुँचाएगा।" डॉइस ने इस गुत्थी को सुलझाकर इत्मिनान की साँस ली।

लेकिन कैप्टिन स्टोकले निकलते सूरज और हटते कुहरे को देखकर सकपका कर रह गया और क्षणभर के लिए सोच गया कि क्या वास्तव में गोविन्द गिरि में कोई लोकोत्तर या दिव्य शक्ति है। उसका सारा गणित फेल हो गया। वह मायूस हो गया। उसे लगा कि वह डाइस की निगाहों में गिर गया है। वह थूक गटककर कहने लगा, "हाँ, डॉइस, सूरज निकल रहा है।"

"गो कि आदिवासी समाज का गोविन्द गिरि के देवता होने में और गहरा विश्वास हो जाएगा।"

"बट नेचरल है परन्तु...।" कहते-कहते कैप्टिन स्टोकले एक पल के लिए सोच में पड़ गया, परन्तु तुरन्त ही वह उस सोच से बाहर निकलकर कहने लगा, हो सकता है यह चमत्कार हमारे लिए काम का सिद्ध हो। यह तो आप मानते हो न, डॉइस स्यूपर्टिशन मानव को कमजोर बनाता है।"

"वो तो है।"

"मेरा मन कहता है कि सूरज का निकलना और कुहरे का हटते जाना इस वक्त अवश्य गुरु महाराज गोविन्द गिरि की इमेज को चमका रहा है परन्तु इसका लाभ हमें भी मिलेगा।"

"वो कैसे, कैप्टिन स्टोकले?" लेफ्टिनेंट डाइस ने स्टोकले के मस्तिष्क में पक रही खिचड़ी को जानने के लिए कहा।

"इन्तजार कीजिए, लेफ्टिनेंट डाइस।"

फिर से जयकारों से आकाश गूँज उठा। इस बार एक साथ कई दिशाओं से जत्थे आ रहे थे। उनमें असीम उत्साह था, जोश था और उल्लास था। उनके रंग-बिरंगे कपड़े नए थे, सुन्दर थे। स्त्रियों और युवतियों के कपड़े चमकदार और गहरे रंग के थे। उनमें से कई स्त्रियों की गोद में शिशु भी थे। वह दृश्य बड़ा नयनाभिराम था, बहुत मादकता थी और मन पर उतरकर गुदगुदी करने वाला थी। डॉइस इस अद्भुत और लोकोत्तर दृश्य से अन्दर ही अन्दर अभिभूत हुए जा रहा था। उसका मन नाच रहा था। उसके हाठों पर प्यारा-सा गीत था। उसे लग रहा था कि वह स्वप्न देख रहा है। कल्पना से परे का मोहक स्वप्न!

डॉइस ने देखा कि कैप्टिन स्टोकले दूसरी तरफ़ दो बन्दूकधारियों को लेकर जा रहा है। तभी उसने बाँसुरी पर एक मादक ईश्वरीय धुन को अँगड़ाई लेते हुए

सुना—देखा। वह पूर्णतया अभिभूत ही उठा। उसके पाँव थिरक रहे थे और उसका मन नाच रहा था। काश! वह भी उन जत्थों में से किसी एक जत्थे में होता।

समय चढ़ने लगा।

भीड़ बढ़ने लगी।

रोनक महकने लगी। धूंणी में जैसे ही कुछ हवन सामग्री पड़ती थी। वैसे ही ज्योति आकाश छूने लगती थी। जयकारे गूँज उठते थे।

गोविन्द गिरि गम्भीर थे और उपलक दृष्टि से बढ़ती हुई लौ की उमंग को अपलक देख रहे थे। उसी समय महेश भट्ट वहाँ आया। गोविन्द गिरि ने उस पर ध्यान नहीं दिया तो महेश भट्ट ने आगे आकर कहा, "एक ख़बर है।"

"ख़बर तो सामने दिखाई पड़ रही है, भट्ट। जन-जन आनन्द से भर उठा है। उसमें सात्विक भाव मचल उठे हैं।"

"परन्तु गुरु महाराज!"

"क्या ख़बर है।"

अंग्रेज कर्नल-कैप्टिन फ़ौज लेकर आ डटे हैं। उनके पास गन है, मशीन गन है, और हथगोले हैं।"

"वह फ़ौज है, भट्ट। उसके पास मशीनगन, गन, हथगोले नहीं होंगे तो क्या हमारे-तुम्हारे पास होंगे।" गोविन्द गिरि ने सहज भाव से कहा।

"पर यहाँ! उन्होंने तीन तरफ से मगरी मानगढ़ को घेर लिया है। चौथी दिशा में सुंथारामपुर रियासत का गाँव खेड़ाया है। वह सैकड़ों फुट गहरी खाईं में बसा हुआ है तराई में। उधर फौज नहीं है।" महेश भट्ट धीरे-धीरे समझाने की दृष्टि से कहता।

"फिर भट्ट?" गोविन्द गिरि उससे पूछते होते और गनी की ओर देखते जाते।

"तीन तरफ हथियारबन्द फ़ौज और एक तरफ़ गहरी खाईं...यदि कुछ ऐसा वैसा हुआ तो...तीन तरफ़ तो भगत भागने से रहे और चौथी तरफ़ भागे तो...लाखों भगतों की जान पर बन आएगी।" महेश भट्ट सोच-सोच कर कहता होता और कनखियों से गोविन्द गिरि का मन पढ़ता जाता। तनिक वह गनी की ओर भी देख लेता, क्योंकि गनी भी गोविन्द गिरि की तीसरी दृष्टि है। महादेव की तीसरी दृष्टि के समान। इस समय उसे ललिता देवी की अवतार त्रिपुरा शक्तियों पर ध्यान गया। वही तो महालक्ष्मी हैं। उन्होंने तीन अण्डों का सृजन किया था। पहले अण्डे से पार्वती (अंबिका) और विष्णु, दूसरे अण्डे से लक्ष्मी और ब्रह्मा और तीसरे अण्डे से सरस्वती और महादेव जन्मे थे। ललिता देवी ने पार्वती को महादेव को सौंपते हुए कहा था, "पार्वती का दाहिना हाथ सदा उत्तान मुद्रा में रहेगा—ऊपर उठा हुआ रहेगा। उससे

सब प्राणियों को अभयदान प्राप्त होगा।"[1] पार्वती की एक बहन अपर्णा थी। अपर्णा (पर्णा नाम मिलता है।[2]) से मिलती जुलती ही है गनी। यों कहना-सोचना ज़्यादा उचित है कि उसमें पार्वती और अपर्णा के गुणों का समन्वय है। गोविन्द गिरि के मन और दृष्टि को वह जानते हुए भी अनभिज्ञ बनी रहती है।

"तू संस्कृत पढ़ा है। वेद, उपनिषद् जानता है। फिर भी ईश्वर को नहीं मानता है।...देख भाई, यदि कोई अच्छी वस्तु पानी हो तो उसके ही अनुसार व्यथा और कठिनाइयों का भी सामना करना पड़ेगा। अथक श्रम किए बिना लक्ष्य तक नहीं पहुँचा जा सकता। बीज फूटेगा तभी पौधे का जन्म होगा।...तू दुनिया भर की चिन्ता छोड़, अपना मन एकाग्र कर और उसे धूंणी में लगा। यह समझने की कोशिश कर कि धूंणी में घी गिरने पर ज्वालाएँ ऊपर को ही क्यों उठती हैं।"

"फिर भी, मेरी प्रार्थना है।"

"तूने कभी भूकम्प का अनुभव नहीं किया। म्हाने किया है। जासूँ कहता हूँ कि ईश्वर की इच्छा के सामने अपनी इच्छा को खुशी-खुशी त्याग दे।...हम सब, सारी प्रकृति, सारा ब्रह्माण्ड और जो कुछ अस्तित्व में है, वह परिवर्तन की ओर तेजी से बढ़ता जा रहा है।...तू भी, म्हा भी। सब भी।...तू चिन्ता छोड़, चित्त को धूंणी में रमा। अब जा।" गोविन्द गिरि ने सहज भाव से कह डाला।

मेला था! मेले सा मेला! अलौकिक मेला! अपूर्व मेला!

धूंणी में धृत पड़ता। लपटें उठतीं। हर एक व्यक्ति एक कटोरी घृत और एक नारियल ला रहा था और धूंणी को समर्पित करता जा रहा था। फिर अपने स्थान पर जा बैठता था। नारियल का मगरी जैसा ढूह लग चला था।

मार्ग में राज का तन्त्र बराबर यह हिदायतें जारी किए जा रहा था—मानगढ़ को राज्य ने सुरक्षित स्थान करार किया है—उधर जाने पर रोक है। आप लोग आगे न जाएँ, यहीं से लौट जाएँ।...अन्यथा... ।"

सब सुनते और आगे बढ़ जाते। किसी का ध्यान उधर नहीं जाता।

यदि कोई उनमें से किसी का ध्यान उधर ले भी जाता तो वह कह देता, "वह आदिवासियों का धार्मिक तीर्थ स्थान है। वहाँ, इस समाज का वार्षिक उत्सव होता है। उसे कौन रोकेगा? क्यों रोकेगा? रोकेगा तो मानेगा कौन? क्यों राज्य अपने आदेश की भद्द उड़वा रहा है।"

इस पर ज़ोर का ठहाका लगता और ठट्ठेबाजों की चढ़ बनती। बात में से वे बातें फिसलकर बिन गिरे ही गिरे का अनुभव कराने लगतीं।

भगतों की टोलियों में उससे जोश दूने उत्साह से उमड़ने लगता। खुशी का

---

1. स्कंद, माहे, कौभा-24/1-4

2. पद्म, सृष्टि, 9/9

उन्माद महक उठता।

पूंजा धीरा घूम-घूमकर भगतों का मन रखता और समझाता जो मन में मुराद हो, उसे एकाग्र मन से धूंणी को समर्पित करना ताकि धूंणी थारी मुराद पूरी कर दे। यदि ऐसा न ही तो हताश नहीं होना कर्म चक्र अनुकूल होने की प्रतीक्षा करना इच्छा की अपेक्षा महादेव की इच्छा को महत्ता देना। उसी की इच्छा सबसे ऊपर है।

"गुरु महाराज गोविन्द गिरि का आशीर्वाद सबको मिलेगा। उनका कहना है कि वह भी सब की तरह इनसान हैं। एक दिन ऐसा आएगा जब वह अपना शरीर महादेव का समर्पित कर देंगे, तब उनका शरीर नहीं होगा। पर उनकी धूंणी की लौ अवश्य होगी। उसकी सुगंध सारे वातावरण में फैल रही होगी। तुम धूंणी का ध्यान करो। धूंणी अमृतमयी है।...याद रखो, छोड़ो। छोड़ने का अभ्यास करो। वह भी स्वेच्छा से, खुश होकर! खेत में एक बीज छोड़ते हो तो अनेक दाने पाते हो।

गोविन्द गिरि आदिवासियों को एक सूत्र में बँधा पाकर गद्‌गद होने लगा। वह उनमें भाईचारा, मिलनसारी, मेलजोल, खुशी और एक मंच बनाने की चाह रखता था। ...सेवा, प्रेम और दान की त्रिवेणी उनमें बह रही थी। उनमें धैर्य और प्रेम पनप रहा है।

"क्या देख रहे हैं गोविन्द?"

"गनी, चमत्कार।"

"कैसा चमत्कार।"

"ईश्वर का चमत्कार! उसकी अपार सामर्थ्य का चमत्कार!"

"वह कैसे?"

"तुम्हें नज़र नहीं आ रहा है। यह मेरे जीवन का एक स्वप्न था–सब नहाएँ धोएँ, साफ़ कपड़े पहनें और एक दूसरे की अवसर पड़ने पर मदद करें वह सब भगत भाईयों में नज़र आ रहा था।"

"हाँ, वह तो मुझे भी अच्छा लग रहा है।"

"मैं उनसे कहता रहता था", दूसरों में कमियाँ मत देखो, अपनी कमज़ोरियों पर ध्यान दो। हर अच्छे काम में बाधाएँ आती हैं। उनका सामना करो। डटे रहो। कर्त्तव्य का पालन करो। इच्छाएँ कम करते जाओ। "न जाने ऐसी कितनी बातें मैं उनसे कहते जाता था।...मुझसे कुछ आत्मीय जन कहते थे–इनसे ऐसी आशा करना ठीक नहीं है। उनमें कोई परिवर्तन नहीं होगा।...आज देख रहा हूँ कि लाखों लाख आदिवासी सुन्दर लग रहे हैं। पवित्र लग रहे हैं। क्यों, गनी?" गोविन्द गिरि सहज भाव से मन ही मन ईश्वर का ध्यान करते कहता जाता।

"ईश्वर आपका कहना मानता है", गोविन्द।

"मजाक करती हो, गनी।"

"नहीं, गोविन्द माता-पिता अपने बालक की बात मानते हैं या नहीं।"

"मानते हैं परन्तु...?"

"तुम भी ईश्वर के बालक हो। तुम्हारा स्वभाव भी बालकों जैसा सहज है, जिद्दी है और रूँठने वाला है।"

"मैं रूँठता हूँ क्या?"

"उस दिन क्या हुआ था?"

"किस दिन?"

अँजड़यो दहाड़े (सोमवार) का दिन था।" वह व्यक्ति कामठी (धनुष) पर बाण चढ़ाए सेश्ल्यू (खरगोश) का का पीछा कर रहा था। और...।"

"मैंने उस व्यक्ति को पुकारा था।"

"वह नहीं रुका था।" गनी ने कहा।

तुम ने उसे जोर से पुकार कर कहा, "भले मनुष्य जीव हत्या पाप है।...तेरा उस खरगोश ने क्या बिगाड़ा है?...तू उसे क्यों मारना चाहता हैं?"

"वह रुका था और चिढ़चिढ़ेपन से कहा था—थारो राम-महादेव भी तो सबको मारता है। थेने कभी उनसे यह सवाल किया क्या?...कौन हैं या जग में! सब आपणो आपणो हवारथ हारां ताके हैं[1] कोई कम, कोई ज़्यादा।...और थे भी...।"

"म्हा भी!"

"चौंको मत। जब बा ऊपर वाले ने इस संसार को अपने स्वारथ के लिए रचा है तब थारी म्हारी क्या बात?...अब थाने मुझे उलझाकर म्हारा शिकार हाथ से निकाल दिया। तोहे क्या मिला। हर व्यक्ति को अपना-अपना काम करते रहना चाहिए। उसमें दूसरे की दख़ल नहीं हो तो बेहतर है वरना सौ झंझट गले पड़ जाएंगे।...समझा, म्हारा बाप!" कहकर वह आगे बढ़ गया और थे म्हारे से रूँठ गए बच्चों की तरह।...कहने लगे—थे जाओ, गनी।"

"कहाँ जाऊँ गोविन्द। थे मुझे साथ लाए हो तो साथ ही लौटूँगी।" मैंने ज़िद पकड़ ली।...तब थाने कहा, "ज़िद छोड़ो, गनी।"

"तुम छोड़ते हो क्या?"

"मैंने कब ज़िद की?"

"चलो, मान लेते हैं, नहीं की पर अब तो...।"

"अब तो क्या, गनी?"

"ज़िद कर रहे हो?"

"किसलिए?"

अपने मन से और उस शिकारी को लेकर जो दूसरे हिरन के शावक के पीछे दौड़ रहा है।

---

1. अपना अपना स्वार्थ सभी देखते हैं।

"वह हत्या है।"

"इसके लिए किस-किस से लड़ोगे?...यह दुनिया है अपने-अपने ढंग से चल रही है और आगे भी चलती रहेगी।

"तुम चाहती क्या हो?"

"एक प्रश्न मेरे मन में उठा है।"

"क्या प्रश्न है?"

"रामजी स्वर्ण हिरन के पीछे क्यों दौड़े थे?...वह भी तो हत्या ही थी और हुई थी?"

"वह भगवान की माया थी।"

"तब भगवान मानव रूप में थे।"

"हाँ, थे। फिर जे कुतर्क क्यों?"

"चलों नहीं करती।...फिर भी तुम कितने दिन तक खिंचे-खिंचे रहे थे।...म्हाने पूछा भी था कि क्यों रूठे हो?...थे ने कहा था—नहीं। पर मैं जानती थी कि रूठे हो। ...और एक दिन...तुम खुद ही कहने लगे थे—गनी, मैं सारे प्रश्न का उत्तर नहीं पा सका।...म्हाने तब ज़िद की थी कि तू लौट जा।...म्हाने कहा था—नहीं।...सच यह है गनी, तब मुझे लगा था कि तूने मुझे हरा दिया।...याद आ रहा है, गोविन्द।"

"सब याद आ रहा है और उसके लिए म्हाने थारे सूँ छमा भी माँग ली थी।...

"मुझे रुला दिया था। थे म्हारे सूँ बड़े हो—हर लिहाज सूँ बड़े हो। म्हारे कूँ लज्जित मत करो।...जे म्हारी थारे सूँ हाथ जोड़कर विनती है।" गनी ने भरे कण्ठ से कहा था।

"हाँ गनी। सब याद है। उसके बाद हमारे थारे बीच ऐसा कभी कुछ नहीं हुआ। तब सूँ म्हाने गाँठ बाँध ली।...समझ गया कि मन बुद्धि का समन्वय कभी नहीं टूटे। जिससे प्यार पर आँच आती हो, वह काम कभी नहीं करना। व्यवहार में कठोरता नहीं लानी चाहिए। अहंकार से सदैव दूर रहो।...वास्तव में त्यागमय प्रेम हो। प्रेम में सर्वस्व मिटा देने से बढ़कर दूसरा सुख नहीं है, आनन्द नहीं है। मुझे उस शिकारी से प्रेममय सरल व्यवहार करना चाहिए था। कहीं न कहीं उसमें मेरा अहम था।...तुम से रूठना. ..अकारण रूठना उचित नहीं था। तुम करुणामयी रही। तुमने बड़प्पन दिखलाया-दरसाया तुम्हारा हृदय प्रेममय था, शुद्ध था और सद्‌भावों से भरा था। तुममें सहानुभूति बनी रही।"

"नहीं गोविन्द तुम कुछ ज़्यादा ही सोच गए हो।...इसीलिए मुझे कभी-कभी लगता रहा कि तुममें बाल बुद्धि बराबर बनी हुई है। ईश्वर के नज़दीक बने रहने का इससे उत्तम दूसरा तरीका नहीं है। तभी तुममें मुझे ईश्वर की झलक मिलती है। वह मेरी मूल सम्पत्ति है, मेरी भक्ति का सुफल है।"

"गनी, यह तुम क्या कहती हो?"

"वही जो अपने हृदय में सँभाले इधर से उधर घूमती हूँ और कहने का अवसर नहीं ले पाती। आज मैं अपने को उड़ेल कर हलका अनुभव कर रही हूँ।" गनी सहजता से कह गयी।

"गुरु महाराज,...गुरु महाराज।"

"क्या है, भाई?"

"चलिए, भगत आपका आशीर्वाद चाहते हैं। उन्हें लौटना भी है। दूर जाना है।"

"समझा भाई, समझा। मुझे चलना चाहिए।...गनी, तुम भी चलो।"...कुरीया भगत को देखकर, "अरे तुम भी आ गए।...चलते हैं।"

आगे-आगे गोविन्द गिरि। उनके साथ गनी। उनके पीछे अन्य भगत। आगे कुरीया। ढोल-ढपली, करताल-बाँसुरी आदि की आवाज़ सुनाई पड़ रही थी। मौसम खिला हुआ था और हवा छनकर आ रही थी, मद्धिम गति से।

कर्नल शटन आ गया। उनके साथ भी फ़ौज थी। कैप्टिन स्टोकले और लेफ्टेनंट डॉइस ने उनका स्वागत किया।

कर्नल शटन पूछ रहे थे, "क्या हो रहा है, कैप्टिन स्टोकले?"

"आदिवासी भगत निहत्थे हैं, कर्नल।"

"इसका मतलब?" कर्नल शटन सोचने लगा।

कैप्टिन स्टोकले ने लेफ्टेनंट डॉइस की ओर संकेत किया, क्योंकि स्टोकले भी अन्दर ही अन्दर डॉइस के विचारों से सहमत हो चला था।

"कर्नल, ऐसी कोई आशंका नहीं है कि भगत लोग हमला बोल सकें। यह आयोजन एकदम धार्मिक है। शांति बनाए हुए चल रहा है। कोई आशंका नहीं है। कहीं कुछ भी गड़बड़ नहीं हो सकती। लाखों भगत श्रद्धा, भक्ति से लबालब हैं।" लेफ्टेनंट डॉइस ने धीरे-धीरे कहा।

"लेफ्टेनंट डाइस हम यहाँ मानवता के प्रचार-प्रसार के लिए इकट्ठे नहीं हुए हैं। हमारा यहाँ आने का एक परपस (कारण) है। अब इतना वक्त नहीं बचा है कि हम कोई डिसकस (विचार विमर्श) कर सकें। हमें सिर्फ़ अब करना है।'

"कर्नल शटन ने दो टूक जवाब देते हुए कहा, "रिअली वी आर नॉट बिनेवलंट परसन।...यह युद्ध क्षेत्र है।

निहत्थे आदिवासियों पर धोखे से आक्रमण करना।"

"हाँ, लेफ़्टेनंट डॉइस, हाँ। यही पॉलिटिक्स है। समय पर मत चूको।...खैर तुम्हें यह सब सोचने की ज़रूरत नहीं है। आर्डर इज आर्डर।...ली न्यासि (उदारता) की

जरूरत नहीं। फॉलो।...मिलिट्री परसन...कभी नहीं ऐसा सोचता। फ़्लस्टर (घबराना) नहीं होता। कैप्टिन स्टोकले, डू युअर जॉब अकॉरडिंगलि माई प्लान। नो चेंज।" कर्नल शटन ने साफ़-साफ़ दोहरा दिया जो कुछ उसने पहले स्टोकले से कहा था। फिर भी उसने स्टाकले को अलग बुलाकर कहा, "यह नाजुक वक्त है।...राजनीति में साधन की पवित्रता पर कभी ध्यान नहीं दिया जाता। उसका सारा ध्यान लक्ष्य प्राप्ति पर रहता है।"

"यस॰सर।" कैप्टिन स्टाकले ने कहा।

"क्या किया है?"

"राजपूत और जाट रेजीमेंट की एक टुकड़ी दो दिशाओं में मोरचा संभाले हैं और मेवाड़ भील कोर खैखाड़ा की कंपनियाँ मेरे साथ हैं।...मैं सीधा सामने जा पहुँचूँगा। जैसे मैं इशारा करूँ वैसे ही फायरिंग शुरू—वह भी एक साथ।...तुम, लेफ्टेनेंट किधर का मोरचा सँभाले हो!'

"नोर्थ का! मैं जा रहा हूँ।

"सावधानी से।...मैं चलता हूँ।"

दोनों ने सिट्यूएशन का मुआयना किया। दोनों की आँखों में प्रश्न थे निरत्तरित।

कर्नल शटन चला गया।

"तुम गॉड से डरता है, स्टोकले।"

"हाँ।"

"तुम्हें मिलिट्री में नहीं आना था। यहाँ कमज़ोर दिलोदिमाग और आचार संहिता के पालन करने वालों की ज़रूरत नहीं है।...कब से हो मिलिट्री में?"

"थ्री इयर से।"

"गो बैक ऑफ्टर दिस ऑपरेशन।"

"चलूँ।"

"गॉड ब्लेस यू।

अब कैप्टिन स्टोकले रह गया मेवाड़ भील कोर खैखाड़ा की कम्पनियों के साथ। भील कोर को उसने अपने साथ लिया था। भील अपने धार्मिक आयोजन को तहस नहस करने में कहीं कोताही न बरतने लगे। उसने उनसे कहा, "ज़वान, यह घोर संकट का समय है। हमारे तुम्हारे इम्तिहान का समय है। हर हालत में हमारी कम्पनियों को विजय हासिल करनी है। अपनी शान में चार चाँद लगाये रहना है। माना कि आपके हमारे सामने भील हैं—पर हम तो अपने फर्ज़ के गुलाम हैं। बहादुर सैनिक रिश्ते, धर्म, जाति को तरजीह नहीं देता है। यह आप अच्छी तरह जानते हैं। अब हमें हुक्म मिलने का इन्तज़ार है।" मेवाड़ भील कोर कम्पनियों के अंग्रेज सिपाही भी थे। उन पर मशीनगनें थीं। फिर भी आशंका थी कि कहीं भील भील एक न हो जाएं तब...। तब...। आगे सोचना बन्द। उसने गॉड को याद किया। पता नहीं किसने उसके मन में यह बात डाल दी, "स्टोकले,

तू उस गॉड से प्रार्थना कर रहा जो स्वयं की रक्षा नहीं कर सका और क्रूस पर लटक गया।"

"हाँ, उस गॉड से, तुम्हें क्या तकलीफ़ है।" स्टोकले ज़ोर से चिल्ला उठता कि उसी समय उसके सामने एक अंग्रेज सैनिक आ खड़े हुआ। उसने पूछा, "क्या है!"

"कानाफूसी।"

"व्हाट कानाफूसी।"

"उनकी श्रद्धा भक्ति गोविन्द गिरि के प्रति है। फिर भील भील पर और निहत्थें भीलों पर, उनके बीवी बच्चे, बड़े बूढ़ों पर...यह गद्दारी है।"

"फिर?"

"होशियार रहना है।"

"तुम अंग्रेज मिलिट्री मैन के पास मशीनगन है। अपनी कम्पनियों के पीछे हो। तो रिस्क। इनको तुरन्त बेवफाई का दण्ड। नाऊ यू मे गो।"

वह चला गया। स्टोकले ने अपनी पिस्तौल निकाली। राउण्ड चैक किए। फिर वह एक स्थान पर खड़ा होकर प्राकृतिक सुषमा का नज़ारा देखने लगा गहरा डूबकर और सोचने लगा कि शांति और सौंदर्य से भरपूर वातावरण थोड़ी देर में लहूलुहान हो जाएगा। भागमभाग मच जाएगी। हे प्रभु! मुझे क्षमा करना। अपनी तो नौकरी ही ऐसी है जिसमें आदेश का गुलाम बना रहना होता है।

वह आगे नहीं सोच सका। उसकी प्रार्थना भी चीख उठी। चीख दर्दनाक थी। वह अपने चेहरे का पसीना रुमाल से पोंछकर पीछे लौट पड़ा।

दोपहर आ ठहरी। सूरज की चमक में हलका-हलका ताप था। मगरियों पर सफ़ेद ध्वज फहरा रहे थे। हवा थमकर चल पड़ती थी किसी भुलक्कड़ की याद की तरह। टहनियाँ रह-रहकर इठला रही थीं। भगतों की पलटन थमने का नाम नहीं ले रही थी। गोविन्द गिरि अपने साथियों के साथ आ रहे थे।

गोविन्द गिरि को धूंणी की ओर आता देखकर जन-जन आनंदमग्न हो गया। जैसे ही वह धूंणी के नज़दीक पहुँचे वैसे ही 'जय गुरु महाराज की' आवाज़ से आकाश गूँज उठा। बहुत देर तक 'जय गुरु महाराज' से आकाश गूँजता रहा और धूंणी में एक कटोरी दो कटोरी शुद्ध घी अर्पित होता रहा, नारियल चढ़ता रहा। अब तो वहाँ नारियल की ही मगरी बनती नज़र आ रही थी। अनेक भगतों ने लोटे भरा घी चढ़ाया। धूंणी की लपटें आकाश छूने लगीं। हर्ष ध्वनि मग्न हो उठी। एक साथ अनेक ढ़ोल, मांदल, चटकोला, टिमकी, ढपली, करताल, शंख आदि बज उठे। बजते रहे। युवक-युवतियाँ नाच उठे।

धूंणी के पास माटी-पत्थर से ऊँचा मंच बनाया था ताकि गोविन्द गिरि को दूर-दूर तक देखा जा सके। सबने गोविन्द गिरि को देखा। सबके श्रद्धा भक्ति से सिर झुक गए और हाथ जुड़ गए। सबने मन ही मन कहा—कैसा पवित्तर दिण छे। म्हारा तन मन धण्य हो गया।

एक आवाज उठी। वही आवाज़ अन्य भगतों ने दोहरायी। अब गनी मीरा का भजन उठा रही हैं। जो जहाँ है वहीं से उनका दर्शन करे और मीरा का भजन दोहराये। आज पूजो छे। आज पूरा चांद मधुरस से जा धरती कूँ नहाला देगा। अमरत झरेगा। वा में आतमा नहाएगी। नहाकर आनंद मनाएगी। तो फिर यह अवसर अमरत मय हो जाएगा।"

भक्त शिरोमणि मीरा, मेवाड़-बांगड़ी की आत्मा छे। जगत का पूना प्रकाश! अमरत की धारा छे जाहे दिन के लिए वो गा उठी थी। पहले मीरा का भजन गनी माता उठाएगी फिर थे सब पूरे मन से, ऊँचे स्वर में उसे दोहराएंगे। मग्न होकर, रास पूनो में डुबकी लगाकर भक्ति भाव में डुबे हुए, हृदय तंत्र से उसे दोहराएंगे।

जय गनी माता की।
जय गनी माता की।

लाखों कण्ठ से उठी जय मगरी जय मगरी अनुगूँजती हुई पूनो सी अमरत बरखा करती गयी। गनी और उसके साथ अन्य देवियाँ गा उठीं—रास पूनो जनमिया री, राधका अवतार। गनी ने इसे अनेक बार दोहराया। उसके साथ अन्य देवियों ने दोहराया। गनी की कोमल सी प्यारी, मधुर, रसमयी और अमरत झरती आवाज़ जन मानस में उतरती चली गयी। पूनो भी धन्य हो गयी। वह गा रही थीः

ग्यान चोरस मंडी चोहटे, खेलतां संसार।
गिरधरां दी रची बाजी, जीत भावां हार।
साध सन्त्तां ग्यानवन्तां, चालतां उच्यार।
दासी मीरा लाल गिरधर, जीवणा दिन चार।

सारा मानगढ़ बांगड़ पूनोमय हो उठा। जब यह भजन पूरा हुआ तब कई बाँसुरियाँ एक साथ इस भजन का अमृत बरसाती रहीं।

गनी माता की जय जयकार हो उठी। इसके बाद सुनाई पड़ा आशीर्वाद। सामने थे गोविन्द गिरि। वह बारम्बार सबके हाथ जोड़ रहे थे।

यकायक सब शान्त।।

गोविन्द गिरि ने कहा, "भगतो म्हारा थे सब कूँ—छोटे बड़े, बाल गोपाल, आतम परकास के आधार कूँ नमन सौ सौ बार! जे अमरत मेला या सूँ है। थे आए, अमरत लाए, प्यार उड़ेला, ममता महकायी। देवों के देव महादेव, माताओं में माता पारवती। उनकी जय।

जय! जय!! जय!!!

जे दिन थारे कूँ यह याद दिलाता रहेगा कि अगले साल मगरी मानगढ़ की धूंणी थारो इन्तजार कर रही है। थारे कूँ जा बार से ज्यादे आनन्द हो, थे फूलों फलो। थारी नीरोगी काया और नीरोगी मन रहे। धण्य धाण्य से पूरण रहो। पढ़ो लिखो। आपणे मण को बाचो। हर दिन एक न एक पुण्य काम करो ताकि जीवणा दिन च्यार सफल हो जाए।

ईश्वर एक है और वो थारों सूँ...थारे जैसे सिगरे जगत सूँ...एक से वह अनेक हुआ है। उसका प्यारा सा टापरो थारा हिरदय है। वो कण-कण में समाया हुआ है। अपणे को जाणोगे तो थारे कूँ उसकी गमक पड़ जाएगी। वो ही उसका मन्दिर है। वही उसकी मस्जिद। वो ही उसका चरण। उनमें कोई भेद नाहीं। सिगरे भेद मिटें तो वो दीखण हार दीखे और सबका मन रैदास भजे, गाये और मौज़ मनाए।

प्रभुजी! तुम चंदन हम पानी।

जाकी अंग-अंग बास समानी।

वो गाये प्रभु जी, जे थे घन हो तो हम मोरा।...प्रभुजी, यदि थे दीपक हो तो हम बाती है। उसी से दिनरात ज्योति जगती रहती है। कभी बुझती बुझाती नहीं। ... प्रभुजी, यदि तुम मोती हो तो हम धागा। बिना धागा मोती की माला कैसे बने! ... जे सम्बन्ध आज का नहीं जनम-जनम का है और जनम-जनम तक रहेगा। यहाँ आज थे आए हो, थे आते रहोगे। थारी सन्तान आएगी। आती रहेगी। जे सम्बन्ध काटे नहीं कटेगा।...पुष्प मध्य ज्यों बास बसत है और मुकुर माँहि जस छाईं। वैसे ही वो थारे म्हारे सबके मन-हिय में बसत है।

भगतो, जे तीरथ है—आत्म प्रकास का। अपणे को पहचानने का। उसे जानकर भजने का। भजकर करने का।...करे बिन गति नाहीं। करम ही ईश्वर, महादेव छै, महादेवी छै, धूंणी छै और अमरत रस धारा छै!

म्हारा तो इत्तां कहनो है कि जे जीवण बा तरह सूं जीओ जा तरह सूँ बा ने जीवण जी कर दिखलायो है। थे भी दिखलाने की कोशिश करो तो मौज हो जाएगी—घर-आँगन देव-देव रा सबके सब थारे साथ मन बनाने की और मन से बतियाने की बात कर उठेंगे। जाही सूँ भगवान भगत बन नाच उठेगा ठीक आज, इस बखत की तरह!

"ठहरो!" एक तेज आवाज उठी। साथ ही हवाई फायर हुआ वक्त के कान खड़े हो गए। सारा उपस्थित समाज हैरान रह गया।

"कौन हो, भाई! क्या चाहते हो?" गोविन्द गिरि की मधुर वाणी गूँज उठी।

"यहाँ के लिए निषेध आज्ञा जारी की गयी थी। फिर ये भीड़, गोविन्द सामी क्यों? ये अपराध है और संगीन अपराध है और टुम इस अपराध करने के लिए उकसाने वाले हो।...तो भागो। खाली करो मगरी मानगढ़ को। दूर-दूर टक कोई नज़र नहीं आए।" अब देर नहीं वरना वो देखो...अपने तीनों तरफ़ बन्दूकधारी।

"भाई, जल्दी मत करो। इनको जाने में "समै लगेगा। इनमें बाल बच्चे,

बूढ़े-स्त्री-पुरुष भी हैं।"

"यह पहले सोचना मागटा था, सामी।...अब हम कुछ नहीं जानटा। कानून टोड़ने की सज़ा मिलटी है, वो मिलकर रहेगी टाकि याद रहे कि क़ानून टोड़ने का क्या अर्थ है।"

"ये भगत हैं। इनके हाथ में शांति जताने वाले सफेद नेजे (ध्वज) हैं। ये नारियल और घी होम कर रहे हैं। भजन-कीर्तन कर रहे हैं। धीरे-धीरे लौटते जाएंगे। राजपूताना, मध्य प्रदेश, गुजरात इत्यादि दूर-दूर जगह से भगत यहाँ इकट्ठा हुए हैं। वे यहाँ रहने नहीं, पूजा कर लौटने आए हैं।"

"टुम्हारा ये हवन...धाँणी...यज्ञ...ढोंग है, सामी। टुमने भील राज्य बनाने के लिए यहाँ इन सबको बुलाया है टाकि टुम भील राजा बनकर यहाँ हुकूमट कर सको।[1] ये है टुम्हारा मकसद! हम सब जानता है।...अपने भगटों से कहो कि वे लौटें। धूंणी बन्द करो। नो चमटकार। टुम गोली को फूल बना डेगा। सरसों के एक-एक दाने को टुम भिड़ (ततैंया) बना डालेगा।...भिड़ बर्रे सारी फ़ौज-मिलिट्री को डस जाएंगी। ...ये है तुम्हारा झूठा प्रौपगैंडा (प्रचार)...टुमने सबको बेवकूफ बनाया है। बोलो टो धूंणी बन्द करना माँगटा है या...!" शटन की कड़कदार आवाज़ गूँज उठी थी।

"नहीं...नहीं...धूंणी बन्द नहीं होगी। चलेगी। प्रज्वलित रहेगी। भगतो, आगे बढ़ो। घी डालो। नारियल डालो।...ये भगती का मेला है। राजपाट हड़पने का षड्यंत्र नहीं है। झूठा आरोप।...स्वामी महाराज गोविन्द गिरि म्हारे माने हुए देवता हैं।...आगे बढ़ो।...रुको मत।" यह पूंजा धीरा की गहन गम्भीर और तेज़ आवाज़ थी। वह आवाज़ घाटी में गूँज उठी थी।

आदिवासी जोश में थे। वे जयकारे लगाने लगे—जय गुरु महाराज की...जय मालिक की...जय देवों के देव महादेव की...जय ज़गदम्बे पारवती, छिन्नमस्ता, त्रिपुरसुन्दरी चामुण्डा की...। जयकारे पर जायकारे। चारों ओर जयकारों का लहराता समुन्दर।

"चुप करो यह रामरोला!...सामी टुम अपने भगटों को समझा सको टो ठीक है वरना टुम देख रहा है अपने चारों ओर। उनके पास खिलौने नहीं, राइफलें, मशीनगनें हैं। उनसे फूल नहीं गोलियाँ निकलेंगी। जिसके लगेगी वह वहीं टें हो जाएगा। समझ-सोच ले, सामी।...अब भी वक्ट है।"

"कर्नल, थे यह यज्ञ हो जाने दे। ये लोग कहाँ-कहाँ से धूंणी के लिए अपनी श्रद्धा-भक्ति सजाकर लाए हैं।...थे अपने चारों ओर देख—उन भोले-भाले आदिवासियों को। वे सदियों से अन्याय, अत्याचार सहते आ रहे हैं। उनके मन में जीने की बुझी हुई आग चमकने लगी है। वे नेक इनसान बनकर रहने की आदत डालने लगे हैं। यही इस धूंणी से वे प्रार्थना करने आए हैं कि वह उनकी मदद करे, सच्चे रास्ते पर चलने

---

1. वाग्वर, वर्ष 15 अंक 2-3 पृ. सं. 61

का अभ्यासी बनाए।...शटन महाशय जरा तुम थम जाओ। घृणा की अग्नि न जलने दो। उनमें प्यार की हलकी सी लहर उठी है, उस लहर में बहने दो। धूप से उजाला भी होता है और गन्दगी भी मिटती है। साथ में अच्छे जीवन की आशा जगती है। म्हारी बात पर ध्यान दो—प्यार के यज्ञ पे घृणा का अन्धकार मत फैलने दो।...जाने कैसे इनके मन में यह भाव उठे हैं और इन्होंने इनसान बनकर जीने की दिशा में कदम उठाया है। म्हारे हिय ने सदा सबको आशीर्वाद दिया है। किसी का बुरा नहीं चाहा है, दुश्मन का भी नहीं। आपको भी आशीर्वाद देता हूँ...।" गोविन्द गिरि ने अत्यन्त मधुर वाणी में धैर्य बनाये रखकर विनम्रता से कहा।

"सामी...भगटों के लीडर, लाटों के भूट बाटों से नहीं मानटे, यह कहावट सुनी है न।...समय बर्बाद मट कर।...वन टू...।"

"रूको...रूको...थ्री नहीं।" कहता हुआ महेश भट्‌ट सामने आया। वह गिड़गिड़ाता हुआ आगे कहने लगा, "कर्नल साब, आप लाट साब हैं। सबसे बड़ा साब हैं।...रहम ...रहम।"

"भ ऽ ट्‌ट, थे चुप हो।" कूरीया भगत बीच में तेज़ी से बोल पड़ा।

"मैं हिंसा नहीं चाहता, कर्नल। हिंसा सारे पापों की जड़ है।...हिंसा से घृणा फैलती है, इनसानियत कुचली जाती है, हैवानियत जहर घोलती है। फिर जीने का आधार नहीं बचता है।...इस कारण...।" गोविन्द गिरि इतना ही कह पाया था कि कर्नल शटन ने आदेश दे डाला, "फायर।"

उसका इतना कहना था कि तीनों तरफ़ से गोलियों की बौछार होने लगीं। चीख-चिल्लाहट...हाय मरा...हाय हाय। ख़ून ही ख़ून। एक के बाद एक लोग धरती पर गिरने लगे, धूंणी में घी की जगह लहू गिरने लगा। चारों ओर हाये तोबा मच गयी। भगदड़ ही भगदड़। जो देखो, वह भाग रहा है।...एक ही दिशा भागने के लिए बची थी।...खैड़ापा गाँव जो सैकड़ो फुट की गहरी खायी में नज़र आ रहा है। नीचे उतरने का रास्ता एकदम सकरा, टेढ़ा-मेढ़ा और बेढंगा था। जोखिम और ख़तरों से भरा। किसी को कुछ नहीं सूझा। भीड़ सूरज के उजाले में ऐसे भाग रही थी जैंसे वह किसी ऐसी लम्बी अँधेरी गुफा में गिरती पड़ती भाग रही थी जिसके बारे में रह-रह कर घोषणा हो रही हो कि वह गिरने वाली है और किसी भी क्षण गिर सकती है। अथवा पानी की ऊँची-चादर भीड़ का पीछा कर रही हो। यदि कोई युवती-औरत शिशु को लेकर एक बार गिर जाए तो वह चाहे कितना चीखे चिल्लाये लेकिन कोई नहीं सुनने वाला है। वह अपनी शिशु के साथ कुचलकर वहीं प्राण देगी। उसके बचने की कल्पना भी नहीं की जा सकती। एक बार जिसने खैड़ापा की डगर पकड़ ली और पीछे से आने वाले रेले के कारण अथवा पाँव फिसलने के कारण या किन्हीं अन्य कारणों से वह फिसल गया तो, वह सैकड़ों फुट नीचे की खाई में जाकर हमेशा-हमेशा के लिए शान्त हो गया।

वह था मौत का भयानक, दर्दनाक, वीभत्स और खौफ़नाक नज़ारा। सब चक्राबू में पड़कर चक्रावर्त्त से नज़र आ रहे थे। बन्द था हर चक्षु पक्ष। नफ़रत का था वह ताण्डव! उसके आगे-पीछे सब तरफ ताण्डव था चीख पुकार का!

गोविन्द गिरि की आवाज उन चीख़ पुकारों, भीषण रुदन और गोलियों की आवाज में दबकर घुटी रह गयी थी।

गनी इतस्ततः बचाने भागी भी लेकिन वह भीड़ की अन्धी दीवार को लांघ नहीं सकी। लाखों लाख आदिवासियों की भीड़ प्रातः जितनी चमकदार आकर्षक और आनंद में सराबोर लग रही थी, अब वह उतनी ही विरूप, ख़ून से तरबतर और लाशों के ढेर सी शमशान का डरावना दृश्य पेश कर रही थी।

गोविन्द गिरि की आत्मा चीत्कार उठी। गुलामी का अभिशाप! अपनी रियासतों की नपुंसकता और अस्तित्वहीनता का जीता जागता उदाहरण।

यह प्राणघातक नरसंहार आधेक घण्टे से अधिक चला। निहत्थे, धूंणी प्रेमी और शान्तप्रिय जन काल के गाल में समा गए। वह भी अकारण! भक्ति भावना पर ऐसा क्रूर निर्दय और खूंखार प्रहार तड़िद्दाम और तड़िल्लता। बिखरकर रह गए धर्मशास्त्रों के पृष्ठ के पृष्ठ।

"अब!" गोविन्द गिरि से फफोला फूटा! लज्जा भी लज्जित! क्रूरता के पाँव में भी ठोक दी गयी कीलें। वह भी दर्द से चीखकर कूद पड़ी खाईं में।

सूरज अब भी दमक रहा था। पूर्व की तरह शान्त। अब कहीं नहीं था बरलियों के पूर्वाभ्यास का कोई चिह्न-प्रतीक! हैरतअंगेज था हैबत का काँपता मन!

"यह क्या हुआ? अब?...आगे...क्या है? हे प्रभु! तुम साक्षी हो! निर्दोष जनों के इस दर्दनाक जनसंहार के! ...अफ़सोस तुम्हारे साक्ष्य में ही हुआ यह प्राण लेवा ताण्डव! ...महादेव कहाँ थे! ऊँचे-ऊँचे पहाड़ और मगरियों के संरक्षक तुम कहाँ जा छिपे हो! अब कौन भगत करेगा तुम्हारे होने का इत्मीनान!

रोंगटे खड़े हो गए। गोविन्द गिरि ने ऐसे भयानक और दर्दनाक नरसंहार की कभी कल्पना तक नहीं की थी। रियासतों मे बैठे महारावल और राजा के होने का क्या अर्थ रहा? क्या वे नहीं जान सके कि मानगढ़ में क्या हो रहा है? आदिवासी समाज धूंणी के प्रति कितनी श्रद्धा-भक्ति रखती है?...वे तो विदेशी हैं। उन्हें क्या? उनकी बला से कुछ भी हो। कोई मरे! उनको तो हुकूमत चाहिए!...अंग्रेज रेजिमेंट को उनके यहाँ रहने का क्या अर्थ! क्या यह नाक में नकेल नहीं। वह सोच के दरिया में बहा चला गया।

हैं! शांति। सन्नाटा। डूबता रुदन। श्मशान सी ख़मोशी, गहरी और मन को ग़मगीन करने वाली!

"हाँ सामी, अब बोल?"

गोविन्द गिरि कुछ बोलता नहीं। गनी सुनकर अनसुनी कर जाती।

"गोलियाँ फूल बनी क्या!...चारों ओर श्मशान। भगत धोखे में आ गए। उनके वहम का उतर गया बुखार! अब पड़ गई शान्ति! सारे कलह की जड़ टुम है! अब और क्या चाहटा हैं टुम? क्या अभी और भगतो को मौट के घाट उटरवाना है। वो इच्छा भी टुम्हारी बाकी हो टो पूरी हो सकटी है। बस फ़ौज को एक इशारा करने की देर है।...अब टुम टैयार करवाओ फोटी नामा (मृत व्यक्तियों की सूची)। "कर्नल शटन का चेहरा खिल गया था।

"कर्नल, तुम क्या चाहता है?"

"टुम्हें, गोविन्द गिरि...और टुम्हारी पट्नी गनी को।"

"ये पहले क्यों नहीं बोला था?"

"टुम्हारी फूँक कैसे निकलटी सामी। भगट ये कैसे जान पाटे कि टुम देवटा नहीं है...ढोंगी है। देवटा बनकर भोली-भाली जनटा को ठगटा है। इधर एक हुई ठाँय, उधर निकल गए देह से प्रान। धरा रह गया टुम्हारा यह विश्वास कि बन्दूक-रायफल... मशीनगन के मुँह मोड़ देंगे। कभी रायफल उठायी है, चलायी है। कभी गोली देखी है कि उसका असर होटा क्या है।" कर्नल शटन बोले जा रहा था मनचीता होता देख।

"हजारों हजार भोले-भाले आदिवासियों को भुनवा डाला।...म्हाने ऐसी बात किसी भगत से नहीं कही थी। कोई नहीं बोल सकता। किसी से पूछ देखो। झूठा प्रचार नहीं, कर्नल।" गोविन्द गिरि ने शान्त भाव से कहा।

"टो चलने को तैयार हो अब दोनों। कोई नाह-नूह नहीं।"

"समझा।" गोविन्द गिरि ने चारों ओर देखा—मौत ही मौत की बिलखती छाया। वह मन ही मन कह उठा, "म्हारे पाप की सज़ा इन भोले भण्डारियों को क्यों? काश! एक गोली म्हारे लग जाती तो सारा किस्सा ही ख़त्म हो जाता।" उसकी आँखों के कोर पर आ ठहरे आँसू बह गए।

"थे रो रहे हो, गोविन्द।"

"तो क्या करूँ, गनी! म्हारे कारण ये सब हुआ है। म्हा दोषी हूँ इन भोले आदिवासियों की मौत का, उनके घायल होने का और भगदड़ कर गिरने, घायल होने और मर जाने का।" गोविंन्द गिरि का हृदय तड़प उठा।

"नाटक नहीं, सामी। चलो वरना।" कर्नल शटन की ऊँची आवाज़ गूँज उठी।

"चलो।"

"नहीं, गुरु महाराज...कदापि नहीं...आपको हम नहीं जाने देंगे।" एक साथ अनेक आवाज़ सुनाई पड़ने लगीं। चारों ओर से पुनः गुरु महाराज की जय जयकार होने लगी। भीड़ फिर इकट्ठी होती गयी। भाग खड़े भगत लौटने लगे।

कर्नल शटन की आँखे खुली की खुली रह गयीं। उसने कभी नहीं सोचा था कि जीती बाज़ी इतनी आसानी से पलट जाएगी।

"गुरु महाराज, आपके लिए एक जीवन क्या अनेक जीवन खुशी-खुशी अर्पित

कर देंगे...कर्नल, तुमने कमीनी हरकत की है।...निहत्थे भगतों को भूना है।...नामर्दों का काम किया है।...अंग्रेजों से यही उम्मीद थी। वह किसी के सगे नहीं हैं...अपने धरम के भी नहीं।...थूकेगा थारे इस दुष्कृत्य पर सारा संसार।...अब तू भाग जा वरना ...तूने अभी तक भीलों की शक्ति नहीं देखी है।...थारी सगरी रायफल-मशीनगनें धरी की धरी रह जाएंगी। थारा पता भी नहीं चलेगा। म्हारे कूं राजा-महारावल मत समझना।"

चारों ओर वारि ढोल बज उठे थे। भीलों में वारि ढोल तब बजते हैं, जब उनको संकट घेरता है। वह संकट का सूचक है।

"सुन रहे, कर्नल! यह युद्ध की घोषणा है—मरदों की घोषणा। तुम्हारी राइफल-मशीनगनें कितनों को मारेंगी। देखना हमारे तीर कमान कैसे मुँह फेरते हैं।" पूजां धीर का स्वर गूँज रहा था।

"ठहरो, पूंजा ठहरो।"...गोविन्द गिरि कह उठा, हमें "हिंसा नहीं चाहिए। हमें घृणा नहीं फैलानी। प्यार घृणा का स्वागत करता है।...अब तो जो हुआ वो हो चुका, परन्तु आगे ऐसा नहीं हो, यह जरूरी है।"

"गुरु महाराज, ईंट का जवाब पत्थर से देते आए हैं हम।...महाराणा प्रताप का साथ दिया तो अन्त तक उन पर आँच नहीं आने दी। मुगलों की सारी क़ोशिशें धरी की धरी रह गईं, महाराणा प्रताप को पकड़कर अकबर के सामने पेश करने की।"... माना कि हम में एक सौ एक बराई है, परन्तु जिसने हमें ललकारा है, उसके लिए हम साक्षात् मौत बनकर सामने आए हैं।" पूंजा धीरा की आवाज़ मेघ गर्जना कर उठी थी।

"पूंजा भगत, थारी बात अपनी जगह सौलह आने सही है। परन्तु...एक सच यह है और यही वास्तव में सच है। जो ईश्वर में विश्वास रखते हैं और उसके प्रति समर्पित हैं, वे वही काम करते हैं जिसे ईश्वर करता है और करवाना चाहता है। ...बताओ, थे ईश्वर को मानते हो या नहीं।" गोविन्द गिरि आदिवासियों के दिलो दिमाग को जान चुका था। वे जिस पर एक बार यकीन कर बैठते हैं, उसके लिए अपने प्राण निछावर कर सकते हैं। मान के पक्के हैं।

पूंजा धीरा ने धीमे से कहा, "हाँ।"

"क्या भगवान घृणा फैलाते हैं।"

"नहीं।"

"क्या वह आतंक-हिंसा, अन्याय अत्याचार का इस्तेमाल करते हैं?"

कुछ सोचते हुए पूजा धीरा ने कहा, "नहीं।"

"तो वह क्या करते हैं? मारना शुरू करते हैं क्या?"

"नहीं।"

"तो सुनो, भगतो, सूरज क्या करता है?"

"रोशनी देता है।"

"उस पर थूका तो क्या वह भी तुम पर थूकता है?"

"नहीं।"

"क्यों भाई, वह ऐसा क्यों करता है?"...क्यों भाई, आम के वृक्ष पर बेर क्यों नहीं लगते?" गोविन्द गिरि सहज भाव से पूछते।

सब सोच में पड़ जाते। कर्नल शटन गोविन्द गिरि की सूझबूझ को समझने का प्रयत्न करता।

गोविन्द गिरि कहता, "देखो भाई, मनुष्य को छोड़कर कोई अन्य जीव बदले की भावना नहीं रखता। थे भगत हो। इसका अर्थ क्या हुआ, भाई?"

फिर सब सोचते रह जाते चित्रलिखित से। गोविन्द गिरि कहता, "प्यार करने वालों के पास घृणा नहीं होती जैसे मिश्री के पास खट्टापन या कड़वाहट। कर्नल शटन, ईसा ने कहा था कि कोई तुम्हारे एक गाल पर तमाचा मारे तुम उसके सामने अपना दूसरा गाल कर दो।..."

"क्या यहाँ इन्होंने यह कर दिखलाया है, गुरु महाराजन?" कूरीया आ गया था, उसने पूछा।

"तुम्हें किसी धर्म को जानना है तो उसकी किताब मत पढ़ो, उन लोगों के व्यवहार-आचरण को जानो जो उस धर्म के मानने वाले हैं। धर्म किताबों में नहीं, उनके अनुयायियों में साँस लेता है। वह जीवित धर्म है।...इन लोगों के इस व्यवहार-आचरण से उन लोगों को चेत हो जाएगा जो ईसाई धर्म के पुजारी हैं। पादरी हैं। वे किस धर्म का प्रचार कर रहे हैं? वह धर्म कर्नल शटन के व्यवहार-आचरण से व्यक्त हो रहा है। कम से कम अपने भाइयों के मन-मस्तिष्क पर से मोह रूपी परदा तो हटेगा?...गोविन्द गिरि ईसाई मत का विरोध करता है, यह मिथ्या कथन तो मिटेगा और उनके धर्म का असली चेहरा तो सामने आएगा।...और फिर अमृत जैसे विष की विषाक्तता मिटाकर उसे अमृत बना लेता है। वैसे ही प्यार घृणा को प्यार में बदल देता है।...मेरी तुम सबसे हाथ जोड़कर विनती है कि थे मुझे शटन महाशय के साथ जाने दो और उनके मन की हो लेने दो ताकि इस झूठ पर से भी परदा हट सके कि गोविन्द गिरि भील राज्य की स्थापना के लिए सेना बना रहा है। वह धावा बोलने वाला हैं।" गोविन्द गिरि ने धैर्य के साथ अपने मन को खोल दिया और अंत में दो क़दम आगे बढ़ाते हुए कहा, "प्रभु थारी इच्छा पूर्ण हो। वही हमारी इच्छा है। आओ गनी, कर्नल साब के आदेश का पालन करें।...भगतो, थारी किरपा बनी रहे। म्हारे यूं जाने से म्हारे पर अपना मन छोटा मत करना। अहिंसा परम धर्म है, वा-में पक्का विश्वास रखना जो अहिंसा व्रत लेता है, वह कठिन से कठिन परीक्षा देने के लिए सदा तैयार रहता है। जय महादेव! जय माता! जय धूंणी! जय मगरी मानगढ़।"

सब हाथ जोड़े खड़े देखते रहे चित्रलिखित से। गोविन्द गिरि कि साथ गनी जा रही थी। उनके आगे कर्नल शटन था। उनके चौतरफ़ा सैनिक थे मशीनगन और

राइफल लिए। अचानक जयगुरु महाराज का जयकारा उठा। उठता ही गया, जब तक गाड़ी में बैठकर वे सब ओझल नहीं होने लगे।

अहमदाबाद की सेंट्रल जेल। उस जेल की एक कोठरी। जिसे काले रंग से पोता गया था। वहीं गोविन्द गिरि। उसके पास ही गनी। महीनों हो गए। पत्ता तक भी नहीं खटका मानो वे जेल में उन्हें डालकर भूल गए हों। यदाकदा उसे वारि ढोल की अनुगूंज सुनाई पड़ती थी। उसे नहीं पता बाहर क्या हो रहा है। वहाँ रोशनी आते घबरा रही थी। वह लगभग अन्धी कोठरी थी।

गनी को पता चला। वहीं भगत पंथ के तीन भगतों को कैद कर रखा है। वह कहने लगी "गोविन्द, मगरी मानगढ़ नरसंहार में सरकारी गिनती के हिसाब से पन्द्रह सौ सत्रह लेगा-लुगाई मारे गए। उनमें बच्चों की गिनती नहीं की और न उनकी जो भगदड़ में खैंड़ापा गाँव की ओर मुड़ गए थे। मारे गए थे, मौत की घाटी में जाकर।"

"तुझे किसने बताया?"

"अपने एक भगत ने। उसे म्हारे खिलाफ गवाह न देने के जुरम में यहाँ कैद में डाल दिया है। उसके साथ दो भगत और हैं। उन पर हाया का मुक़दमा बनाया जा रहा है।" गनी ने सोचते हुए कहा।

"कैसा दूर्दान्त नरसंहार। निरपराध निहत्थों को गोलियों से भून डाला। घाटियाँ साक्षी हैं। साक्षी है मगरी मानगढ़। पर असहाय हैं हम।"

"कब तक यहाँ यों पड़ा रहना होगा?" गनी पूछती होती।

"जब तक महादेव राखेगा। इच्छा महादेव की है, गनी! फिर सोचना क्या!"

"कोई आया भी नहीं।"

"कौन आता?"

"अपने भगतों में से तो कोई ज़रूर आता।" गनी कहती।

"आया हो तो हमें क्या पता?" गोविन्द गिरि कहता, "फिर किसी के आने या न आने से हमें क्या फर्क पड़ता।"

"क्या जिदंगी भर ये हमें यों ही डाले रखेंगे।

"हो सकता है गनी! कौन जाने उनके मन में क्या है?...कुछ भी हो, म्हारे को तो महादेव के मन से मतलब है।...उसी को ध्यान लगाता हूँ और सब भूल जाता हूँ।"

"म्हारे से ये नहीं हो सकता, गोविन्द।"

"कोशिश कर। मन अपने आप थिर होने लगेगा।...एक बात बोलूँ, थे मानेगी।" गोविन्द गिरि ने धीरे से और विश्वास से भरकर कहा।

"कौन सी बात?"

"थारे मन की बात।"

"पर क्या बात?"

"मानेगी ना।"

"क्या नहीं मानूँगी, गोविन्द अवश्य मानूँगी। थे कहकर तो देख एक दफे।"

गोविन्द तनिक देर के लिए सोच मे डूब गया। सोच गहराया। उसने खखारकर कहा, "गनी थे भजन गाना भूल गयी?

"भजन गाना क्या?"

"हाँ भजन गनी। तू गाती क्यों नहीं। थारे कूँ तो भजन बहुत याद हैं। एक से एक बढ़िया भजन याद हैं।"

"थारा मन सुनने का हो रहा है क्या?"

"भजन तो अमरत है, गनी, भला अमरत की चाह किसे नहीं होती। क्या तुझे नहीं?"

"म्हा तो भूल ही गयी थी, गोविन्द। मुझे कुछ नहीं याद रहा सिर्फ उस नरसंहार की विनाश लीला के। म्हाने इतने सारे लोगों को कभी एक साथ मरते नहीं देखा, अकाल में भी नहीं।...थारा कहा मानकर पगले भगत निहत्थे आ चढ़े मगरी मानगढ़ पर वा के मैदान में आ डटे। नए से नए कपड़े पहने और अपने-अपने तन को सौ-सौ बार पत्थर झांये से रगड़कर...नहा-धोकर। नये होकर अमरत रस घोलते...गाते बजाते ...खुशियाँ उछालते...मन में उल्लास लिए...पगा-पगा। मगरी मगरी लांघ कर। दिन रात चलकर। पर काहे? क्या था वहाँ।...गोविन्द, अमरत का निमंत्रण क्या ऐसा होता है। क्या कोई जानी दुश्मन को भी यों न्यौता देता है। बाह री म्हारी भेजी न्योतनी। वाह!...वाह रे म्हारे न्योतहरी, वाह! क्या नौरोज़ (नया दिन) आया। दाल में बघार बनकर रह गया।" पता नहीं क्या हुआ गनी को कि वह बिना रुके ठहरे पतनाले कि तरह अर्राकर कहती जा रही थी, "उनमें अनेक भगत तो पटारी[1] पटोल[2] के वस्त्र पहने आए थे।...पलभर में पगले पर बीजने से चमक कर पछवां हवा के एक तेज झोके में पटापट बहकर तड़ तड़ होते गए। ...क्या मिला उन अभागों को। क्या थारा भगवान इतना कठोर, निर्दय, निर्मम और अत्याचारी है! यह होगा न्याय क्या! तब कौन मानेगा उसे! कौन करेगा दीया बाती, धूप-अगरबत्ती लोबान से उसकी पूजा अर्चना! वाने क्या सोचकर लिख दी उन भोले भाले पक्षियों के लिलार पर मौत की सज़ा। ...राम जाने क्यों हुआ ऐसा दर्दनाक हत्या काण्ड। म्हारे मुँह में कौर नहीं दिया जाता है, गोविन्दा।. ..क्या रह गयी थी भोले के उन भगतो से ऐसी कोई कसर।...थे चाहो, म्हा भजन उठाऊँ। म्हारी आत्मा बिलख रही है। फिर कैसे फूटेगा जा कण्ठ से अमरत रस।...

1. रेशमी धोती

2. गुजरात में बनने वाला एक खास तरह का रेशमी कपड़ा।

नाहीं...कदापि नाहीं।...थे म्हारे कूँ छिमा करना, गोविन्द! यह म्हारे सूँ नहीं होगा!"

गोविन्द गिरि को भी तब से आज तक अपना होश कहाँ था, वह अनेकानेक बातों के लिए अन्धेरे में डूबता जा रहा था, किसी अतल अंधेरे कुएँ में! उसे चैन कहाँ थी! मन बराबर कलपता रहता था दिन रात! जे क्या हुआ? क्यों हुआ? कौन दे उसको उत्तर। दिशाएँ भूखे भेड़ियों-सी उसे फाड़ खाने के लिए दौड़ती रहती हैं। गोली उसे क्यों न लग गयी। वह मर क्यों नहीं गया।...याद पड़ा उसे शटन का उट्टर—सामी, तुझे मरवा देटा टो टुम्हारे भगटों की सिरधा भक्टि टुम्हारे प्रटि और बढ़ जाटी। यह उल्टा काम हम•कैसे और क्यों कर दें?...हमें टो टुम्हारी जब कीरटि का नाम-निशान मिटाना है।...समझे, सामी।"

और उसमें कर्नल तुम समझते हो कि यदि इस प्रकार जघण्य और दर्दनाक हत्याकाण्डों से तुम सफल हो जाओगे तो तुम्हारी यह भूल है। यह तुम घनघोर पाप कर रहे हो...अपने ईसा से डरो। यदि वह है तो तुम्हें पाप की सज़ा ज़रूर मिलेगी। अभी तुम्हें पता नहीं है कि वह कितनी कठोर और दर्दनाक होगी...तब तुम्हारी जातिबदारी करने कौन आएगा, कर्नल! इस तरफ भी क्या कभी सोचा है? सोच लो. ..आगे तुम्हारी इच्छा।' गोविन्द गिरी ने कर्नल साब को कर्नल और आप को तुम में बदल डाला। बदले हुए सम्बोधनों से वह भी चौंका।

"कोई इधर ही आ रहा है?" गनी कह उठती और अपने को संभालने लगती।

"एक नहीं, गनी, ये कई जने हैं।"

"हाँ आने दो।"

दरवाजा खुला। हल्की सी रोशनी की किरण दरवाजा खुलने से अन्दर आई।

जेलर ने पूछा, "ठीक हो तुम लोग?"

"हमने कभी कोई शिकायत नहीं की है, "जेलर साबा" गोविन्द गिरि ने कहा।

"हाँ, यह तो सही है फिर भी।..."

"कुछ हो तो।..."

"हमें किस जुर्म में कैद कर रखा है...कुछ तो पता चले।" गनी ने विनम्रता से पूछा।

"यह कोर्ट कचहरी का काम है मिसेज गनी।... हमें तो केवल आदेश की पालना करनी है।" जेलर ने कहा, "फिर भी हम तुम्हें यह बतलाने आए हैं कि गोविन्द गिरि पर कत्ल का मुकदमा चलेगा।"

"कत्ल का!" हैरान होकर गनी ने इतना ही दोहराया। उसका सिर चकराने लगा।

"जल्दी ही पेशी होने वाली है। चिन्ता न करें, मैं यही सूचना देने आया हूँ।"

"किसका कत्ल?"

"सुंथारामपुर जिले के गाँव गठारा।"

"तो?" गनी ने ध्यान से जेलर की ओर देखा।

गठारा गाँव के थानेदार को तो जानते हो स्वामी गोविन्द गिरि।" जेलर प्रश्न करता।

"नहीं।"

"वहाँ थानेदार था युसूफ खाँ।"

"मैं नहीं जानता किसी युसूफ खाँ को।"

"उसकी हत्या हुई थी।"

गोविन्द गिरि ने कुछ सोचकर कहा, "यह सब जेलर साब आप मुझे क्यों बता रहे हो?"

"जिस व्यक्ति ने थानेदार युसूफ खाँ की हत्या की थी, उस व्यक्ति ने अपने बयान में कहा है कि वह नशे में था। उसको नशा आपने कराया था। इसके साथ ही आपने उसे युसूफ खाँ की हत्या के लिए भी उकसाया था।

"यह असत्य है।"

"वह कोर्ट में तै होगा।...अचरज तो यह है कि वह व्यक्ति भगत पंथ का है और आपका अत्यंत विश्वसनीय शिष्य है।"

"कौन?" गनी ने गोविन्द गिरि को चुप पाकर पूछा।

"पूंजा धीरा।...जानते हैं।"

"हाँ।"

"उसने युसूफ खाँ की हत्या नशे की हालत में की थी।"

"वह मेरा नाम कदापि नहीं ले सकता। मैं उसे अच्छी तरह जानता हूँ।"

"वह मैं नहीं जानता।"

"कोई साजिश हो सकती है। उसे मज़बूर किया होगा। वह भी हत्या नहीं कर सकता। खैर जो हुआ, वह ठीक नहीं है।...मुझे कोई चिन्ता नहीं है, जेलर साबा। मैं तैयार हूँ, हर स्थिति का सामना करने के लिए और सज़ा भी भोगने के लिए। मुझे उसके खिलाफ कहीं अरजी भी नहीं लगानी है।" गोविन्द गिरि ने दो टूक जवाब दे दिया।

जेलर लौटने लगा। उसके साथ आए दोनों व्यक्ति लौटने लगे। दरवाज़ा बन्द किया जा रहा था। उसी के साथ अँधेरे में डूबती गयी वह कोठरी। गोविन्द गिरी ने यह शिकायत जेलर से नहीं की, क्योंकि वह शिकायत में विश्वास नहीं करता। गनी उठी और मोखा जो गत्ते से ढका हुआ था, उसको एक तरफ से खोला। वहाँ से बाहर के उजाले का आभास होता था। फिर लौट कर आयी और पूछा "पता नहीं बाहर क्या षड्यंत्र रचा जा रहा है।"

गोविन्द गिरि सोचता रहा। उसे कुछ सूझ नहीं रहा था। फिर भी गोविन्द गिरि ने कहा "बाहर के बारे में क्या सोचें और क्यों चिंतित हों क्योंकि हम अन्दर हैं और अन्दर में भी अन्धेरी कोठरी में हैं।...भगवान का लाख-लाख शुक्रिया कि उसने हमें

अलग-अलग कोठरी में नहीं डलवाया। वरना...। वरना क्या, जो होता है, वो होता ही। हम क्या कर सकते थे?"

"चलो होने भी दो। जब हमने कुछ किया ही नहीं है तो फिर डरना क्यों? देखना है कि फिर क्या होता है।' गनी इतना कहकर फिर उठ खड़ी हुई। गोविन्द गिरि सोचता रहा, यथावत बैठे हुए।

माध्यं दिन।

गरमी तेज़। हवा में लू का-सा असर, सुंथारामपुर रियासत। कोई तालाब के पाल पर लगी बिछीं जज। मुक़दमा। गोविन्द गिरि के सामने एक-एक चित्र आकर ठहरा और धीरे-धीरे आगे बढ़ गया।

खैडापा की ओर दौड़ते, चीखते, चिल्लाते आदिवासी, स्त्री-पुरुष बाल-बच्चे। भगदड़ सी भगदड़ और वह भी अनसोची और अनदेखी। भीड़ ही भीड़। कितने थे जिनकी कोई सूची नहीं बनी, सैकड़ों फुट गहरी खायी में जा पड़े और अपनी जान से हाथ धो बैठे।

फायरिंग का वह आखिरी और तिबारा दौर था। ढरहरी मगरी नीचे उतरती थी टेढी मेढी और तंग। कौन निकाले उनका जीवनांक। उनकी गिनती का अता-पता नहीं। सरकारी सूचना में पन्द्रह सौ सत्रह स्त्री-पुरुष गोलियों के शिकार हुए और अपने प्राण खो बैठे।

जज सुन रहा था कि गोविन्द गिरि पर राजद्रोह का आरोप सिद्ध करने की जी-तोड़ कोशिश हो रही थी। निषेधाज्ञा थी। फिर भी जमघट जोड़ा। वह भी लाखों लाख का! बिना किसी व्यवस्था के। रियासतों ने घोषण करवा दी थी कोई मगरी मानगढ़ पर नहीं जाए। वहाँ कोई आयोजन-मेला नहीं करे। किसने सुना, किसने माना। सब दौड़ लिए उस ओर। क्यों? क्योंकि गोविन्द गिरि ने धूंणी पर आहुति देने के लिए सबको आमंत्रित कर रखा था।

तो कौन होगा उस भीषण, बर्बर और दानवी नरसंहार का ज़िम्मेदार! इलियड लगा रहा था आरोप पर आरोप।

गोविन्द गिरि से जब पूछा गया कि उसे अपनी सफ़ाई के बारे में कुछ कहना है तो गोविन्द गिरि ने गुरु गम्भीर वाणी में सविनम्र कहा था—"क्या कहूँ। सब कुछ दूध का दूध, पानी का पानी एकदम साफ़ है। निहत्थे भगत, बाल बच्चे सहित, गाते बजाते, प्रभु का स्मरण करते धूंणी में आहुति दे रहे थे। कहीं कोई रुकावट नहीं। सब कुछ शांतिपूर्वक चल रहा था। अचानक कर्नल साब फौज लेकर आ धमके और

बोले—सामी बन्द करो धूंणी राग और भगतों से कहो कि वे लौट जाएँ।

गोविन्द गिरि ने साँस भरी। पसीना पोछा। फिर आगे कहा, "जज महोदय, यही काम उन तीन ओर नाकाबन्दी करके हो जाता तो ऊपर कोई नहीं आ पाता। पर नहीं तब नहीं किया और अचानक धूंणी पर आहुति दे रहे लोगों पर राइफल तान दी, मशीनगन सामने कर दी—भागो वरना फायरिंग का सामना करो! मैंने समझाया। मनाया। यह अहिंसा का पर्व है। उनकी भावनाओं का उत्सव है। कहीं कोई दंगा फसाद नहीं, चू चपड़ नहीं, धक्कम धक्का नहीं, एकदम नाक की सीध में चल, आगे चलकर वृताकार होती आहुति देकर यथास्थान हो रहे थे आशीर्वाद के लिए। उन निहत्थों पर फायरिंग। जुनून की हद। और उसके लिए अभियोग मुझ पर। कठघरे में। सवाल जवाब मुझसे। अपराधी करार करने का आयोजन...यही सब तो तब हुआ था, मान्य जन महोदय, जब ईसा पर मुकदमा चलाया गया था। ग़लत न लिया जाए, मैं ईसा से अपनी तुलना नहीं कर रहा हूँ...। ना ना...कहाँ वह और कहाँ मैं अदना सा भगत। पर स्थिति कुछ मायने में वही रही। हालात में अन्तर। अब निर्णय आपके विवेक पर है।"

औचित्य का प्रश्न! कैसे सज़ा सुनायी जाए! पर सज़ा तो यह तै। दूसरा अभियोग थानेदार की हत्या। यह सच था कि पूंजा धीरा डर गया और मरने से पहले मर गया था। उसने असत्य बयान कलमबन्द कराया था।

थानेदार की हत्या। उस हत्या के लिए पूंजा धीरा को गांजा पिलाकर, नशे में आ जाने पर थानेदार युसूफ खाँ की हत्या के लिए उकसाना।

पर क्यों?

कारण का पता दूर-दूर तक नहीं। कोरी बातों का जोड़-तोड़। वितंडावाद विजल्प।

बयान होते रहे। सीखे-सिखलाए और नपे-तुले बयान।

गनी को छोड़ दिया।

कुछ भगतों को चपेट में ले लिया। कौन बचाए उनको। हारकर गोविन्द गिरि ने कहा, "न्याय का अपमान न हो इसलिए इस सबके लिए मैं अपने को जिम्मेदार मानता हूँ। फिर किसी गवाह से जोर जबर्दस्ती करके बयान दिलवाने की जरूरत नहीं। असत्य हिंसा है। हिंसा समस्त मानव के विनाश का कारण है। अहिंसा सत्य का अवतार है। वही सारी मानव जाति के विकास की धुरी है। मैं अहिंसा को मानता हूँ। वही मेरे जीवन और भगत पंथ का जीने का मूल आधार है। आप अपनी कार्रवाही कीजिए। कार्रवाही करते समय यह मत भूलिए कि न्याय सत्य के पक्ष में हो, जिससे आम जन में न्याय के प्रति विश्वास बने और उसको आदर की दृष्टि से देखा जाए। ...बस, मुझे और कुछ नहीं कहना।"

गोविन्द गिरि ने सरलतम ढंग से जो कहना था, कह डाला।

गनी सेंट्रल जेल में मिलने आयी। बाहर रहकर उसने भगतों को सुना। उनके मन को जाना। अभी तक षड्यंत्र चल रहे थे। एक प्रस्ताव भी सामने आया था। यदि गोविन्द गिरि राजस्थान गुजरात और मध्य प्रदेश को छोड़कर कहीं और चले जाए तो उसको छोड़ा जा सकता है।"

गनी उलझकर रह गयी। वह क्या कहे, क्या नहीं। कैसे गोविन्द गिरि से पूछे? उसकी कुछ समझ में नहीं आ रहा था। वह सोच-सोचकर हार गयी थी। उसके सामने एक भयानक दृश्य आकर ठहर जाता था।

प्रस्ताव स्वीकार नहीं करने पर यह सुनिश्चित है कि उसको सजाए-मौत मिलेगी। वह अपने जीवन धन को कैसे खो दे? वह पगला रही थी। वह बेचैन थी और अपने को कोस रही थी, क्योंकि मगरी मानगढ़ जाने का उसी ने समर्थन किया था।

सन् 1903 की माघ पूर्णिमा को आदिवासी मगरी मानगढ़ धार्मिक मेले का आयोजन करने लगे थे। वहाँ गोविन्द गिरि को आमंत्रित किया था। उसी ने कहा था—"आपके भगतों ने श्रद्धा भक्ति से आपको बुलाया है। सरहदी स्थान है। तो चले चलिए। जो होना होगा, वह तो होकर रहेगा।"

क्या होगा, वहाँ क्या हम युद्ध के लिए जा रहे हैं। तुम चाहती हो तो चलते हैं। वरना उसका वहाँ जाने का मन नहीं था। कितने जत्थे आए और लौट गए। वह नहीं माने।

गनी जेल में गोविन्द गिरि से मिलने गयी। गोविन्द गिरि पहले से भी कम ही बोलते थे, परन्तु अब वह कुछ ज्यादे ही मितभाषी हो गए थे।

गनी भी वहाँ गूँगी सी बैठी हुई थी। वह कैसे उस प्रस्ताव के बारे में बात उठाए! उसमें इतना साहस नहीं था। उसकी सारी तैयारी और साहस ऐन वक्त पर कूच कर गया था। उसे बारम्बार यह दुःख सता रहा था कि उसने तभी उन लोगों को फटकार क्यों नहीं दिया। उन लोगों की इतनी हिम्मत कैसे हो गयी? वे क्या सोचते होंगे? उसके चुप रह जाने से क्या संदेश गया होगा? क्यों अपने प्राण धन की जीवन रक्षा के लिए उनके घिनौने प्रस्ताव पर सोचती रह गयी। गोविन्द गिरि यह सुनकर उसके बारे में क्या सोचेंगे? वह इस काली आँधी में फँसी धँसी पर कुछ कह नहीं पा रही थी।

गोविन्द गिरि ने उसको गहरे अन्तर्द्वन्द्व की दलदल में फँसा पाकर कहा, "गनी, तू आज किस उलझन में खो गयी है।"

गनी चौंक पड़ी। उसका हृदय धुक-धुक कर उठा। गोविन्द गिरि ने पुनः कहा, "जरूर तेरे पास कोई प्रस्ताव आया है।...है न यही बात।"

"हाँ।" गनी के मुँह से अचानक निकल गया और वह चक्कर खाने लगी कि यह उसने क्या कह दिया।

और यह प्रस्ताव उन लोगों की स्वार्थ पुष्टि का परिणाम होगा।"

"हाँ" गनी ने धीमे से कहा।

"वे मुझे छोड़वा सकते हैं बशर्ते कि...।"

"हाँ।' गोविन्द, हाँ।" गनी ने सोचते हुए कहा और आगे सोचने लगी कि गोविन्द गिरि ने यह सब कैसे जान लिया?

गोविन्द गिरि कहने लगा, "हमने कोई ग़लती नहीं की। अहिंसा का पालन किया है और सदैव करते रहेंगे। यही हर भगत पंथ के अनुयायी का व्रत है। हमारे लिए जीने का अर्थ दूसरों के हित में है। गनी, तुम चिन्ता में न पड़ो। मैं जानता हूँ कि मेरी सज़ा पहले से तजवीज़ की जा चुकी है। मैं मौत से नहीं डरता। मेरी वह कुर्बानी व्यर्थ नहीं जाएगी। सत्य भी सामने आएगा। यही हमारे जीने का मक़सद है।...हाँ...पर तुम साहसी हो, मुझे तुम पर पूरा भरोसा है। तुम भी इस सत्य को जान सकी हो। अब मुझे कोई तक़लीफ़ नहीं होगी।" गोविन्द गिरि ने सहज भाव और शान्त मन से कहा।

फिर गनी चली आई।

गोविन्द गिरि सोचते रहे। गनी अकेली रह जाएगी। अकेली का अर्थ है—अकेली। उसके माता-पिता भी नहीं रहे। और कौन है उसका नाते रिश्तेदार! वह दुःख की गठरी बनकर रह जाएगी। अभी भी वह कितने थके-हारे मन से आहिस्ता आहिस्ता चल रही थी। पति-पत्नी का रिश्ता जन्म-जन्म का है।

आज फ़ैसले का दिन है। दिन जल्दी निकल आया। हवा भी कुछ-कुछ तीखी है। कोयल कूक रही है। सूरज शान्त भाव से मौन व्रत लिए है।

गोविन्द गिरि ने प्रार्थना की, "हे ईश्वर, जगदीश्वर, देवों के देव महादेव, आप इस जगत् को सद्मार्ग की ओर ले जाना।

जज आ बैठा अपनी कुरसी पर एकदम शान्त।। गोविन्द का चेहरा उसके सामने आ ठहरा। उसने ईसा का उदाहरण दिया था। न्याय ईसा के साथ भी नहीं हुआ था। आज फिर ... माना कि गोविन्द गिरि ईसा नहीं है। हो भी नहीं सकता।

उसके ऊपर दबाव है। भारी दबाव। अपने लोगों का दबाव है। उसे क्या करना चाहिए? क्या वह एक सत्यवादी, अहिंसा का पुजारी और लाखों लाख आदिवासियों के शुभचिंतक को निरपराध होने पर भी सजा सुना दे?

आखिर वही हुआ जो पहले से सुनिश्चित था। सजा-ए-मौत।

गोविन्द गिरि गहन गम्भीर मुद्रा में एकदम शान्त था। वह समझा रहा था "गनी रोना नहीं। हम फिर मिलेंगे—अगला जन्म लेंगे। यदि तुम रोयी या छटपटायी तो मुझे शांति नहीं मिलेगी। क्या तुम मेरी आत्मा को अशांति दोगी?"

"नहीं, गोविन्द, नहीं। मुझे क्या करना होगा?"

"करोगी?"

"क्यों नहीं करूँगी। तुम एक बार मुझसे कहकर तो देखो।" गनी ने मन मसोस कर कहा।

"हमें तो चलना है। थारे से म्हार प्रार्थना है कि...।" गोविन्द गिरि इतना कहकर

चुप रह गया।

"तुम कुछ कहने जा रहे थे, गोविन्द?"

"हाँ।"

"फिर चुप क्यों रह गए। कहो न, गोविन्द!"

"हाँ, गनी, हाँ। थारे सूँ म्हारी प्रार्थना जे है कि थे मगरी मानगढ़ को धूंणी कभी बुझने मत देना। उसे निहत्थे ईश्वर में ध्यान मग्न, आहुति देते भोले-भाले भगतों की समाधि स्थल बनाना। वह आने वाली पीढ़ी को सदा याद दिलाती रहेगी कि वहाँ अहिंसक समाज पर कभी अन्धाधुन्ध गोलियाँ बरसाई गयी थीं, जिसमें हजारों, हजार निहत्थे और ईश्वर मग्न आदिवासी मारे गए थे। आने वाले समाज को यह पता बराबर बना रहे कि न्याय सदा अमर होता है, अन्याय मरता है।"

"चलो, गोविन्द!"

"अच्छा चलते हैं गनी! अहिंसा में विश्वास करने वाला कभी रोता नहीं है। वह शान्त रहता है, तटस्थ और निडर!"

गोविन्द चला गया। गनी उसे जाते देखती रह गयी। पथरा गयीं उसकी आँखें। जाम हो गए उसके पाँव। ठहर गयी हवा और झुक आया आसमान। बूँदाबाँदी शुरू हो गयी, परन्तु गनी यथावत खड़ी रही, अपने स्थान से हटी नहीं।...जब उसे चेत हुआ तब वह चीख पड़ी गोविन्द ऽऽ! गोविन्द! ओ गोविन्द ऽ!!

◆◆◆